HERAUSGEGEBEN
VON MATTHIAS
BRÜGELMANN

Die letzten
Geheimnisse
der größten
LEGENDEN

Die besten Fußballer aller Zeiten
und ihre unglaublichen Geschichten.
Mit Pelé, Franz Beckenbauer,
Diego Maradona und vielen mehr

Verlag und Herausgeber bedanken sich
bei folgenden Fotoagenturen und Urhebern:

Titelfotos: Picture Alliance (3), Sven Simon, Witters
Fotos: Picture Alliance (209), Imago Images (120), Witters (100),
Getty Images (72), Ullstein Bild (6), SZ Photo (3), Shutterstock (3),
Firo Sportphoto (2), Horstmüller (2), Reuters (2), Pixathlon (2),
Augenklick, Sven Simon, Action Press, Bridgeman Images,
Norbert Wienold, Christian Spreitz, Niels Starnick,
Traditionsgemeinschaft Jagdgeschwader 52 e.V.

Herausgeber: Matthias Brügelmann
Redaktionelle Leitung: Dr. Achim Stecker
Autoren: Lukas Dombrowski, Raimund Hinko,
Rainer Kalb, Lothar Matthäus, Torsten Rumpf,
Ulli Schauberger
Layout & Produktion: Susanne Günzel,
Fabian Hinz, Christian Kappesser,
Markus Klotmann, René Reinheckel
Fotoredaktion: Nicolas Vetter; Bill Menzer,
Henning Bangen
Schlussredaktion: Volker Roggatz; Dr. Udo Lindner
Dokumentation: Jörg Hobusch; Thomas
Wiedenhöfer, Alexander Wiedmann
Repro: Imagepool
Druck und Bindung:
Grafisches Centrum Cuno GmbH & Co. KG
39240 Calbe (Saale)

ISBN 978-3-667-12237-7

Im Buchhandelsvertrieb:
Delius Klasing & Co. KG, Bielefeld
www.delius-klasing.de

VORWORT

Sie sind die berühmtesten Helden der Fußballgeschichte, werden bewundert und verehrt. Über die Legenden des Fußballs wurde schon viel geschrieben, kein Moment ihrer großartigen Karrieren ausgespart. Die Fans wissen alles über ihre Tore, Titel und Tränen. Alles? Nicht ganz! SPORT BILD enthüllt in diesem Buch die letzten Geheimnisse unserer Idole.

Wussten Sie, dass der DFB Franz Beckenbauer erst gar nicht wollte?

Wussten Sie, dass sich Lothar Matthäus in einem Hinterzimmer mit Vertretern vom SSC Neapel traf, die einen Geldkoffer mit einer Million Mark für ihn dabeihatten?

Wussten Sie, dass Diego Maradona mit Spezialschuhen aus Deutschland spielte?

Die Reporter von SPORT BILD haben für dieses Buch mit Zeitzeugen gesprochen und Dokumente gesichert, die neue Einblicke in das Leben der Stars gewähren. Dabei kam heraus, dass Zinedine Zidane offiziell bei Real Madrid nur 2216,50 Euro im Monat verdiente. Oder Brasiliens Ronaldo in seinen Amateur- Vertrag eine kuriose Berufsbezeichnung eintragen ließ.

Dieses Buch lässt die großartigen Momente des Fußballs wiederaufleben und erlaubt aufgrund von neuen Details einen faszinierenden Blick in die Karriere von 33 der größten Fußball- spieler aller Zeiten.

Ich wünsche Ihnen viel Spaß beim Lesen!

Achim Stecker,
Leitender Redakteur SPORT BILD

12

102

30

66

36

84

90

INHALT

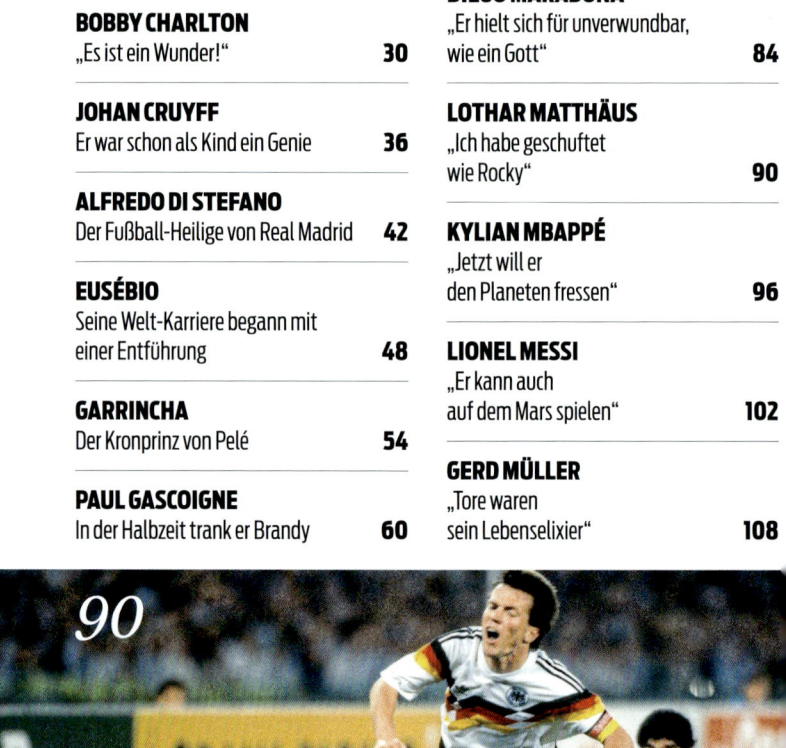

108

126

168

174

186

120

Geklärt!
Franz Beckenbauer mit einem Seitfallzieher im WM-Finale 1974. Hollands Wim van Hanegem liegt am Boden. „Katsche" Schwarzenbeck schaut staunend zu. Deutschland gewann in München mit 2:1 und holte nach 1954 zum zweiten Mal den WM-Titel

7

Gefeiert!
Brasiliens Fans tragen ihr Idol Pelé auf den Schultern durchs Aztekenstadion. Am 21. Juni 1970 gewann er in Mexiko City seinen dritten WM-Titel. Im Finale triumphierte Brasilien vor 107 412 Zuschauern mit 4:1 gegen Italien. Pelé erzielte den Treffer zum 1:0

Gejagt!
Argentinien-Kapitän Diego Maradona läuft im WM-Finale 1990 in Rom Rudi Völler (l.) und Lothar Matthäus davon. Am Ende siegte Deutschland mit 1:0. Vier Jahre zuvor war Maradona der große Sieger gewesen und hatte sich mit einem 3:2 gegen Deutschland den WM-Titel geholt

FRANZ BECKENBAUER

„Beim DFB wollten sie mich erst nicht"

Der Kaiser verrät, wie die berühmten Außenrist-Pässe und sein Libero-Spiel entstanden, warum die Fans ihn arrogant fanden, wo er von sieben Löwen umzingelt war

— Von *Raimund Hinko*

SPORT BILD: Herr Beckenbauer, wann wurde Ihnen bewusst, dass Ihr Weg ganz nach oben führt?

FRANZ BECKENBAUER: Ich spielte zwar in allen Jugend-Auswahlmannschaften des DFB, dennoch war es anders als jetzt. Heute bist du kaum geboren, und schon buhlen viele Klubs um dich. Der FC Bayern ist das Risiko damals gar nicht eingegangen und hat mich direkt unter Vertrag genommen. Für 400 D-Mark monatlich.

1964 machten Sie in der Bundesliga-Aufstiegsrunde bei St. Pauli Ihr erstes Spiel in der ersten Mannschaft. Auf Linksaußen. Eigentlich müssten Sie verrückt sein.

Das war ja nur eine Notlösung, weil es Verletzte gab. Ich war dann auch ganz gut. Fußball spielen konnte ich ja, schnell war ich auch. Und hab beim 4:0 ein Tor geschossen. In den Spielen danach ging es wieder zurück in die Innenverteidigung. Den Libero gab es noch nicht.

Bei Tasmania Berlin kam es zu einem folgenschweren 0:3, Bayern musste mit dem Aufstieg noch ein Jahr warten.

Die hatten so einen robusten Mittelstürmer. Heinz Fischer. Der hat mich auf die Seite geschoben, als wäre ich gar nicht vorhanden. Da habe ich den Unterschied gesehen von der Jugend zum Spiel der Erwachsenen.

Ihr erstes Länderspiel 1965 hatte extreme Bedeutung. Um zur WM zu fahren, musste ein Sieg gegen Schweden her. Uwe Seeler hat Bundestrainer Helmut Schön überredet, Risiko zu gehen und Sie aufzustellen.

Das habe ich nicht so mitbekommen, war zu sehr mit mir selbst beschäftigt und froh, dass mich erfahrene Leute wie Helmut Haller, Karl-Heinz Schnellinger, Uwe Seeler, Willi Schulz sehr wohlwollend aufgenommen hatten. Beim Lehrgang waren Günter Netzer und ich die Einzigen aus der Regionalliga *(damals 2. Liga; d. Red.)*. Ich war aufgeregt, wusste jedoch, dass ich machen kann, was ich will – die Mannschaft hilft mir, sie verteidigt mich.

Sie waren beim 2:1-Sieg umgeben von Löwen, also von Spielern des Lokalrivalen 1860.

Im ersten Lehrgang war ich von sieben Löwen umzingelt.

Haben sie zugeschnappt?

Die Löwen waren super nett, haben mich behandelt wie ein Kind. Auf mich aufgepasst, damit ja nichts passiert.

Niemand spielte den Ball so elegant mit dem Außenrist wie Sie. Wie kam es dazu?

Das hat mir am Anfang ganz schön Kritik eingebracht. Weil es so lässig aussah. Da der Ball nicht immer angekommen ist, haben die Leute gepfiffen und geschimpft: „Der ist arrogant!" Die klassische Spielweise nach der Lehre von Sepp Herberger war: mit dem ganzen Körper drehen, mit der Innenseite nach außen spielen. Ich habe mir gedacht, das kann ich doch mit einer Fußbewegung viel besser machen. So habe ich mir einen eigenen Spielstil angeeignet.

Seit wann beherrschten Sie das mit dem Außenrist?

Ich habe schon in der Jugend so gespielt. Weil ich eine besondere Gehweise hatte: Ich bin über den großen Onkel gelaufen, so nach innen gedreht. Das kam mir zugute. Ich konnte leichter mit der Außenseite spielen als andere.

Hatten Sie ein Vorbild?

In meinen Kinderjahren hat es keinen Fernseher gegeben, im Kino nur „FOX tönende Wochenschau." Natürlich war Pelé einmalig. Vorbilder jedoch gab es nicht. Weil Vorbilder nicht sichtbar waren.

Beckenbauer führt während des WM-Viertelfinals 1970 gegen England elegant den Ball. Auch dank seines Treffers zum zwischenzeitlichen 1:2 (Endstand 3:2 n. V.) zog Deutschland ins Halbfinale ein

1976: Beckenbauer feiert nach 1974 und 1975 den dritten Sieg im Europapokal der Landesmeister, umringt von einer Menschenmenge, im Hampden Park in Glasgow. Franz Roth traf in der 57. Minute zum 1:0-Endstand gegen St-Étienne

Sie waren schon in jungen Jahren ein Werbestar. Legendär ist der TV-Spot, in dem Sie sagten: „Kraft in den Teller, Knorr auf den Tisch." Haben Sie die Suppe wirklich gegessen?

Ja, bei den Aufnahmen. Ich habe mich dann überfressen, brauchte einige Zeit, um mich zu erholen *(lacht)*. Natürlich hat die Suppe gut geschmeckt. Ich war allerdings nie ein großer Suppenesser.

„Mir wurde schwarz vor Augen, dann wusste ich nichts mehr"

Bei der WM 1966 wurden Sie gleich im ersten Spiel beim 5:0 gegen die Schweiz ein Weltstar. Sie dribbelten elegant an allen vorbei, schossen zwei Tore. In der Nationalmannschaft zunächst als Mittelfeldspieler, wie auch 1970 in Mexiko. Ihre Erfüllung jedoch fanden Sie als Libero.

Den Libero hat es am Anfang nicht gegeben. Dann hatte ich in der Bundesliga den Katsche Schwarzenbeck, einen zuverlässigen Vorstopper, an meiner Seite und konnte meine Wege nach vorne suchen, habe Gerd Müller viele Tore aufgelegt. Selbst Tore gemacht.

War der Katsche also dafür verantwortlich, dass aus Ihnen der Libero wurde?

Kann man sagen. Er musste immer hinten bleiben, auf ihn und auf Werner Olk, genannt „Adler", konnte ich mich verlassen. Meine Hauptaufgabe blieb dennoch die Abwehr.

Sie bedienten mit Ihren Traumpässen Rechtsaußen Nafziger, genannt „schöner Rudi", und Linksaußen „Mucki" Brenninger.

Wir hatten bei Bayern auch im Mittelfeld Spieler wie Rainer Zobel und Franz „Bulle" Roth, die absicherten und freie Räume im Mittelfeld schafften.

Sie brillierten im Mittelfeld oder als Libero. Nur im WM-Finale 1966 kamen Sie nicht wie gewohnt zur Entfaltung, weil Sie Englands Spielmacher Bobby Charlton bewachen mussten. War das ein Fehler von Bundestrainer Helmut Schön?

Diese Entscheidung hat mich später als Trainer eingeholt. Ich wusste im WM-Finale 1986 gegen Argentinien auch keine andere Lösung, als Lothar Matthäus gegen Diego Maradona zu stellen. Ich wusste, dass nur er infrage kam, Maradona auszuschalten. Deshalb fiel mir der Lothar jedoch für die Offensive aus. So wie es mir 1966 ging. Der Bobby Charlton hatte eine Pferdelunge. Ich sauste ihm hinterher, und er mir. Denn die Engländer hatten Charlton beauftragt, mich zu kontrollieren. Es ist uns beiden gelungen, uns gegenseitig zu neutralisieren. Mehr oder weniger haben wir gar nicht mitgespielt.

Im WM-Finale 1974 trafen mit Johan Cruyff und Franz Beckenbauer (r.) die beiden größten Stars des Turniers aufeinander

Franz Beckenbauer war schon früh ein echter Werbestar! Hier die legendäre Werbung für Knorr-Suppen

Bei der WM 1970 haben Sie dann im Viertelfinale Bobby Charlton ausgeschaltet. Nach einem 0:2-Rückstand schossen Sie das 1:2, Bobby wurde ausgewechselt.

Von dem Moment an haben wir das Spiel beherrscht, Uwe Seeler hat das 2:2 geköpft, Gerd Müller in der Verlängerung das 3:2 geschossen. Den Leuten bleibt jedoch unsere 3:4-Niederlage im Halbfinale gegen Italien in Erinnerung.

Nie wurde ein WM-Dritter so stürmisch gefeiert. Auch weil Sie unter der sengenden Mittagssonne von Mexiko 50 Minuten lang mit einer höllisch schmerzenden Schultereckgelenkssprengung durchhielten, seit der Verlängerung den Arm mit Klebeband am Körper fixiert. Der Italiener Cera hatte Sie, allein auf dem Weg zum Tor, böse gefoult.

Mir wurde schwarz vor Augen, dann wusste ich nichts mehr vor lauter Schmerzen. Später wurde das 4:3 zum Jahrhundertspiel gewählt. Im Aztekenstadion erinnert bis heute eine Gedenktafel an den 17. Juni 1970.

Der „Evening Standard" schrieb: „Einer der größten Spieler dieser WM wurde bei jedem Schritt umjubelt. Der Verlierer ist ein Held – wenngleich ein tragischer." Als Jahrhundertspiel gilt allerdings auch das 3:1 am 29. April 1972 im Londoner Wembley-Stadion, als Sie im EM-Viertelfinale zusammen mit Günter Netzer das „Ramba-Zamba" erfanden. Einer ließ sich fallen, der andere ging steil ...

Der Günter hatte als Spielmacher immer einen hartnäckigen Beißer an seinen Waden kleben. Er klagte: „Ich schwebe in Lebensgefahr." Also habe ich ihm geholfen, war mehr Mittelfeldspieler als Libero – und er ließ sich auf meine Position zurückfallen. Das hat ganz gut funktioniert.

Welchen Stellenwert hat für Sie die mühsam errungene Weltmeisterschaft 1974?

Natürlich gibt es nichts Größeres, als Fußball-Weltmeister zu werden. Im eigenen Land ist es noch schwieriger. Du wirst laufend abgelenkt. Jeder will was von dir.

Und dann machte Jürgen Sparwasser in der Vorrunde auch noch das Siegtor zum 1:0 für die DDR.

Ich habe mich beim Jürgen für dieses Tor bedankt. Wir alle haben ihm gedankt. Weil wir dadurch in die leichtere Gruppe mit Jugoslawien, Schweden, Polen gerutscht sind, nicht in die schwere mit Brasilien, Argentinien, Holland. Ich glaube nicht, dass wir das Endspiel sonst erreicht hätten.

Kommen wir auf Ihre Heldentaten mit Bayern zu sprechen. 1969 mit nur 13 Spielern die erste Bundesliga-Meisterschaft.

„Ich habe die Binde gerne getragen. Sie hat mich selbstsicher gemacht"
Beckenbauer über das Kapitänsamt

Branko Zebec, unser Trainer, war ein Fuchs, ein Taktiker. Er hat uns damals schon gezeigt, wie wir uns zu bewegen haben. Bei seinem Vorgänger Tschik Cajkovski *(Bundesliga-Aufstieg, zwei Pokalsiege, 1967 Europapokal der Pokalsieger; d. Red.)* war es die Leichtigkeit, er hat uns spielen lassen. Branko war die personifizierte Ernsthaftigkeit.

Die Spieler mussten sich manchmal übergeben, so hart waren die Laufeinheiten.

Trotz Schulterverletzung ab der 65. Minute spielte Beckenbauer das WM-Halbfinale 1970 gegen Italien (3:4 n. V.). Mit einer Armbandage stand er das „Jahrhundertspiel" im Aztekenstadion durch. Im Hintergrund: Müller (l.) und Boninsegna

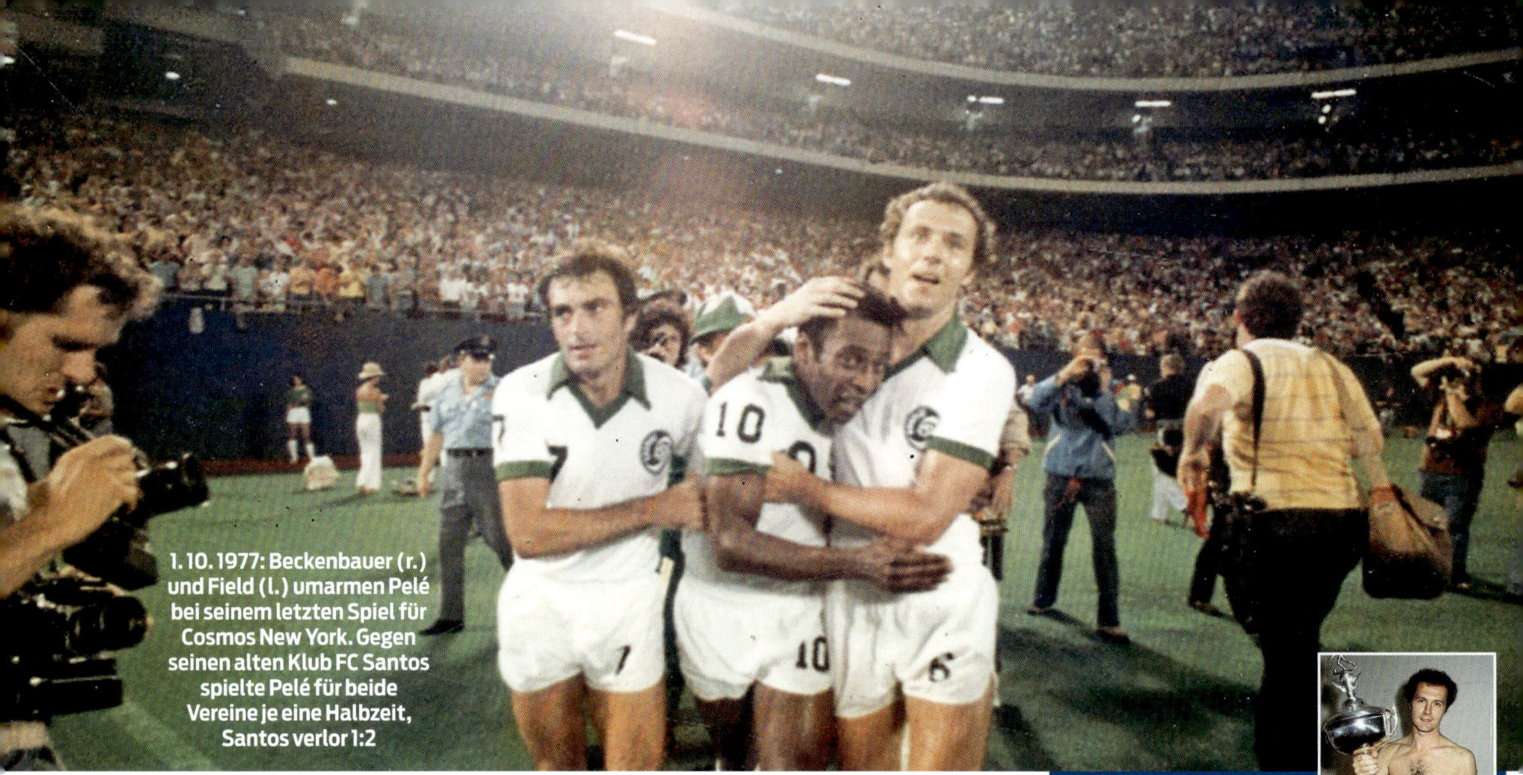

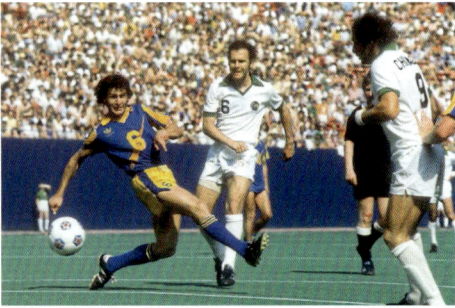

1. 10. 1977: Beckenbauer (r.) und Field (l.) umarmen Pelé bei seinem letzten Spiel für Cosmos New York. Gegen seinen alten Klub FC Santos spielte Pelé für beide Vereine je eine Halbzeit, Santos verlor 1:2

Nein, bei denen, die er brauchte, war er auch nachsichtig. Bei ihm wurde es nicht dunkel wie beim Tschik. Der hat immer mitgespielt. Wenn er nicht in Führung lag, hat er weiterspielen lassen. Da sagten wir: Ehe es Mitternacht wird, lassen wir ihn lieber gewinnen. Prompt hat er abgepfiffen, hatte die größte Freude.

Haben Sie gemerkt, dass Zebec getrunken hat, und haben Sie versucht, es zu verhindern?

Ja, wir haben es gemerkt. Doch wir waren viel zu jung, um uns darum zu kümmern.

Sie trugen schnell die Binde des Kapitäns. Bei Bayern – und als Nachfolger von Uwe Seeler bei der Nationalmannschaft. Waren Sie stolz darauf?

Stolz wäre übertrieben. Ich habe die Binde gerne getragen. Sie hat mich selbstsicher gemacht. Es war keine Last – im Gegenteil.

Wer hat Sie eigentlich zum Kaiser ernannt?

1971 nahm mich in Wien der Starfotograf Herbert Sündhofer vor einer Büste mit Kaiser Franz Josef I. auf. Da war der Kaiser nicht mehr aufzuhalten. Bereits zwei Jahre vorher hatte mich Herbert Jung von der BILD „Kaiser" genannt, dann Hans Schiefele *(später Bayern-Vizepräsident; d. Red.)* in der Süddeutschen und Bernd Hildebrandt in der tz. Da kam vieles zusammen.

Robert Schwan war nicht nur Ihr väterlicher Freund, sondern als Manager oft auch streng. Oder?

Er hat mitbekommen, dass ich meine Macken habe, hat mich zurechtgestutzt. Dass ich gefälligst das machen soll, was ich am besten kann, also Fußball spielen.

Ihre Karriere ging so zu Ende, wie es vielen Legenden nicht vergönnt war. Sie hatten großartige Erlebnisse in den USA mit Pelé im Dress von Cosmos New York. Und dann holte Sie der HSV-Manager Günter Netzer zum HSV, wo Sie besonders gut mit Trainer Ernst Happel harmonierten.

Beckenbauer (2. v. l.) im Dress von Cosmos New York, wo er 1977, 1978 und 1980 die Meisterschaft gewann

Titel als Spieler

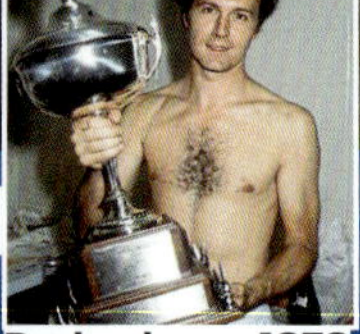

Beckenbauer 1978 mit dem Meisterpokal der North American Soccer League

- Weltmeister 1974
- Europameister 1972
- Europapokal der Landesmeister 1974, 1975 und 1976 mit Bayern
- Europacupsieger der Pokalsieger 1967 mit Bayern
- Weltpokalsieger 1976 mit Bayern
- DFB-Pokalsieger 1966, 1967, 1969, 1971 mit Bayern
- Deutscher Meister 1969, 1972, 1973, 1974 mit Bayern sowie 1982 mit dem HSV
- US-Meister 1977, 1978, 1980 mit Cosmos New York
- Europas Fußballer des Jahres 1972, 1976
- Deutscher Fußballer des Jahres 1966, 1968, 1974, 1976

Titel als Trainer/Teamchef

- Weltmeister 1990 mit Deutschland
- Uefa-Cup-Sieger 1996 mit Bayern
- Deutscher Meister 1994 mit Bayern
- Französischer Meister 1991 mit Marseille

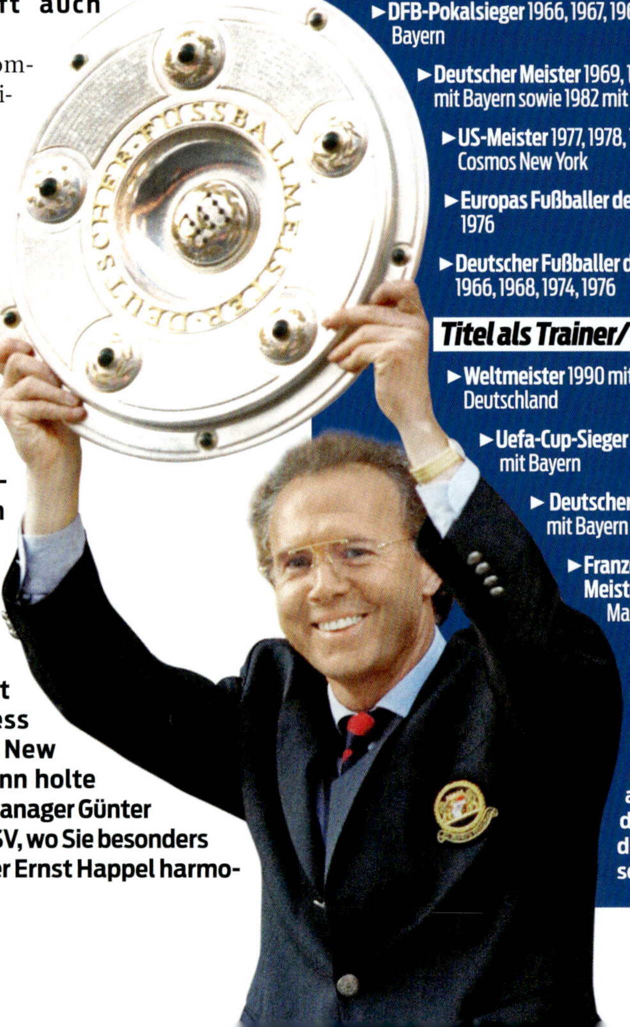

Beckenbauer präsentiert als Teamchef des FC Bayern die Meisterschale 1994

1982 feiert Beckenbauer (M.) nach einem 3:3 gegen Karlsruhe im Volksparkstadion mit dem HSV die Meisterschaft. Links: Masseur Hermann Rieger

Weltmeister als Spieler und als Trainer

Franz Anton Beckenbauer wurde am 11. September 1945 in München geboren. Mit der Nationalelf (103 Spiele/14 Tore) war er 1972 Europameister, 1974 Weltmeister. 1972 und 1976 erhielt der Kaiser den Ballon d'Or. Mit Bayern gewann er vier Meistertitel, viermal den Pokal, einmal den Pokal der Pokalsieger, dreimal den Landesmeister-Cup (1974 – 1976) und 1976 den Weltpokal. 1977 wechselte Beckenbauer zu Cosmos New York, wo er drei Meisterschaften holte. 1980 ging er zum HSV und gewann 1982 seine fünfte Meisterschale. Vor seinem Karriereende 1983 kehrte Beckenbauer für eine Saison zu Cosmos New York zurück. Von 1984 bis 1990 war er Teamchef der deutschen Nationalelf und gewann 1990 die WM. Danach war er Trainer bei Marseille und Bayern, mit beiden wurde er Meister und holte mit Bayern den Uefa-Cup. Neben seiner Tätigkeit als Bayern-Präsident (1994 – 2009) gehörte Beckenbauer von 1998 bis 2010 dem DFB-Präsidium an, war Präsident des WM-Organisationskomitees 2006 und von 2007 bis 2011 Mitglied des Fifa-Exekutivkomitees.

Ich habe noch nie einen Trainer und Menschen erlebt, der nichts zu sagen brauchte. Es war sein Blick, sein Gesichtsausdruck, der Bände sprach.

Konnte ein Blick also mehr sein als eine 60-Minuten-Rede von Dettmar Cramer, Ihrem Trainer beim DFB und von 1975 bis 1977 bei Bayern München?

Der Dettmar war von der menschlichen Seite her super. Er hatte nur das Problem, dass er zu viel wollte. Er wollte jedes Spiel im höchsten Tempo. Rauf und runter. Das hältst du auf Dauer nicht durch.

Beim DFB war Cramer eine Zeitlang Ihr Zimmerpartner, er sollte auf Sie aufpassen ...

Gegen Karlsruhe bestritt Beckenbauer im Mai 1982 sein letztes von 424 Bundesliga-Spielen

„Inter war an mir dran. Ich wäre gerne nach Italien gegangen"

Ich war natürlich erstaunt, als plötzlich der Trainer in meinem Zimmer war. Ich weiß nimmer, mit welcher Begründung. Auf mich aufpassen, das ist albern.

Angeblich war Sepp Herberger erzürnt, als Sie mit 17 Vater wurden. Er wollte Sie für die Auswahlmannschaften sperren.

Dettmar Cramer erzählte mir etwas ganz anderes. Sepp Herberger war auf meiner Seite, genauso wie Cramer. Es waren andere beim DFB, die mich weghaben wollten.

Ihnen eilte der Ruf voraus, dass Sie immer im blütenweißen Trikot das Spielfeld verließen, selbst bei Regen und Sturm. Allerdings erinnere ich mich an das Weltpokal-Finale 1976 mit FC Bayern bei Cruzeiro Belo Horizonte, das nach

einem 2:0 im Hinspiel 0:0 endete. Da waren Sie schwarz vor lauter Schlamm.

Ich habe mich nicht absichtlich in den Schlamm geworfen. Wenn es jedoch notwendig war, dann natürlich selbstverständlich.

Ein Traum blieb Ihnen verwehrt, ein Wechsel ins damalige Fußball-Paradies nach Italien.

Inter Mailand war 1966 an mir dran. Rolf Gonter, Fußball-Kolumnist der Abendzeitung, hatte mich ein paarmal mitgenommen. Das war eine Sensation. Allein das San-Siro-Stadion mit 100 000 Zuschauern. Ein Stadion ohne Laufbahn. Eine Atmosphäre, wie man sie in Deutschland noch nicht kannte. Das hat mich so fasziniert – ich wäre auf alle Fälle gegangen. Die Italiener sind dann bei der WM 1966 gegen Nordkorea ausgeschieden. Das war so eine Blamage, dass eine Ausländer-Sperre verhängt wurde. Ich wäre gerne gegangen. ●

30 Jahre nach dem WM-Titel in Rom wurde Beckenbauer von SPORT BILD mit dem Sonderpreis der Chefredaktion geehrt

DAVID BECKHAM

„Großmeister der ruhenden Bälle"

Das sagt Karl-Heinz Rummenigge über den Engländer. Der hatte einen irren Schuh-Trick und glänzte nicht nur auf dem Platz. Was Alex Ferguson ziemlich sauer machte

— *Von* **Raimund Hinko**

Für alle, die seine Parfüms auftragen, in seine Unterwäsche schlüpfen, sich in seinen Schuhen, Hemden, Anzügen wohlfühlen, sich seine Tattoos auf alle Körperteile, auch wie er im Intimbereich, stechen lassen – David Beckham war vor allem ein großartiger Fußballer.

Berühmte Schusstechnik: David Beckham streichelt den Ball mit seinem rechten Fuß

Nicht nur, jedoch. Er war auch eine umschwirrte, metrosexuelle Stil-Ikone, ein Mann, den sich Frauen – und laut Umfragen noch mehr Männer – als Lebenspartner wünschen. Dieses ganze Drumherum hat er auf dem Platz vergessen. Da hat er brilliert und gerackert.

David Beckham blutete heftig, als sein Förderer, Trainer und Kritiker Alex Ferguson in der Kabine von Manchester United vor lauter Wut einen Fußballschuh wegkickte, der, wie es der Zufall wollte, genau auf einem von David Beckhams blauen Augen landete, dem rechten. Ferguson gab Jahre später zu: „Das war Absicht, weil David keinerlei Kritik annahm." Der Trainer hatte die Faxen dicke, dass da einer die Sängerin Victoria von der Pop-Band „Spice Girls" heiratete, die im Sog ihres Mannes Werbung für die stagnierende Karriere machte. Sie sind immer noch zusammen, haben drei Söhne und eine Tochter, die – was sonst? – als Fotografen, Models, Schauspieler, Sänger jobben. Und Elton John als Taufpaten haben. Klar doch.

Noch 2002, ehe Beckham von Manchester United (1992 bis 2003) zu Real Madrid (2003 bis 2007) wechselte, sagte Bayern-Boss Karl-Heinz Rummenigge in „Bunte" leicht süffisant: „Er ist sehr sympathisch, überhaupt nicht arrogant. Jedoch auf dem besten Weg vom Fußballer zur Lady, wenn

Jungspunde: Gary Neville, Nicky Butt, Gary Pallister, Trainer Sir Alex Ferguson, David Beckham, Phil Neville, Paul Scholes und Teddy Sheringham (v. l.) 1997 bei Man United

Größter Triumph: Beckham mit der Champions-League-Trophäe nach dem 2:1-Final-sieg von Manchester United gegen die Bayern 1999

ich mir seine lackierten Fingernägel anschaue." 2019 saß Rummenigge dann mit einem unlackierten Beckham am Verhandlungstisch und verrät jetzt in SPORT BILD: „Er war inzwischen Berater von Leroy Sané *(passt irgendwie … ; d. Red.)*, ich habe zusammen mit Hasan Salihamidzic *(Bayern-Sportvorstand; d. Red.)* die Gespräche geführt, damit er von Man City zu Bayern kommt. Ich kann nur eins sagen: David ist ein toller Mensch, der Handschlag-Qualität hat, was in dieser Fußball-Welt nicht mehr die Norm ist. Der Transfer war in trockenen Tüchern, dann kam die Kreuzband-Operation dazwischen." Der Transfer wurde verschoben, erst ein Jahr später mit Sanés neuen Beratern vollendet.

Weniger gern denkt Rummenigge an die Saison 1998/99 zurück, an die Duelle mit Manchester United. Zunächst weniger schlimm an das 1:1 in der Gruppenphase. „David Beckham gegen Bixente Lizarazu – das war für mich der perfekteste Zweikampf, den ich je gesehen habe. Die beiden haben sich keinen Quadratzentimeter geschenkt. Beckham ist immer wieder neu gegen ihn angelaufen, und Liza hat ihn immer wieder in die Luft geschossen. Mit kor-

rekten Mitteln. Super unterhaltsam." Und der Beweis, dass Beckham auch einstecken und austeilen konnte.

„Beckham war der Spielmacher von der rechten Seite"
Ottmar Hitzfeld

Die Teams trafen im Champions-League-Finale 1999 erneut aufeinander. Nur Lizarazu fehlte wegen eines Kreuzbandrisses. Beckham spielte befreit auf, zog über rechts immer wieder ins Mittelfeld, rieb sich in wiederum knallharten Zweikämpfen gegen Jens Jeremies und Stefan Effenberg auf. „Wehe jedoch, wenn es Freistöße und Eckbälle gab. Da herrschte Alarmstufe Rot. Beckham war der Großmeister der ruhenden Bälle", erzählt Rummenigge, der sich damals nach dem Freistoßtor von Mario Basler im sicheren Gefühl eines Bayern-Sieges auf die Siegerehrung freute. Und dann zu zittern begann.

Auch der damalige Bayern-Trainer Ottmar Hitzfeld hatte schlimme Vorahnungen. Kein anderer deutscher Trainer hat öfter ge-

Die Galaktischen von Real Madrid 2004: Iker Casillas, Iván Helguera, Ronaldo, Guti, Luís Figo, Zinédine Zidane (hinten, v. l.), Michel Salgado, Roberto Carlos, Raúl, Raúl Bravo und David Beckham (vorn, v. l.)

gen Man United mit Beckham gespielt. Schon 1997 im Halbfinale auf dem Weg mit Borussia Dortmund zum Champions-League-Sieg. „Beckham war der Spielmacher von der rechten Seite. Hat nicht nur Flankenläufe gemacht, sondern auch das Spiel gestaltet", sagt Hitzfeld zu SPORT BILD.

Beckham, der in der 75. Minute Lothar Matthäus so rüde umgetreten hatte, dass der wenig später vom Feld humpelte, schoss In der Nachspielzeit zwei Ecken von links. „Die Man-United-Fans sind immer ausgeflippt, wenn es Eckbälle gab. Denn diese Ecken waren wie Schüsse, mit rechts unglaublich angeschnitten und dennoch scharf. Man spürte förmlich, dass es gefährlich wurde", denkt Hitzfeld mit Schrecken daran zurück.

Nach seiner Roten Karte bei der WM 1998 bekam Beckham Morddrohungen

Es liefen schon die Schlusssekunden. Die erste Ecke landete über Ryan Giggs bei Teddy Sheringham, die zweite über Sheringham bei Ole Gunnar Solksjær – zweimal staubten sie ab zum 2:1-Sieg. Bayern war den sogenannten Sekundentod gestorben. Noch heute gilt dieses Spiel als das traumatischste in der Bayern-Geschichte. Während für David 1999 ein Glücksjahr ist – auch, weil er seine Victoria heiratete.

Beckhams Freistöße sind noch legendärer als seine Eckbälle. Er neigte sich vor dem Schuss extrem weit nach links. Bevor er umzukippen drohte, zog er mit der rechten Innenseite ab. Der Ball drehte sich in Bananenform Richtung Tor. Und obwohl jeder Torhüter, jeder Spieler, jeder Trainer wusste, wie der Ball flog – landete er dennoch oft im Tor.

David Beckham schaffte es 2013 an der Tongji-Universität von Shanghai als Botschafter der chinesischen Super-League und als Chinas Jugend-Botschafter sogar mit Krawatte, weißem Hemd und eng ansitzender Anzughose, Freistöße zu verwandeln.

1998: Nach einem Tritt im WM-Achtelfinale gegen Argentiniens Simeone sieht Beckham (r.) Rot ! Daraufhin druckte der „Daily Mirror" eine Dartscheibe mit seinem Gesicht im Bull's-eye (Foto rechts)

STILL BITTER? TAKE YOUR FURY OUT ON OUR DAVID BECKHAM DARTBOARD

Skandal 1999: Beckham reagiert mit dem Stinkefinger auf Hasstiraden der gegnerischen Fans von Leeds United

Bei der WM 2002 jubelt Beckham nach der 1:0-Führung gegen Schweden (Endstand 1:1). Das Comeback nach seinem Fußbruch erfolgte rechtzeitig zum WM-Start

In der Qualifikation schießt Beckham England in der Nachspielzeit mit einem Freistoß zum 2:2 gegen Griechenland zur WM 2002

WM 2006: Gegen Ecuador zirkelt Beckham im Achtelfinale den Freistoß zum 1:0-Sieg ins Tor

2003 wechselte Beckham für 37,5 Mio. von Manchester United zu Real Madrid

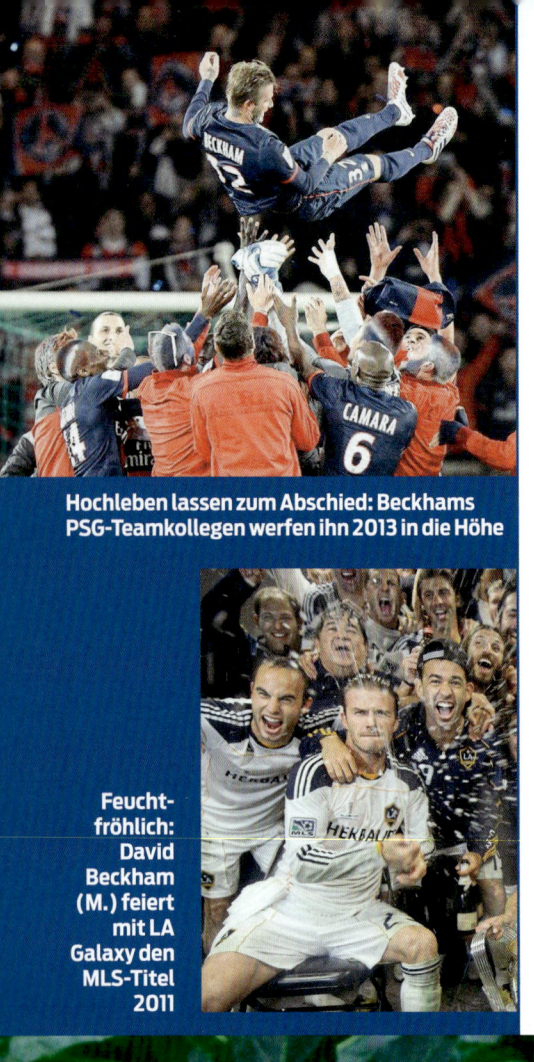

Hochleben lassen zum Abschied: Beckhams PSG-Teamkollegen werfen ihn 2013 in die Höhe

Feucht-fröhlich: David Beckham (M.) feiert mit LA Galaxy den MLS-Titel 2011

Etliche hintereinander. Der Ansturm war so gewaltig, dass es sieben Verletzte gab.

Die Engländer hatten dennoch Probleme damit, diesen David Beckham zu lieben. Sie bewunderten eher Raubeine wie die United-Legenden Roy Keane oder Nobby Stiles. Diesen Londoner Schönling hassten sie sogar, obwohl er schon mit elf Jahren als Maskottchen auf der United-Bank saß und in die Fußballschule von Bobby Charlton aufgenommen wurde. Sie hassten ihn, weil er bei der WM 1998 im Achtelfinale gegen Argentinien noch vor der Halbzeit wegen Nachtretens Rot sah. Da interessierte niemanden, dass ihm Diego Simone vorher rüde in die Beine gefahren war – ja, dieser Simeone, der später als Trainer von Atlético Madrid vor seiner Bank wütet. Die geschwächten Engländer flogen nach Elfmeterschießen raus. Beckham war der Sündenbock, bekam sogar Morddrohungen.

Drei Jahre musste er warten, bis ihm die Fans verziehen. An jenem 6. Oktober 2001 herrschte in der 93. Minute Totenstille im Old Trafford von Manchester. England lag gegen Otto Rehhagels toll eingestellte Griechen 1:2 hinten, als Beckham nach einem Foul von Konstantinos Konstantinidis an Sheringham aus 27 Metern zum Freistoß antrat. Nur ein 2:2 hätte den Engländern

in der Gruppe die direkte WM-Qualifikation vor den Deutschen beschert.

Der Rest ist kurz erzählt: sechs Schritte Anlauf, eine unglaubliche Flugbahn in den Winkel. Und Beckham war ab sofort der Nationalheld. „Schlagt diesen Mann zum Ritter", brüllte der Reporter Gary Bloom ins Mikrofon. Deutschland musste sich über die Relegation gegen die Ukraine für die WM 2002 qualifizieren.

„Ein ganz bescheidener, höflicher Mann, sehr gebildet, sehr wohlerzogen"
Franz Beckenbauer über Beckham

2003 brach Alex Ferguson endgültig den Stab über Beckham. Bei einer Flasche Rotwein schüttete er Ottmar Hitzfeld sein Herz aus, mit hochrotem Kopf. Beckham hatte sich geweigert, beim Mannschaftsessen, sogar beim Aufwärmen die Wollmütze abzunehmen, weil er seine neue Frisur erst beim Anpfiff enthüllen wollte. Als Ferguson ihm drohte, ihn nicht aufzustellen, zeigte ihm Beckham eine in seinen Augen hässliche Glatze. Ferguson flippte aus: „Darum geht es die ganze Zeit? Um eine Glatze, die niemand sehen soll? Damals begann ich, richtig an ihm zu verzweifeln. Mir war allerdings klar, dass er genau so von den Medien und Werbeleuten geliebt wurde. Da er dachte, er sei größer als der Trainer, musste er gehen."

Glamour-Paar: David mit Ehefrau Victoria bei den Fashion Awards in London

Der Beckham-Clan: Brooklyn, Cruz, Papa David, Mutter Victoria, Romeo (v. l.) und Harper (vorne). David und Victoria heirateten 1999

Hitzfeld erzählt: „Ferguson sagte mir, dass es nicht einfach war, ihn zu führen, obwohl er ihn behandelt habe wie einen Sohn. Die Glatze war ihm zu viel." Also gab er den Sohn für 37,5 Millionen Euro frei für Real Madrid.

Die Königlichen griffen dankbar, geradezu gierig zu. „Für Real war es faszinierend, einen Mann mit Glamour nicht nur auf dem Platz, sondern auch außerhalb zu haben, Beckham ist das perfekt gelungen", sagt Rummenigge. Der damalige Bayern-Manager Uli Hoeneß sprach dagegen von einem „Affentheater, wie ich es noch nie erlebt habe. Reiner Zirkus. Beckham ist nicht so gut. Das ist gut für uns."

Hoeneß sollte zum Teil recht behalten, in vier Jahren reichte es nur zu einem Meistertitel, mit Man United waren es in elf Jahren sechs. Gegen Bayern kam das Aus 2007 im Champions-League-Achtelfinale. Einen Freistoß von Beckham konnte Oliver Kahn beim 2:3 (Rückspiel 2:1) im Bernabéu-Stadion an die Latte lenken. Dafür erreichte der Verkauf des Beckham-Trikots mit der Nummer 23 – die sieben war wegen Raúl gesperrt – Verkaufsrekorde in Millionenhöhe, vor allem in Asien.

Werbe-König: Hier präsentiert Beckham seine Zunge farblich passend zu den Adidas-Schuhen „Predator"

Beckhams Aberglaube: In fast jedem Spiel trug er neue Schuhe

Beckhams Fußballschuhe hingegen waren sogar weltweit ein Hit, weil er die ausklappbare, überlappende Zunge seines „Predators" verlängerte. Kein anderer Fußballer trug die Zunge so weit, fast bis zu den Zehenspitzen. Ein Modegag, dem er in der Werbung mit seiner eigenen Zunge Nachdruck verlieh. Adidas-Sprecher Oliver Brüggen erklärte: „Die Zunge deckte die Schnürung ab – für eine bessere Ballkontrolle. Über die Außensohle wurde ein elastisches Band gespannt, um die Zunge gegen ein Verrutschen zu sichern."

Und dann lüftet er ein Beckham-Geheimnis: „Die meisten Spieler tragen ihren Schuh abergläubisch weiter, wenn sie damit gut gespielt oder ein Tor erzielt haben. David Beckhams Aberglaube hingegen bestand darin, in fast jedem Spiel ein neues Paar zu tragen."

Andere Spieler lieben im Gegensatz zu Beckham eingelaufene Schuhe, um sich nicht wund zu laufen. Dieser Gefahr unterlag Beckham nie. Er war „schnell, jedoch kein Sprinter", wie Hitzfeld es umschreibt. 2013 beendete er seine 21-jährige Karriere bei Paris St-Germain.

Beckham hat neben einem luxuriösem Landsitz in England Wohnsitze in Madrid, London, Los Angeles/Beverly Hills – und auch in Florida, wo er mit einer Investorengruppe 2018 den Klub Inter Miami gründete. Er hat sich Stars wie Gonzalo Higuaín und Blaise Matuidi geschnappt, träumt von einer Verpflichtung der Weltstars Cristiano Ronaldo und Lionel Messi.

Franz Beckenbauer hielt das für eine gute Idee: „Ich bin ja in den 70ern auch den Weg in die USA zu Cosmos New York gegangen, habe es nicht bereut. Ganz im Gegenteil, das war die schönste Zeit meines Lebens. Hinter dem Mond sind sie dort auch nicht. Die können schon Fußball spielen, und du musst auch dort Leistung bringen."

Der Kaiser hat Beckham um die Jahrtausendwende als Trainer einer Weltauswahl betreut und sagt: „Ein ganz bescheidener, höflicher Mann, sehr gebildet, sehr wohlerzogen. Eine Freude, mit ihm zusammen zu sein." Auch Alex Ferguson hat mit Beckham Frieden geschlossen. Anerkennend sagt er über ihn: „Egal, welches Ziel er im Leben verfolgt, er behält es unbeirrt im Auge und arbeitet so lange, bis er es erreicht."

Kann es ein schöneres Kompliment geben? ●

Größter Triumph war der Sieg mit Manchester United gegen Bayern

David Beckham wurde am 2. Mai 1975 im Londoner Stadtteil Leytonstone geboren. Mit 16 fing der Mittelfeldspieler 1991 in der Jugend von Manchester United an. Für den Klub gab er 1992 im Liga-Pokal gegen Brighton sein Debüt (1:1).

Beckham spielte für Man United (1992 bis 2003), Preston (Leihe 1994/95), Real Madrid (2003 bis 2007), Los Angeles Galaxy (2007 bis 2012), AC Mailand (Leihen 2009 und 2010) sowie Paris Saint-Germain (2013). Sein größter Erfolg: der Champions-League-Sieg 1998/99 mit Manchester United gegen Bayern (2:1). Er wurde Meister in England (sechsmal), Spanien (einmal), USA (zweimal) und Frankreich (einmal). Dazu holte er zweimal den englischen FA Cup. Für England hatte er 115 Einsätze (17 Tore). Beste Resultate: Viertelfinals bei WM 2002 und 2006 sowie EM 2004.

2013 beendete Beckham seine Fußball-Karriere. 2018 wurde er Miteigentümer des MLS-Klubs Inter Miami CF, 2019 des englischen Viertligisten Salford City (Großraum Manchester).

2019 wurde Beckham vom Männermagazin GQ als „Man of the Year" ausgezeichnet

2005 engagierte sich Beckham erstmals als Unicef-Botschafter

GEORGE BEST

Er verlor alles, doch die Fans liebten ihn bis zum Schluss

Der Nordire mochte nicht nur Fußball, sondern auch Alkohol, Frauen und schnelle Autos. Am Ende zahlte er die Zeche für sein wildes Leben

— Von **Raimund Hinko**

Viele fragen sich auch heute noch: Hat George Best († 59) nun mehr Gegner vernascht oder Frauenherzen gebrochen? Die Wahrheit ist: Wer sich diese Frage im Zusammenhang mit dem genialen Flügelstürmer stellt, der kennt ihn nicht genau. Am häufigsten hat er volle Gläser vernascht – in Belfast, in Manchester, überall auf der Welt. Den sichersten Stammplatz hatte der erste Popstar der Fußball-Geschichte an der Theke. Wir brauchen nur hineinzuhören in diesen verrückten Nordiren, den sie im Vereinigten Königreich und auch auf dem Kontinent nicht nur als größte Nummer 7 der Geschichte feierten, sondern als fünften Beatle. Er hätte so prima zu den Pop-Ikonen Paul McCartney, John Lennon, George Harrison und Ringo Starr gepasst.

„Ich habe viel von meinem Geld für Alkohol, Frauen und schnelle Autos ausgegeben. Den Rest habe ich einfach verprasst", lautet Bests meistzitierter Spruch. Wobei ein anderer noch besser ist. Ein Jahr nach seinem einzigen großen Titel, dem Europacupsieg der Landesmeister mit Manchester United, standen seine drei weißen Jaguars in der Garage, weil er zum ersten Mal nach einer volltrunkenen Fahrt den Führerschein verloren hatte. Er fuhr auf einem Fahrrad durch Manchester, hatte von der frischen Luft einen klaren Kopf und sagte trocken: „1969 habe ich das mit den Frauen und dem Alkohol aufgegeben. Das waren die schlimmsten zwanzig Minuten meines Lebens ..."

Mehr als zwanzig Stunden hat mir der Fußball-Professor Dettmar Cramer († 90) zu Lebzeiten die Welt des runden Leders erklärt: „Es ist ungerecht, George Best auf die Hurerei, den Suff und seine schönen blauen Augen zu reduzieren. Ich sehe immer diesen Irrwisch von Fußballer vor mir. So wie ein Torero sein rotes Tuch schwingt und den Stier dann ins Leere laufen lässt, so reizte Best seine Gegner. Und wenn sie glaubten, dass sie ihn erwischen, wechselte er aufreizend spät und dennoch blitzschnell die Richtung."

Cramer erzählte weiter: „Einmal am Gegner vorbei, das war Best zu wenig. Er ließ ihn wieder

United-Trainer Matt Busby (r.), Teamkollege Pat Crerand (l.) und Best feiern den Sieg im Landesmeister-Pokal 1968

Simply the Best!

George Best (l.) läuft seinem Gegenspieler davon: In den 60er-Jahren war das ein gewohnter Anblick beim wohl größten Außenstürmer, den das Vereinigte Königreich je hervorbrachte. Best konnte dribbeln, schießen und Zweikämpfe gewinnen, war dazu beidfüßig und außergewöhnlich schnell

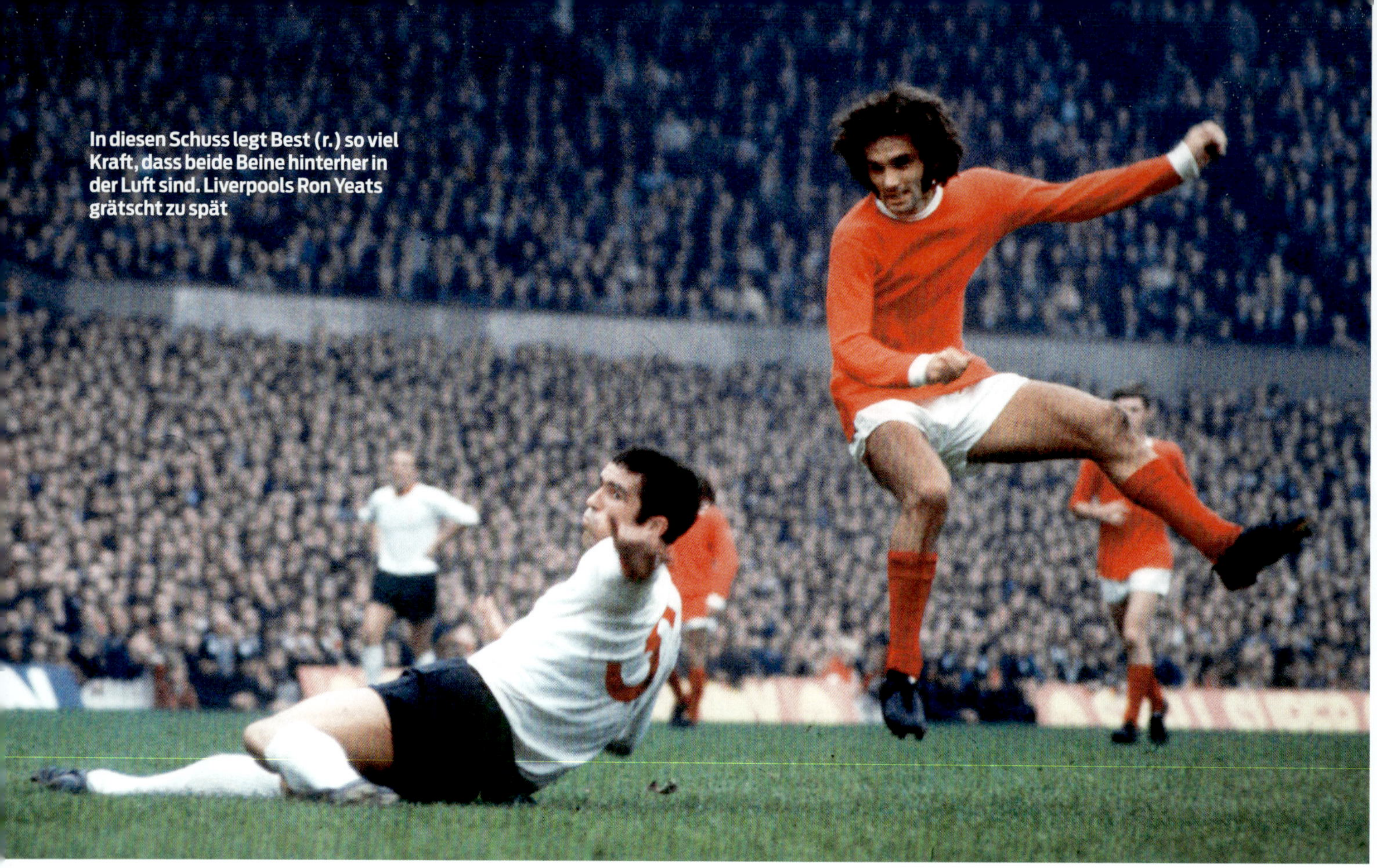

In diesen Schuss legt Best (r.) so viel Kraft, dass beide Beine hinterher in der Luft sind. Liverpools Ron Yeats grätscht zu spät

rankommen – das Spiel ging von vorne los. So lange, bis der Stier entkräftet in die Knie geht, so ging es seinen Gegnern. Mit nur einem Unterschied: Sie durften am Leben bleiben. Was für viele der Gedemütigten vielleicht noch grausamer war."

Es gibt Zeitzeugen wie Bobby Charlton oder Alex Ferguson, die Best auf eine Stufe mit Pelé, Di Stéfano, Cruyff und Beckenbauer stellen. Pelé selbst geht noch weiter: „Best war besser als ich. Für mich war er nie ein Europäer, sondern ein brasilianischer Spieler."

Dennoch war es Best nie vergönnt, die große Weltbühne des Fußballs zu betreten. „Er war ein Riese auf Rechtsaußen, ein absoluter Weltklassespieler", sagt Franz Beckenbauer. „Schade nur, dass er für das kleine Nordirland spielen musste. Hätte er für die Engländer spielen dürfen, hätte er auf der großen Bühne bei Europa- und Weltmeisterschaften glänzen können."

Umso mehr glänzte dieser fesche Bursche mit dem hellen, klugen Kopf, dem schrillen Outfit, den bevorzugt schwarzen Klamotten abseits der Fußballplätze. Den Gipfel seiner Vergnügungssucht erlebte Best Ende der 60er-Jahre, als er gemeinsam mit seinem Saufkumpan Mike Summerbee – ausgerechnet dem Star des Lokalrivalen Man City – Boutiquen, Diskotheken und Nachtklubs eröffnete.

Dabei war George Best, als er mit 17 das erste Mal in das Trikot von Manchester United schlüpfte, so schüchtern. Mit ihm kam nach acht Jahren Pause der Erfolg zurück, 1965 die englische Meisterschaft, 1967 die nächste, 1968 der Europacup, mit 22 wurde er Europas Fußballer des Jahres. Er, der Nordire, und Denis Law, der Schotte, waren neben Bobby Charlton die umjubelten Stars, sie hassten die blasierten Engländer.

Schon damals ging es mit Best bergab. Das mit dem Suff könnte auch genetisch bedingt gewesen sein. Seine Mutter Ann, eine Hockeyspielerin, begann erst mit weit über 40 zu trinken, erlag mit 55 den Folgen der Sucht. Als er mit 27 immer öfter betrunken beim Training auftauchte und manchmal überhaupt nicht mehr, musste er Man United verlassen. Eine Irrfahrt durch Südafrika, Irland, Schottland, Australien und die USA begann. So landete er 1979 in Florida bei den Fort Lauderdale Strikers. Zum Leidwesen von Gerd Müller.

Best eröffnete Boutiquen, Diskotheken und Nachtklubs

Ich war seinerzeit mit einigen Münchner Kollegen beim größten Bayern-Torjäger aller Zeiten zu Besuch. In einer Bar trafen wir Best volltrunken am Tresen. „This fucking German", grölte er. „Dieser kleine Müller mit den kurzen Beinen kann meine genialen Flanken nicht verwerten. Wir werden schon sehen, wer hier der Star ist."

Auch ohne der englischen Sprache mächtig zu sein, erkannte Müller: „Er ist eifersüchtig, weil sie mich geholt haben." Drei Monate später war der Spuk vorbei. Best wurde wegen Trunkenheit gefeuert.

Beckenbauer glaubt, dass

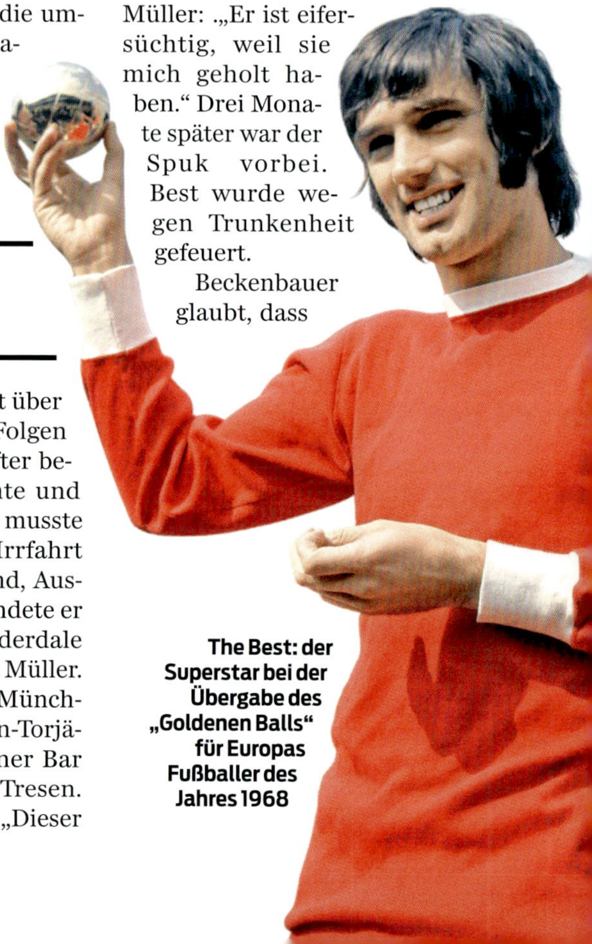

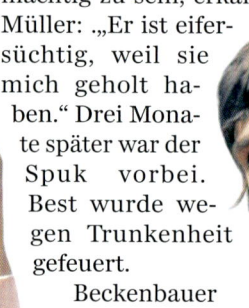

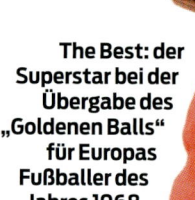

The Best: der Superstar bei der Übergabe des „Goldenen Balls" für Europas Fußballer des Jahres 1968

Damenbesuch: Zur Präsentation seiner Biografie 1975 kamen nicht nur Best (2. v. l.) und Autor Michael Parkinson (2. v. r.)

Best vor seiner Boutique in Manchester

1975 konnte George Best schon in seiner eigenen Biografie blättern, obwohl er erst 28 Jahre alt war

Star zwischen Krawatten: Best gehörten zwischenzeitlich mehrere Modegeschäfte

Von seinem Gehalt kaufte sich Best – hier mit seiner Verlobten Eva 1969 – gern schnelle Autos, oft in sehr auffälligen Farben

Für Flüge in seine Heimat Belfast nutzte der Nordire Best oft sein Privatflugzeug

Vor einem Benefizspiel trainierte Best die „Blinker Girls", benannt nach dem Nachtklub, der Best gehörte

Best im Old Trafford, wie es in den 60er-Jahren noch aussah. Seitdem wurde das Stadion mehrmals umgebaut

Von seinen Gegenspielern wurde der Dribbler oft hart attackiert. Hier von Fulhams Bobby Keetch (r.)

es heutzutage einen zweiten Fall Best nicht mehr geben könnte. Den brillanten Fußballer schon, nicht jedoch den totalen Absturz. „Das war damals noch nicht so professionell wie heute. Die Leute konnten leichter an dich herantreten, heute ist man abgeschirmt, meist völlig unter Kontrolle."

Best dagegen war den sogenannten guten Freunden hilflos ausgeliefert. Seine letzte Station führte ihn wieder zurück in die Heimat zum nordirischen Klub Tobermore United, wo er es nur noch zu einem Spiel brachte – ehe er Weihnachten 1984 im Gefängnis feierte. Warum wohl? Alkohol, Randale, häusliche Gewalt gingen einher. Obwohl er üppig verdient hatte, seinem Vater Dickie, dem mittellosen Hafenarbeiter, eine Fish-and-Chips-Bude kaufte, war er abgebrannt. Auch, weil er dem Glücksspiel verfallen war. Vier Jahre später taten sich Freunde zusammen, organisierten für ihn ein als Abschiedsspiel getarntes Wohltätigkeitsspiel, um den Bankrott abzuwenden.

Best hatte alles verloren, doch nie die Sympathien der Fans. Es war ähnlich wie bei Diego Maradona († 60): Je tiefer er sank, desto leidenschaftlicher litten sie mit ihm. Er fand noch Jobs als Kommentator, Kolumnist, u. a. bei Sky. Zwar hagelte es Proteste, als er lallend, wankend in

die Talkshow „Wogan" stolperte. Doch als Best sich entschuldigte („der Tiefpunkt meiner Laufbahn"), verziehen ihm die Fans. Und sie glaubten Alex Best, seiner zweiten Ehefrau, nicht, als sie in der englischen Version von „Ich bin ein Star, holt mich hier raus" behauptete, George habe sie geschlagen. Stattdessen bekam er 2001 die Ehrendoktorwürde der Queens-University von Belfast verliehen.

„Ich habe viel von meinem Geld für Alkohol, Frauen und schnelle Autos ausgegeben. Den Rest habe ich einfach verprasst"
Bests berühmtester Spruch

Zuletzt konnte ihn auch eine Lebertransplantation nicht retten, er soff mit der neuen Leber weiter. Die letzten Worte des 59-Jährigen lauteten: „Don't die like me *(sterbt nicht wie ich)*." Am 25. November 2005 zahlte er die Zeche für seinen Lebenswandel. Nicht nur die Nordiren brachen in Tränen aus. Die Premier League gedachte des Idols, in einigen Stadien applaudierten die Fans während der vollen Schweigeminute. Zu seiner Beerdigung säumten

Berühmte Szene 1971: George Best (l.) spitzelt England-Torwart Gordon Banks beim Abschlag den Ball weg. Das Tor wurde vom Schiri aberkannt, Nordirland verlor 0:1

In den USA trafen sich 1978 Best (r.), damals für die LA Aztecs aktiv, und der kurz zuvor zurückgetretene Pelé

Best im Juni 2005 in London

100 000 Menschen die Straßen von Belfast.

In Erinnerung blieb den Fans vor allem das Fußball-Genie. Je gieriger die Verteidiger darauf waren, ihn mit einer Blutgrätsche niederzustrecken, je lauter das

Von 1976 bis 1978 spielte Best für die Los Angeles Aztecs in der US-Liga NASL

Mitspieler sammelten Geld für Best, Fans verziehen ihm jeden Fehler

gegnerische Publikum das forderte, desto gieriger wurde Best, es auch mit fünf, sechs Gegnern aufzunehmen und sie zu vernaschen. Als Höhepunkt ließ er die Höchststrafe folgen: Er spielte Doppelpässe mit den Schienbeinen der Gegner. Wenn er alle schwindlig gedribbelt hatte, behielt er immer noch den klaren Blick für das Tor.

Unvergessen bleibt der Spruch von West-Bromwich-Verteidiger Graham Williams. Noch Jahre nach einer Best-Lehrstunde flehte er im TV: „Zeigt mir endlich ein Foto von diesem Kerl. Ich habe immer nur seinen Arsch gesehen." ●

136 Tore in 361 Liga-Spielen

George Best wurde am 22. Mai 1946 in Belfast (Nordirland) geboren. Er spielte die meiste Zeit seiner Karriere für Manchester United. Zwischen 1963 und 1974 holte er mit den „Red Devils" den Europapokal der Landesmeister (1968), dazu englische Meisterschaften (1965 und 1967). 1968 wurde Best „Europas Fußballer des Jahres". In 361 Liga-Spielen für United erzielte der Angreifer 136 Tore. Best wurde vor allem für seine Dribblings und Torabschlüsse gefeiert. Zum Ende seiner Karriere wechselte Best dann mehrfach den Verein, spielte u. a. bei Fulham, Hibernian Edinburgh und in den USA. Für Nordirland machte er 37 Länderspiele (neun Tore), erreichte aber nie ein großes Turnier. Best war jahrelang alkoholabhängig. Er starb am 25. November 2005 in London an einer Niereninfektion.

Als Gerd Müller (M.) 1979 zu den Fort Lauderdale Strikers kam, waren Best (r.) und Perus Superstar Teófilo Cubillas schon da

In den USA war Best für Los Angeles, Fort Lauderdale (Foto) und San Jose aktiv

BOBBY CHARLTON

„Es ist ein Wunder!"

So beschreibt der Ex-Mittelfeldstar von Manchester United seine eigene Karriere. Im Alter von 20 Jahren überlebte er ein Flugzeugunglück, dann wurde er Weltmeister

Stolze Sieger (v. l.): Jack Charlton, Torhüter Gordon Banks, Roger Hunt, Kapitän Bobby Moore, Ray Wilson (verdeckt) und Bobby Charlton feiern den WM-Titel

— *Von **Torsten Rumpf** und **Raimund Hinko***

Als Bobby Charlton am 11. Oktober 1954 seinen ersten Profi-Vertrag bei Manchester United unterzeichnete, bekam er sieben Pfund Wochenlohn, das ist so viel wie heute 500 Euro. Dafür musste er unter Punkt drei des Kontraktes versichern, dem Verein immer den besten Service anzubieten. Der damals 17-jährige Charlton hielt sich seine ganze Karriere daran. 19 Jahre war er bei den „Red Devils", dort wurde er zu einem der besten offensiven Mittelfeldspieler aller Zeiten. Der Höhepunkt in seiner Karriere: Der Triumph bei der Heim-WM 1966 mit England gegen Deutschland.

Im Herbst 2020 erhielt Charlton dann die Schock-Nachricht: Er sei an Demenz erkrankt. Aber noch kann er sich an die WM 1966 im eigenen Land erinnern …

Vor allem die Bilder aus dem Endspiel gegen Deutschland sind ihm präsent. Geoff Hurst hatte in der Verlängerung durch das berühmte Wembley-Tor zum zwischenzeitlichen 3:2 getroffen, die „Three Lions" siegten am Ende 4:2. Der bislang einzige WM-Titel für das Fußball-Mutterland.

Im Hause Charlton wurde den Kindern beigebracht, was harte Arbeit bedeutet

„Es ist das wohl umstrittenste Tor, das je bei einer WM erzielt wurde. Ich habe erst gejubelt, als der Linienrichter mit der Fahne Richtung Anstoßkreis zeigte. Noch heute weiß ich nicht, ob der Ball die Linie überschritten hat. Egal, wir waren mehr im Angriff, spielten uns Chancen heraus. Wir waren an diesem Tag das bessere Team", sagt Charlton.

Auch deshalb, weil er sich in den Dienst der Mannschaft – und auf der deutschen Seite Shootingstar Franz Beckenbauer kaltstellte. „Ich bekam den Auftrag, Franz Beckenbauer auf Schritt und Tritt zu verfolgen. Er war gefährlich, konnte uns mehr als jeder andere Schaden zufügen. Und ich habe das ganze Spiel an ihm geklebt."

Womit Beckenbauer nicht rechnete, weil er von Bundestrainer Helmut Schön († 80) wiederum den Auftrag bekam, Charlton im Mittelfeld auszuschalten. Beckenbauer zu SPORT BILD: „Der Bobby hatte eine Pferdelunge. Ich rannte ihm hinterher. Ich war dann völlig überrascht, dass er auch mir hinterhersauste. Denn auch Sir Alf Ramsey († 79; *Englands Nationaltrainer; d. Red.*) hatte Bobby beauf-

Außenverteidiger Roger Byrne wird in Flixton in der Nähe von Manchester beigesetzt. Der 33-malige Nationalspieler kam bei dem Absturz zwei Tage vor seinem 30. Geburtstag ums Leben

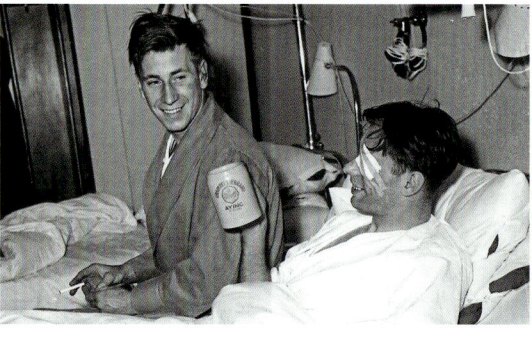

Mit Kippe und Bier im Krankenhaus: Charlton sitzt am Bett von Torwart Ray Wood – einen Tag nach dem Unglück

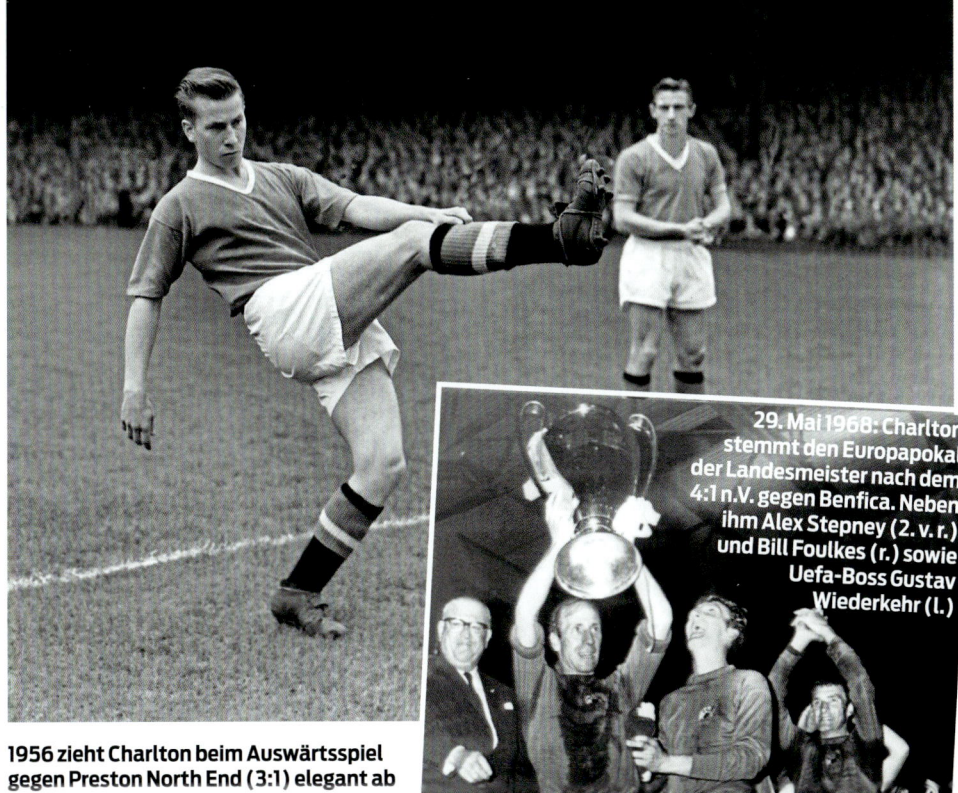

tragt, mich zu bewachen. Für mich war das eine große Ehre, denn Bobby Charlton galt damals als bester Mittelfeldspieler der Welt.“

Der trotz aller Erfolge und Ruhm nie die Bodenhaftung verlor. Was an seiner Herkunft liegt. Er ist eines von vier Kindern einer Bergarbeiter-Familie aus Ashington. Die Stadt mit 27 900 Einwohnern liegt im äußersten Nordosten Englands, knapp fünf Kilometer von der Küste entfernt. Im Hause Charlton wurde den Kindern beigebracht, was harte Arbeit bedeutet, wie wichtig gesellschaftliche Werte wie Verantwortung, Ehrlichkeit, Zuverlässigkeit, Fairness und Gerechtigkeit sind.

Bobby Charlton wie auch sein 2020 verstorbener Bruder Jack Charlton († 85), der Profi bei Leeds United war und 1966 ebenfalls Weltmeister wurde, sprachen immer von einer glücklichen Kindheit. Weil sie ihrer großen Leidenschaft nachgehen durften: Fußball spielen. Unzählige Stunden verbrachten sie auf den Feldern im Hirst Park unweit der Hirst North School, wo sie zur Schule gingen und den Gong, der das Unterrichtsende bedeutete, kaum abwarten konnten.

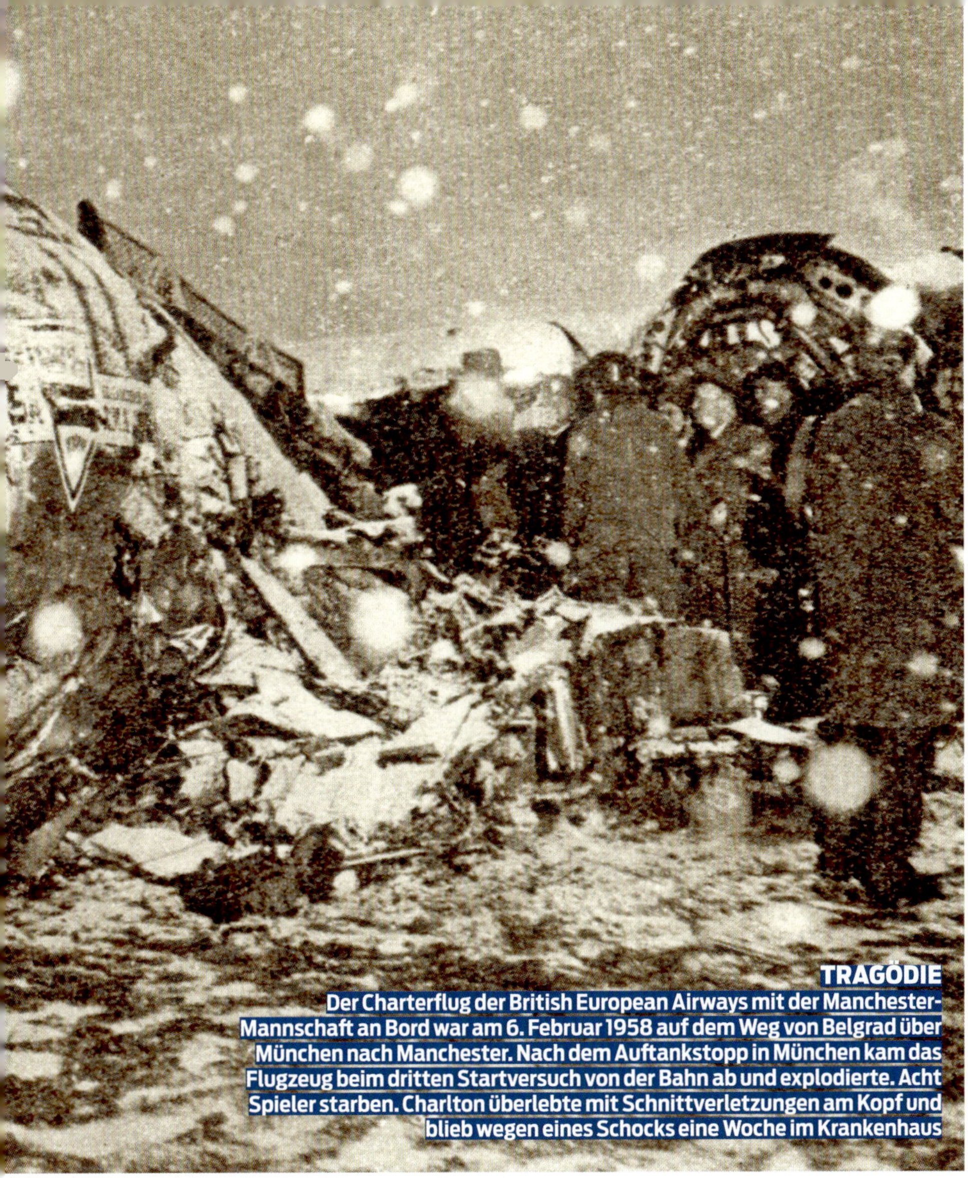

TRAGÖDIE
Der Charterflug der British European Airways mit der Manchester-Mannschaft an Bord war am 6. Februar 1958 auf dem Weg von Belgrad über München nach Manchester. Nach dem Auftankstopp in München kam das Flugzeug beim dritten Startversuch von der Bahn ab und explodierte. Acht Spieler starben. Charlton überlebte mit Schnittverletzungen am Kopf und blieb wegen eines Schocks eine Woche im Krankenhaus

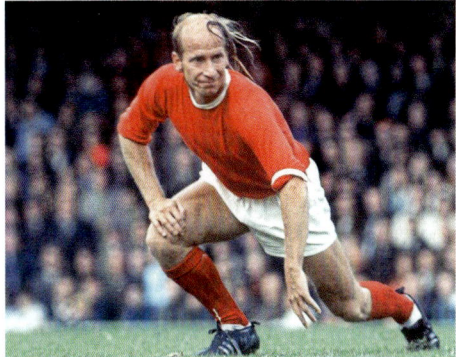

Im Spiel gegen Leicester City (3:2) am 17. Mai 1969 ist Charltons Frisur leicht aus der Form geraten

1956 zieht Charlton beim Auswärtsspiel gegen Preston North End (3:1) elegant ab

29. Mai 1968: Charlton stemmt den Europapokal der Landesmeister nach dem 4:1 n.V. gegen Benfica. Neben ihm Alex Stepney (2. v. r.) und Bill Foulkes (r.) sowie Uefa-Boss Gustav Wiederkehr (l.)

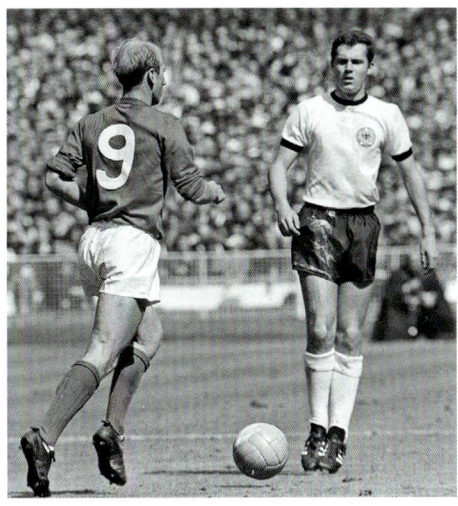

Charlton im WM-Finale 1966. Rechts: Franz Beckenbauer

„Die Fußball-Felder waren damals aus Asche, von den Halden der Zechen. Unser eigenes Wembley", sagt Bobby Charlton. Oft war sogar Mutter Elizabeth dabei, die von ihren Kindern liebevoll Cissie genannt wurde und sie trainierte. Es zahlte sich aus: In einem Schulspiel wurde Charlton von einem Scout entdeckt und 1954 Manchester United empfohlen. Er musste noch nicht einmal ein Probetraining machen, sondern wurde gleich verpflichtet. Eine Seltenheit. Mit 19 Jahren gab er am 6. Oktober 1956 gegen Charlton Athlethic (4:2) sein Debüt in der 1. Mannschaft.

„Die Fußballfelder waren damals aus Asche, von den Halden der Zechen. Unser eigenes Wembley"
Charlton über seine Kindheit

Chaltons große Stärken waren seine Beidfüßigkeit, seine genauen Pässe, seine harten Distanzschüsse, seine Antrittsschnelligkeit, seine Ausdauer, seine Spielübersicht. Er galt nicht als der typisch englische Fußballer, der insbesondere von Einsatz und Kraft lebte, sondern er war eine Art Künstler auf dem Platz. Mit Man United schrieb der Mittelfeld-Stratege und Antreiber Geschichte: englischer Meister 1957, 1965 und 1967. FA-Cup-Gewinner 1963, Europapokalsieger der Landesmeister 1968 als erstes englisches Team überhaupt.

Als Spieler von Manchester erlebte Charlton aber auch den Schlüsselmoment seines Lebens. Der ereignete sich am 6. Februar 1958, einen Tag nach Manchesters 3:3 bei Roter Stern Belgrad und dem Einzug ins Halbfinale des Europapokals der Landesmeister. Beim Rückflug gab es in München-Riem einen planmäßigen Tank-Zwischenstopp. Es herrschte Schneechaos. Der dritte Startversuch. Die Maschine kam von der Startbahn ab, explodierte. 23 der 44 Flugzeuginsassen starben. Darunter acht „Busby Babes", wie die Spieler von United-Trainerlegende Matt Busby († 84) genannt wurden. Der damals 20-jährige Charlton wurde aus dem Flieger geschleudert – und überlebte.

„Ich hatte das Glück, auf dem richtigen Platz zu sitzen. Es war ein Albtraum. Dieser Tag hat mein Leben verändert", sagt Charlton. Aus seinem Umfeld ist folgende Geschichte zu hören: Als sein Bruder Jack ihn nach dem Unglück fragte, was passiert sei, wollte Bobby anfangs darüber nicht reden. Dann aber sagte er ihm: „Ich erzähle es dir jetzt, aber frag mich dann nie wieder danach!" Weiter heißt es: Charlton habe die Tragödie bis heute nicht verarbeitet. Er ist der letzte Überlebende der Katastrophe.

Auch deshalb wird Charltons Name immer ganz eng mit Manchester United verbunden sein. Die Südtribüne von Old Trafford trägt heute seinen Namen: „Sir Bobby Charlton Stand". Bis zu seiner Demenz-Krankheit und der Corona-

Mutter ist die Beste: Beim Kopfballduell mit Cissie Charlton zieht der 15-jährige Bobby 1953 vor seinem Elternhaus den Kürzeren

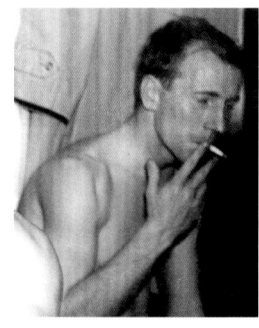

Zigarette danach: Charlton qualmt nach dem Gewinn des FA Cups 1963 gegen Leicester (3:1) in der Manchester-Kabine

Um die Ecke gebracht: Beim WM-Gruppenspiel 1962 gegen Bulgarien (0:0) in Chile hindert ein streunender Hund Charlton an der Ausführung des Eckballs

Wachablösung: Vor dem Spiel gegen Wigan Athletic 2017 nimmt Wayne Rooney von Charlton die Trophäe für den besten Manchester-Torschützen aller Zeiten entgegen. Mit 250 Toren hatte er Charltons Marke von 249 übertroffen

Hut ab! 1994 wurde Charlton von Queen Elizabeth II. zum Knight Bachelor geschlagen und somit in den niederen Adelsstand erhoben

Pandemie 2020 reiste er als Klub-Repräsentant durch die Welt. „Bobby Chalton ist die größte Legende des Klubs", sagt United-Trainer-Ikone Sir Alex Ferguson.

1994 wurde Charlton von Königin Elisabeth II. zum Ritter geschlagen. Aber er betonte sofort: „Ich lege keinen Wert darauf, dass man mich jetzt mit Sir anredet."

Die Südtribüne von Old Trafford trägt seinen Namen

Typisch Charlton. Schon als Spieler war er der bodenständige Techniker, der erste echte Künstler des englischen Fußballs. 49 Tore in 106 Länderspielen, als einziger Engländer bei vier Weltmeisterschaften dabei, 249 Tore in 758 Einsätzen für Man United, 1966 Europas Fußballer des Jahres. Aber trotz aller Erfolge hielt er immer den Ball flach.

2007 erschien eine Biografie über Charlton. In dem Vorwort schrieb er: „Wenn ich heute auf mein Leben zurückblicke und mich an all das erinnere, was ich als kleiner Junge im Nordosten Englands wollte, sehe ich es deutlicher als je zuvor: Es ist ein Wunder." ●

1966 war sein bestes Jahr! Er wurde Weltmeister und Europas Fußballer des Jahres

Robert „Bobby" Charlton wurde am 11. Oktober 1937 in Ashington, Northumberland, im Nordosten Englands geboren. Er verbrachte nahezu seine komplette Profi-Karriere bei Manchester United, für die er von 1956 bis 1973 als offensiver Mittelfeldspieler auflief und 758 Spiele bestritt. Mit United wurde er dreimal Meister und führte 1967/68 das Team als Kapitän zum Gewinn des Europapokals der Landesmeister. Charlton gehört zu den 19 Überlebenden der Flugzeugkatastrophe 1958 in München. Acht seiner Mitspieler starben beim Absturz im Schneechaos.

1966 gewann Charlton mit England das WM-Finale im eigenen Land gegen Deutschland (4:2 n. V.) und wurde zu Europas Fußballer des Jahres gewählt. Nach seiner Profi-Karriere folgten kurze Engagements u. a. als Spielertrainer von Preston North End und als Trainer bei Wigan Athletic . Über Jahre arbeitete er in repräsentativer Funktion für Man United. 2020 wurde bei ihm eine Demenz diagnostiziert.

Bobby Charlton im Oktober 2017 bei seinem 80. Geburtstag

2008 wurde eine Statue mit den Klub-Legenden Charlton, George Best and Denis Law vor Man Uniteds Stadion Old Trafford enthüllt. Das Trio ging als „United Trinity" bzw. „Holy Trinity" (Heilige Dreifaltigkeit) in die Klub-Geschichte ein

Holland-Held!
Johan Cruyff war der überragende Spieler der WM 1974, hier bei seinem Führungstor im ersten Spiel der zweiten Gruppenphase gegen Argentinien (4:0). Der kreative Offensiv-Spieler traf in der Partie zweimal

JOHAN CRUYFF

Er war schon als Kind ein Genie

König Johan verhalf Ajax und Barça zu Ruhm. Für Günter Netzer war die Holland-Legende der „größte Stratege, den es je gegeben hat"

WM-Finale 1974: Hoeneß foult Cruyff schon in der ersten Minute im Strafraum. Vogts (l.) kann nichts mehr machen. Schiri Jack Taylor pfiff Elfmeter, den Neeskens kurz darauf verwandelte

Bayern-Kapitän Franz Beckenbauer (l.) und Johan Cruyff 1973 im Viertelfinale des Europapokals der Landesmeister. Ajax gewann 4:0

— Von **Raimund Hinko**

Als Jaap de Groot auf seinem Aufnahmegerät zwölf Stunden O-Töne gesammelt hatte, zog er sich ins sommerliche Rio zurück, um die Autobiografie von Johan Cruyff († 68) zu schreiben. Europas Fußballer des Jahrhunderts hatte es, von der Chemotherapie geschwächt, nicht mehr von seiner Barcelona-Villa in sein Haus nach Amsterdam geschafft. Dennoch machte er de Groot Mut: „Jaap, schreib in Ruhe los. Ich werde den Kampf gegen diesen verdammten Lungenkrebs gewinnen. Ich führe ja schon 2:0." Der holländische Starreporter hatte noch nicht mal zwei Seiten geschrieben, da erreichte ihn am 24. März 2016 die Nachricht von Cruyffs Tod. Die Fußball-Welt hielt den Atem an, verneigte sich vor „König Johan".

Schockiert flog de Groot, beim „Telegraph" seit vielen Jahren der Ghostwriter von Cruyff, zurück nach Barcelona. Der Familienrat beschloss, dass die Autobiografie „Mein Spiel" auch nach seinem Tode erscheint. Im Oktober 2016 wurde sie in London von Cruyffs Lieblingsschüler Pep Guardiola und seinem Sohn Jordi, einem ebenfalls guten Fußballer, vorgestellt, mittlerweile in 23 Sprachen übersetzt,

über eine Million Mal verkauft. In den Herzen von vielen Millionen Fußball-Fans wohnt dieser geniale, exzentrische, schwierige und dennoch warmherzige Fußballer weiter. Auch im Herzen von Günter Netzer.

„Beckenbauer, Pelé, Cruyff, das ist eine Linie", sagt der frühere Gladbacher im Gespräch mit SPORT BILD. „Cruyff war als

Johan Cruyff feiert 1973 den dritten Europapokal der Landesmeister mit Ajax in Folge. Im Finale schlug Amsterdam Juventus Turin 1:0

Spieler bereits der größte Stratege, den es je gegeben hat. Er war als Spieler schon ein Trainer. So hat er Ajax geführt. Und später auch den FC Barcelona." 1973 bekam erst Netzer ein Angebot von Barça. „Da sie mit Rinus Michels einen Holländer als Trainer hatten, zog dieser Johan Cruyff und Johan Neeskens vor", lüftet Netzer ein Geheimnis. „Da nur zwei Ausländer erlaubt waren, ging ich zu Real Madrid, bin Cruyff in Spanien immer wieder begegnet. Er hat auch als Trainer den FC Barcelona gemacht, niemand anderes als er. Ich habe ihn verehrt." Solch ein Lob aus Netzers Munde zu hören …

Cruyff war nicht nur ein Künstler am Ball, wie Netzer ein Rebell mit langen Haaren, heraushängendem Trikot, schönen Frauen, schnellen Autos. Auch mit Zahlen konnte er jonglieren wie kaum ein Zweiter. „Als Junge von fünf Jahren stand Johan jeden Morgen um fünf Uhr auf, um seinen Eltern im Gemüseladen zu helfen", erzählt de Groot. „Er stand meist an der Kasse. Da er zu klein war, um die Tastatur zu bedienen, rechnete er die Kartoffeln, Krautköpfe und Rüben im Kopf zusammen." Freunde vermuten, er hätte damals schon heimlich geraucht. Am Ende waren es 80 Stück pro Tag, bis er 1991 nach einem Herzinfarkt alle Camel-Stengel links liegen ließ.

„Er wirkte so arrogant, war jedoch ein ganz netter Kerl"
Berti Vogts

De Groot erklärt das Zahlen-Genie Cruyff: „Obwohl Johan früh die Schule abbrach, konnte er sich Hunderte von Telefonnummern merken. Im Fußball alle Spielzüge über 90 Minuten. Wenn sich die Kollegen rühmten, während des Spiels drei, vier Mitspieler im Auge zu haben, sah er alle auf einmal, die zehn Kameraden und die elf Gegner."

Unschlagbar war er im Aushandeln von Prämien. Das hatte er nach dem Tode seines Vaters mitbekommen, als die Mutter den Zwölfjährigen aus dem Stadtteil Betondorp in die Kantine von Ajax Amsterdam mitnahm, wo sie als Köchin und Putzfrau arbeitete, den Sohn in der C-Jugend unterbrachte, und der in der Kantine die Gespräche und Verhandlungstricks der älteren Spieler mitbekam.

Und wie war er auf dem Platz? Der argentinische Weltmeister von 1986, Jorge Valdano, der Cruyff aus Spanien kannte, hat ihn wunderbar beschrieben: „Wenn man sagt, Cruyff spiele wie ein Gott, dann ist das nur die halbe Wahrheit. Die Grundlage seines Talents war die Täuschung. Er rannte,

1972 gewann Cruyff (r.) mit Ajax den Europacup der Landesmeister gegen Inter Mailand. Beim 2:0 schoss er beide Tore

In der Saison 1975/76 trainierte Hennes Weisweiler (r.) Cruyff in Barcelona

Duell der Giganten: Netzer (l.) traf 1975 mit Real Madrid auf Cruyff und Barcelona

Acht Meisterschaften gewann Cruyff als Spieler mit Ajax. Hier wird er 1983 nach seinem letzten Titel gefeiert

Beckenbauer (l.) und Maier (r.) besiegten Cruyff 1974 im WM-Finale 2:1

Cruyff zeigt seine Pokalsammlung in Barcelona. Dort war er acht Jahre Trainer, wurde unter anderem viermal spanischer Meister

![image](Historisch: 1974 sieht mit Cruyff erstmals ein Spieler in der Halbzeitpause Gelb wegen Meckerns)

Historisch: 1974 sieht mit Cruyff erstmals ein Spieler in der Halbzeitpause Gelb wegen Meckerns

Für Ajax Amsterdam bestritt der Spielmacher 275 Partien

weil er eigentlich bremsen wollte. Er bremste, wenn er dribbeln wollte und begann ein Dribbling, wenn er einen Pass spielen wollte. Er schaute nach links, weil er nach rechts spielen wollte." Und: „Er war der beste Libero, der beste Außenspieler, der beste Mittelfeldspieler, der beste Stürmer, den ich je gesehen habe." Cruyff war Voetbal totaal. Immer in Bewegung, immer nach vorne, immer geil auf Tore.

Als Cruyff 1964 bei Ajax in der ersten Liga debütierte, war der holländische Fußball in Europa maximal zweitklassig. Mit Cruyff änderte sich alles. Er führte Ajax dreimal hintereinander zum Europacup der Landesmeister (1971, 1972, 1973). Barcelona war, als er 1973 vor dem siebten Spieltag eintraf, Vorletzter. Es folgten ein 5:0-Sieg im Bernabéu-Stadion bei Real Madrid mit Günter Netzer, 18 Siege, sechs Unentschieden, die spanische Meisterschaft 1974. Die Katalanen nannten ihn El Salvador, den Erlöser.

1974. Das Jahr der Fußball-WM in Deutschland. Das Finale gegen Holland. Mit Cruyff. Sein Gegenspieler: Berti Vogts. Der Terrier. Und der verrät gegenüber SPORT BILD: „Wir waren beinahe befreundet. Wir trafen uns zwei-, dreimal im Jahr, da wir mit Puma den gleichen Sponsor hatten, mit Mönchengladbach oft Freundschaftsspiele austrugen gegen diesen großen Spieler, der so arrogant wirkte, jedoch ein ganz netter Kerl war."

Deutschland hatte Schiss vor Cruyff und seinen siegessicheren Holländern. Vogts präzisiert: „Die sechs Bayern bei uns hatten Angst vor Cruyff." Das waren Franz Beckenbauer, Sepp Maier, Katsche Schwarzenbek, Gerd Müller, Paul Breitner und Uli Hoeneß. Zwei Tage vor dem Finale gab es ein denkwürdiges Trainingsspiel. Netzer musste Cruyff imitieren – und führte den Gladbacher Vogts vor. „Ich war in bester

„Ich habe ihn niemals negativ über die Deutschen reden hören"
Cruyff-Biograf de Groot

Verfassung, weil ich nach Verletzung meinen Trainingsrückstand aufgeholt hatte", erinnert sich Netzer, der merkte, was er angerichtet hatte. „Ich bin später zu Berti aufs Zimmer gegangen: ‚Mach dir keine Gedanken darüber, was heute passiert ist. Der Cruyff kann am Sonntag gar nicht so gut spielen wie ich heute.'"

Am Sonntag jedoch hatte Cruyff schon in der ersten Minute den Turbo gezündet. Uli Hoeneß konnte Cruyff im Strafraum nur noch foulen, Johan Neeskens verwandelte den Elfmeter humorlos zum 1:0. Nach dem Tor rannte Berti Vogts zum Bundestrainer und redete auf ihn ein. Worum ging es? Vogts: „Ich sagte: ‚Herr Schön, jetzt mache ich das, was ich für richtig halte.' In der Besprechung vor dem Spiel wollte Helmut Schön, dass ich Cruyff erst 30 Meter vor dem Tor übernehme. ‚Herr Schön, dann krieg ich ihn nicht. Dann kommt er mit einer Geschwindigkeit, dass er nicht mehr vom Ball zu trennen ist. Der lässt sich hinter die Mittellinie fallen, weil er genau weiß, da geht keiner mit.'" Schön war einverstanden, fortan folgte der Terrier dem König überall hin. Und Cruyff wurde immer nervöser.

Vogts: „Er schrie: ‚Spielt mich an.' ‚Du bist doch gedeckt', rief Neeskens. Er hat mit allen Kameraden Krach angefangen. Ich lächelte ihn an und sagte: ‚Deine Mitspieler hören ja gut auf ihren Kapitän. Oder?'" Das Finale war an Dramatik nicht zu überbieten, die Holländer vergaben größte Chancen. Auch Cruyff scheiterte an Torwart Sepp Maier. 1:2, WM verloren ...

Cruyff mit seinen Barça-Spielern Guardiola (r.) und Popescu (am Boden)

Cruyff qualmt 1986 als Trainer von Ajax Amsterdam. Jahrzehntelang war er starker Raucher, erst 1991 gab er das Laster auf

„Es war mir Ehre genug, mit Johan für Ajax zu spielen. Das war wie Weihnachten, Silvester und Ostern an einem Tag"
Horst Blankenburg

Cruyff, so steht in den Büchern, habe die Niederlage nie verkraftet. „Das stimmt so nicht", berichtet Jaap de Groot. „Er sagte mir: ‚Die größte Erfüllung ist, dass man immer noch über das Oranje-Super-

team spricht. Diese Erinnerung ist wertvoller als ein Sieg. Sie ist der größte Preis, den man bekommen kann.'"

Cruyff hoffte, dass es 1978 mit dem WM-Titel klappt. Doch es reichte gegen Argentinien wieder nur für Platz zwei. Ohne Cruyff. Der hatte abgesagt. Viele Jahre gab es wirre Gerüchte. „Johan erzählte mir erst 30 Jahre später die wahren Gründe", sagt de Groot. „Dass seine Kinder zwei Jahre mit Entführung bedroht wurden. Einmal hielt man ihm ein Gewehr an den Kopf, seine Frau wurde gefesselt, die Kinder mussten mit Leibwächtern leben. ‚In

solchen Momenten', sagte Johan, ‚zählen andere Werte im Leben.'"

Wie war eigentlich sein Verhältnis zu den Deutschen? „In all den Jahren habe ich ihn niemals negativ über die Deutschen reden hören", versichert de Groot. Zu Beckenbauer hatte er trotz aller Konkurrenz „immer ein positives, sehr gutes Verhältnis", sagt de Groot. Und Cruyff engagierte für sein Abschiedsspiel sogar die Bayern, die nach Ajax dreimal den Europacup der Landesmeister gewannen (1974, 1975, 1976). Allerdings demütigten die Bayern im November 1978 König Johan zum Abschied ziemlich taktlos mit einem 8:0, weil sie in Amsterdam angeblich mit Nazi-Sprechchören provoziert worden waren.

Dass Cruyffs Verhältnis zu den Deutschen in Ordnung war, kann auch Horst Blankenburg bestätigen. Der deutsche Libero wechselte 1970 von 1860 München zu Ajax. „Ich hatte eine große Klappe, konnte ja nichts für den Krieg und sagte bei der Vorstellung: ‚Jungs, hier ist der Deutsche, den ihr nicht leiden könnt.'" Das Eis war gebrochen, und König Johan adelte ihn später euphorisch: „Als Libero ist Blankenburg noch besser als Beckenbauer. Er sollte sich einbürgern lassen."

Cruyff meinte das ernst, wollte, dass er bei der WM 1974 für Holland spielt. Blankenburg lehnte dankend ab: „Es war mir Ehre genug, mit Johan für Ajax zu spielen. Das war wie Weihnachten, Silvester und Ostern an einem Tag."

Cruyffs Erbe lebt heute bei Ajax und Barça weiter. König Johan selbst haderte am Ende seines Lebens mit dem Schicksal: „Der Fußball hat mir in diesem Leben alles gegeben. Der Tabak hat mir fast alles weggenommen." Leider. ⬢

Acht Meistertitel mit Ajax Amsterdam

Hendrik Johannes „Johan" Cruyff wurde 1947 in Amsterdam geboren. Am erfolgreichsten war er mit Ajax Amsterdam (1964 – 73, 1981 – 83): acht Meistertitel, fünf Pokalsiege, drei Europapokalsiege der Landesmeister, ein Weltpokalsieg, ein Uefa-Supercup und ein Intertoto-Cup. Beim FC Barcelona (1973 – 78) gewann er die Meisterschaft und den Pokal, wie 1984 auch mit Feyenoord Rotterdam.

Mit der Nationalelf (33 Tore/48 Spiele) wurde er 1974 Vizeweltmeister. 1971, 73 und 74 erhielt er den Ballon d'Or. Als Trainer gewann er mit Ajax

zweimal den Pokal und den Europacup der Pokalsieger. Mit Barcelona holte er vier Meistertitel, den nationalen Pokal, den Europacup der Pokalsieger und der Landesmeister sowie den Uefa-Supercup. Im Februar 1991 erlitt er einen Herzinfarkt. 2015 wurde seine Lungenkrebs-Erkrankung bekannt, der er am 24. März 2016 erlag.

Barça-Fans gedenken 2016 Cruyffs mit einer Choreo

Cruyff wurde nur 68 Jahre alt

Alfredo-Show!
Am 18. Mai 1960 kommen 135 000 Zuschauer zum Finale des Europapokals der Landesmeister in den Hampden Park in Glasgow. Nach 30 Minuten sehen sie, wie Alfredo Di Stéfano gegen Eintracht Frankfurts Torwart Egon Loy zum zwischenzeitlichen 2:1 für Real Madrid trifft. Am Ende gewann Real dank dreier Tore von Di Stéfano mit 7:3

Alfredo Di Stéfano posiert 1961 im Dress von Real Madrid mit den fünf in Folge gewonnenen Europapokalen der Landesmeister

Mit den Königlichen gewann er fünfmal in Folge den Europapokal der Landesmeister. Der „blonde Blitz" spielte für drei Nationen, liebte den Erfolg, das Geld und flotte Sprüche

ALFREDO DI STÉFANO
Der Fußball-Heilige von Real Madrid

— Von **Raimund Hinko**

Die Tinte unter dem Vertrag Günter Netzers war noch nicht trocken, da ergriff Santiago Bernabéu das Wort. „Günter, Sie dürfen die ersten drei Monate in der Suite von Alfredo Di Stéfano leben", sagte der legendäre Präsident von Real Madrid 1973 in feierlichem Ton. Netzer fühlte sich geehrt. Und erstarrte im nächsten Moment, als Bernabéu hinzufügte: „Fangen Sie da an, wo er aufgehört hat."

Eine schwere Hypothek für den ersten Deutschen im Trikot der Königlichen. Sollte das doch heißen: Wir schätzen dich genauso hoch ein wie diesen Fußball-Heiligen, der mit Real von 1956 bis 1960 fünfmal hintereinander den Europapokal der Landesmeister gewann.

Als Netzer im Gespräch mit SPORT BILD diese Begebenheit erzählt, betont er noch: „Das waren keine leeren Worte. Bernabéu persönlich hat sich darum gekümmert, dass ich mich in der 100 Quadratmeter großen Suite wohlfühlte."

Wer war dieser Alfredo Di Stéfano, vor dessen Namen sie heute noch in Buenos Aires und in Madrid erzittern? Hören wir Zeitzeugen, die den Argentinier, geboren am 4. Juli 1926 im Sternzeichen des Krebses, einen komplizierten, kreativen, sensiblen, rebellischen Menschen, persönlich erlebt haben.

„Di Stéfano war seiner Zeit weit voraus, weil er während der 90 Minuten alle Positionen gespielt hat: vorne, hinten, vom Linksaußen bis zum Rechtsverteidiger. Ganz im Gegensatz zu dem, was angeordnet war", analysiert Franz Beckenbauer. Der Kaiser war 2008 gemeinsam mit den Legenden Johan Cruyff, Eusébio, Just Fontaine, Raymond Kopa und Mario Kempes in Madrid, um Di Stéfanos Ernennung zum Uefa-Ehrenpräsidenten zu begleiten.

1951 schoss Di Stéfano den kolumbianischen Klub Millonarios FC mit 31 Toren zum Meistertitel

1947: Di Stéfano (M.) bei River Plate mit Félix Loustau, Óscar Coll, José Manuel Moreno und Hugo Reyes (v. l.)

„Er war der klügste Spieler, den ich je gesehen habe. Pelé war vielleicht der instinktivere Spieler, Di Stéfano dagegen hatte ein Spiel schon vorher größtenteils im Kopf gespielt", sagt Bobby Charlton, Englands Weltmeister 1966.

Sepp Herberger, Trainer der Helden von 1954, meinte: „Pelé ist ein großartiger Individualist, Di Stéfano jedoch ein Mannschaftsmacher."

Und sogar der Fußball-Gott Diego Maradona sagte ein Jahr vor seinem Tod: „Ich denke, Di Stéfano war der Beste aller Zeiten. Er war einfach überlegen, selbst mir. Nur Pelé will das nicht anerkennen ...“

Barça und Real kämpften um Di Stéfanos Verpflichtung

Di Stéfanos Großvater war von der italienischen Märcheninsel Capri nach Argentinien ausgewandert, die Mutter ebnete seine Karriere. Als ein Handwerker ins Haus kam, schwärmte sie ihm von Alfredos Fußball-Künsten vor. Da der Mann früher Torwart von River Plate Buenos Aires war, folgte eine Einladung zum Training. Von nun an begann sein Aufstieg. Er spielte für River Plate (1945 bis 1949), für Los Millonarios Bogotá (1949 bis 1953), für Real Madrid (1953 bis 1964) und Espanyol Barcelona (1964 bis 1966) – ferner für die Nationalmannschaften von Argentinien, Kolumbien und Spanien.

Vielleicht hatte er seine Mutter im Sinn, als er 2008 in der „Süddeutschen Zeitung" in einem seiner seltenen Interviews über das Mysterium Fußball philosophierte: „Das muss man erst mal bewerkstelligen, den Ball mit dem Fuß zu führen. Denn man macht ja immer alles mit der Hand. Was machst du als Kind als Erstes? Nach der Brust der Mutter greifen. Später nimmst du eine Mandarine, einen kleinen, einen großen Ball. Aber mit den Füßen?

Di Stéfano gegen Just Fontaine (l.) von Stade Reims. Real siegte 2:0 im Europapokal-Finale 1959

29. 9. 1953: Bei Di Stéfanos Debüt für Real Madrid gegen Nancy (Endstand 2:4) sind alle Augen auf ihn gerichtet

Deswegen verdienen die Leute so viel Geld, wenn sie den Ball gut treten können."

Das Geld! Di Stéfano war nicht nur gesegnet mit einer Pferdelunge, einer ungeheuren Motivation plus unglaublicher Technik, er pokerte damals schon mit den

„Er war seiner Zeit weit voraus, weil er alle Positionen gespielt hat"
Beckenbauer über Di Stéfano

Klubs, spielte sie gegeneinander aus. Als sich in Argentinien Liga und Spielergewerkschaft stritten, heuerte er bei den Los Millonarios in der illegalen kolumbianischen Liga an. Deshalb werden seine Länderspiele für Kolumbien nicht anerkannt.

Historisch ist der erbitterte Kampf des FC Barcelona mit Real Madrid um den „blonden Blitz". Barça überwies vier Millionen Peseten, 217 000 Euro, an seinen alten Klub River Plate, da angeblich dort die Transferrechte lagen. Real dagegen überwies eine Transfersumme an seinen neuen Klub Millonarios. Der spanische Verband entschied, er solle zwei Saisons für Barcelona spielen, zwei für Real.

Da nahm Di Stéfano die Dinge selbst in die Hand, spielte im Trikot von Barcelona

so aufreizend lustlos, dass die Katalanen freiwillig verzichteten. Aus diesen Zeiten rührt die erbitterte Rivalität der beiden Fußball-Großmächte.

Ein Gastspiel von Real in Venezuela nutzte die linke Terrorgruppe FALN für eine Entführung. Die Männer sympathisierten mit dem Weltstar. Als er mit ihnen auch noch Karten und Schach spielte, ließen sie ihn nach 72 Stunden frei. Sie hatten erreicht, was sie wollten: weltweite Aufmerksamkeit. Und Di Stéfano schlüpfte am selben Tag noch für eine Halbzeit ins Trikot der Königlichen.

2008 wird die Legende Di Stéfano (3. v. l.) mit einer Statue gewürdigt, die ihn beim Torjubel zeigt

Er konnte einfach nicht verlieren. „Nicht mal beim Kartenspiel. Er flippte auch aus, selbst wenn es um kleine Beträge ging", klagte sein kongenialer Partner Ferenc Puskas.

Als SPORT BILD Vicente del Bosque, Spaniens Weltmeister-Macher von 2010, telefonisch erreicht, beschreibt er auch die andere Seite von Di Stéfano: „Ich hatte die große Ehre, diesen Sieger-Typen zum Abschluss meiner Karriere bei Real Madrid *(1982 bis 1984; d. Red.)* als Trainer zu erleben. Obwohl er mich oft auf die Bank gesetzt hat, konnte er mich mit seiner charmanten Art erobern. Er war immer für einen Witz gut." Wie del Bosque auch.

Die Witze waren auch mal derber Natur. So gab Di Stéfano dem intellektuellen Trainer César Luis Menotti, 1978 Weltmeister mit Argentinien, den Rat: „El Flaco, du musst unbedingt Viagra nehmen. Nicht die 25er, sondern die starken 75er ..." Er dachte wohl selbst an Viagra, als er sagte: „Tore schießen ist wie Liebe machen: Alle Welt weiß, wie das geht, aber keiner macht das so wie ich." Bei Real machte er 266-mal Liebe – in 344 Spielen.

Es lag nicht am Alter von 40, warum er 1966 Schluss machte, daran waren seine Töchter schuld. „Sie haben mich eines Tages angeschaut und sagten: ‚Papa, mit

Di Stéfano jubelt nach einem seiner drei Tore gegen Vasas Budapest im Halbfinal-Hinspiel des Europapokals der Landesmeister 1958. Nach dem 4:0-Erfolg zog Real ins Finale ein und besiegte AC Mailand mit 3:2 n. V.

Das „weiße Ballett" 1958: José Santamaría, Alfredo Di Stéfano und Francisco Gento (v. l.)

Di Stéfano schoss für Real Madrid viele spektakuläre Tore, insgesamt 266 in 344 Spielen

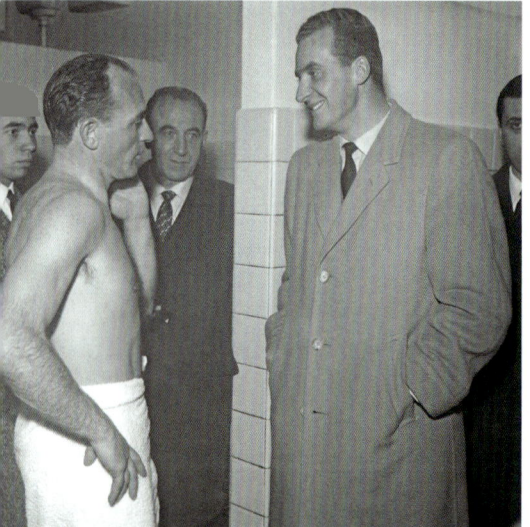

1964: Juan Carlos I (r.), der spätere König von Spanien, besucht Di Stéfano in der Kabine des Mailänder Giuseppe-Meazza-Stadions

Di Stéfano (M.) bei seiner Ankunft in Madrid nach der Entführung 1963. Frau Sara und seine Kinder begleiten ihn

Zeitungsartikel über Di Stéfanos Entführung 1963 in Venezuela

Glatze und kurzen Hosen, das steht dir nicht.'"

Rainer Bonhof, der Gladbacher Weltmeister von 1974, gewann 1980 unter Di Stéfano mit dem FC Valencia den Europapokal der Pokalsieger. Er erlebte den damals 53 Jahre alten Trainer so, als wäre er immer noch Spieler. Bonhof: „Er war auch als Trainer granatenmäßig, konnte nicht verlieren, veranstaltete Wettbewer-

Neben Puskas hatte er nur vor Cruyff Hochachtung

be mit Lattentreffern. Oder spannte knapp neben dem Pfosten ein Seil, wo gerade noch ein Ball durchging. Du musstest die kleine Lücke treffen. Der Gewinner war meistens er." Die Spieler sah er zunehmend mit Distanz. Sein Lieblingsspruch: „Der wahre Fußball war zu Ende, als der erste Föhn in den Umkleidekabinen Einzug hielt."

Bonhof sagt über den schwierigen Charakter Di Stéfano: „Er war ein bisschen verschroben, weil er für Argentinien und für Spanien gespielt hatte. Und nicht wusste, wo er richtig hingehört. Wenn du nicht ordentlich spieltest, bekam man seine innere Aufgewühltheit zu spüren, dann hat er die Peitsche rausgeholt wie Rinus Michels, Hennes Weisweiler oder Ernst Happel."

Zur Übermacht von Real Madrid sagte Di Stéfano: „Als den anderen

Klubs in Europa bewusst wurde, was wir spielten, hatten wir ihnen schon sieben, acht Jahre was auf die Mütze gegeben." So richtig Hochachtung hatte er in Europa neben Ferenc Puskas nur vor dem Holländer Johan Cruyff: „Er hat mit Ajax am ehesten unser System gespielt."

Auch ein Deutscher imponierte ihm: Uli Stielike, der von 1977 bis 1985 für Real

Die langjährigen Teamkollegen Ferenc Puskas (l.) und Di Stéfano begrüßen sich 1964. Espanyol verlor mit Di Stéfano 1:2 gegen Real

spielte. Sie waren eng befreundet. Di Stéfano sprach Stielike auch Mut zu, als dessen Sohn 2008 an den Folgen einer Lungenentzündung starb.

Ich selbst habe Di Stéfano immer wieder mal gesehen. Erstmals im März 1982 in Argentinien nach einem Länderspiel gegen Deutschland (1:1). Große Achtung vor den Deutschen hatte er nicht. Mittelstürmer Horst Hrubesch nannte er verächtlich einen „Kleiderschrank", mit dem man nicht Weltmeister werden könne. Und über Paul Breitner sagte er: „Der hat es im Kopf, doch nicht in den Beinen."

2000 wurde Di Stéfano Ehrenpräsident bei Real Madrid. Bei der Präsentation neuer Spieler war er immer im Bernabéu-Stadion. Präsident Florentino Pérez ließ auf dem Rasen eine Art Altar aufbauen, um vor einigen Tausend Zuschauern die Neulinge zu begrüßen. Ich erlebte das bei Nuri Sahin, bei Hamit Altintop und Mesut Özil. Am Rande des Altars stand Di Stéfano mit versteinertem Gesicht, reglos auf einen Stock gestützt. Ich rätselte jedes Mal, ob es sich um eine Wachsfigur handelte. Bis er sich am Ende der Prozedur tatsächlich bewegte.

Am 7. Juli 2014 verstarb dieser großartige Fußballer. In den Herzen der Real-Fans lebt er weiter. ●

Di Stéfano im Jahr 2000. 2014 starb er im Alter von 88 Jahren

Beim Supercup-Hinspiel 2014 (Endstand 1:1) gedenken Atlético und Real Madrid der verstorbenen Legende

Seine Reise ging von Buenos Aires über Kolumbien bis nach Madrid

Alfredo Stéfano Di Stéfano Laulhé wurde am 4. Juli 1926 in Buenos Aires geboren. Mit River Plate gewann er zwei, mit Los Millonarios aus Kolumbien vier Meisterschaften. Seine erfolgreichste Zeit war bei Real Madrid (344 Spiele/266 Tore), wo er fünfmal in Folge den Europapokal der Landesmeister (1956 – 1960), acht Meistertitel, den Weltpokal und nationalen Pokal holte. Di Stéfano war zehnmal Torschützenkönig, erhielt 1957 und 1959 den Ballon d'Or und wurde 1989 als bester

Spieler der letzten drei Jahrzehnte geehrt. Er spielte für Argentinien, Spanien, Kolumbien. Mit Argentinien gewann er die Copa América. 1964 wechselte er zu Espanyol Barcelona, beendete 1966 seine aktive Karriere. Als Trainer von River Plate, Boca Juniors und Valencia gewann er drei Meisterschaften und den Europapokal der Pokalsieger. Di Stéfano starb am 7. Juli 2014 in Madrid. 2000 bzw. 2008 wurde Di Stéfano Ehrenpräsident von Real Madrid und der Uefa.

1979: Di Stéfano als Valencia-Trainer mit Rainer Bonhof (l.) in Hamburg

Torjäger unter sich: Di Stéfano und Cristiano Ronaldo (r.) prägten jeweils eine titelreiche Ära bei Real Madrid

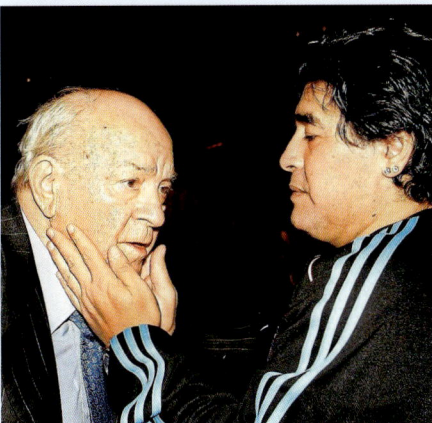

Für Maradona (r.) war Di Stéfano der beste Spieler aller Zeiten. 2009 trafen sie sich zur Übergabe der Alfredo-Di-Stéfano-Trophäe an Messi – eine Auszeichnung für den besten Spieler der spanischen Liga

1984: Real-Spieler Uli Stielike (l.) mit Trainer Di Stéfano

EUSÉBIO

Seine Welt-Karriere begann mit einer Entführung

Portugals Nationalidol wurde von Benfica Lissabon vor dem Rivalen Sporting versteckt. Franz Beckenbauer schwärmt: „Man kann ihn auf eine Stufe mit Pelé stellen"

—— Von **Raimund Hinko** und **Lukas Dombrowski**

Man stelle sich vor, Bayern München hätte Ende 2019 bei RB Salzburg den Torjäger Erling Haaland abgeholt und ihn ein paar Wochen versteckt. In einer einsamen Berghütte oder im Haus von Franz Beckenbauer an der Grenze von Österreich nach Deutschland. Hätte dort auf ihn eingeredet und ihn erst nach der Vertragsunterschrift präsentiert – Haaland wäre nie bei Borussia Dortmund gelandet.

Was sich wie ein Schurkenstück anhört und heute undenkbar erscheint, das passierte mit dem 18-jährigen Knaben Eusébio da Silva Ferreira 1960. Unterhändler von Benfica Lissabon holten ihn ab, nachts in seiner Heimat im afrikanischen Mosambik, Amtssprache Portugiesisch, und versteckten ihn in einem einsamen Kaff an der Algarve. So lange, bis die Verträge unter Dach und Fach waren. Normalerweise hätte er bei Sporting Lissabon, dem größten Rivalen von Benfica,

landen sollen, weil Sporting einen Kooperationsvertrag mit S.C. Lourenço Marques, dem Heimatverein von Eusébio, hatte. Benfica wollte das verhindern.

Egal, wie – der Transfer war nicht nur ein Segen für Benfica, sondern auch für den portugiesischen Fußball. „In der Hierarchie der Größten darf man ihn ruhig auf eine Stufe mit Pelé stellen", sagt Beckenbauer. „Einer der ganz Großen. Und das wird er auch immer bleiben."

Meister mit Benfica Lissabon zu werden, das war fast schon Routine. Eusébio schaffte es elfmal! Seinen ersten großen Auftritt auf internationaler Bühne feierte er am 2. Mai 1962 in Amsterdam beim

Europacup-Finale der Landesmeister gegen Real Madrid. Schon Tage vorher hatte Eusébio schlecht geschlafen, fieberte dem Treffen mit seinem Vorbild Alfredo Di Stéfano entgegen, konnte beim Einlaufen kaum den Blick von ihm wenden. Als der Argentinier dann mit einem weiten Pass den Torschützen Ferenc Puskas zum 1:0 bediente, hätte Eusébio beinahe Beifall geklatscht.

Da Benfica so hoch presste wie heute der FC Bayern, stieß Di Stéfano immer wieder in die Lücken, und Puskas schoss alle drei Tore zur 3:2-Führung. Es stand dann 3:3, als Eusébio, der die 100 Meter in 11,0 Sekunden lief, am rechten Flügel Di Stéfano davonsprintete, und Pachín

Eusébio nach dem 5:3 gegen Real Madrid im Landesmeister-Finale 1962. Das Trikot hatte er mit seinem Idol Di Stéfano getauscht

Den Landesmeister-Pokal 1962 wollen Eusébio (r.) und Teamkollege Mário Coluna (2. v. l.) nicht mehr loslassen

Hier kommt Eusébio (v.) vor Milans Cesare Maldini an den Ball. Das Landesmeister-Finale 1963 verlor er mit Benfica allerdings 1:2

Eusébio auf dem Titel von Benficas Klubmagazin mit dem Silbernen Ball für Portugals besten Torschützen 1964 (28 Tore)

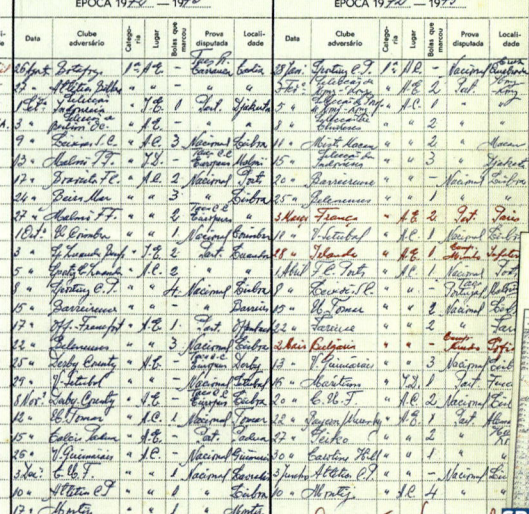

SPORT BILD zeigt die handschriftliche Kartei, die Benfica für Eusébio anlegte

Mit 40 Toren zum Goldenen Schuh 1973

Jedes Eusébio-Spiel in 15 Jahren Benfica wurde einzeln festgehalten – und jedes Tor. In der jeweils dritten Spalte von rechts („Bolas que marcou", dt. „geschossene Tore") waren es 1972/73 allein 40 Ligatreffer. Dafür gab es den Goldenen Schuh als bester Torjäger Europas. Die Einträge in Großschrift stehen für den Sieg im Stadtpokal Lissabons („Taça da Honra") und der Meisterschaft („Campeão Nacional").

Eusébio (r./40 Tore) mit dem „Goldenen Schuh" 1973. Bayerns Gerd Müller (36) gewann als Europas zweitbester Torschütze den „Silbernen Schuh"

ihn nur mit einem Foul bremsen konnte. Der Gefoulte humpelte selbst zum Elfmeter, verwandelte zum 4:3. Und erzielte dann noch nach einer Freistoß-Vorlage per Fernschuss das Tor zum 5:3-Sieg.

Eusébio war also der Matchwinner, wollte jedoch nur eines: das Trikot von Di Stéfano. Schüchtern wie er war, schickte der 20-Jährige seinen Kameraden Mário Coluna vor, ließ das weiße Hemd bei der Siegesfeier nicht aus den Augen – aus Angst davor, es könne ihm geklaut werden.

„Das Trikot hatte er bis zu seinem Tode immer im Haus. Er präsentierte es jedem Gast wie eine Goldmedaille", erzählt der ehemalige Benfica-Linksaußen António Simões (77), ein enger Freund von Eusébio, der mit ihm auch in den Urlaub fuhr. Das Trikot schmückt heute das Benfica-Museum.

Während der Stern von Di Stéfano allmählich verglühte, strahlte der von Eusébio immer heller. Vor allem drei Jahre später beim 5:1 über Real Madrid. Im Viertelfinale des Europapokals der Landesmeister spielte der zweimalige Torschütze überragend, wurde zu Europas Fußballer des Jahres 1965 gewählt (1962 und 1966 Zweiter). Längst hatte er für seine geschmeidigen Bewegungen, seine Richtungswechsel, seine Unberechenbarkeit den Spitznamen „pantera negra" (schwarzer Panther) weg. Fast logisch, dass er bald in Schuhen des Herzogenauracher Herstellers Puma spielte.

„Wäre er heute noch einmal 20, wäre er zehnmal besser"
Mitspieler Simões vergleicht Eusébio mit Cristiano Ronaldo

Über die Stärken von Eusébio, der immer mit einer Münze im rechten Schuh spielte, sagt Beckenbauer: „Er war beidfüßig, rechts etwas stärker. Und mit einem Super-Kopfball." Endgültig zum Weltstar wurde Eusébio bei der WM 1966 im Trikot der Nationalmannschaft, zeitgleich mit Beckenbauer. Der Kaiser erinnert sich vor allem an ein Spiel: „Eusébio lag mit Portugal im Viertelfinale gegen Nordkorea 0:3 hinten. Es war eine Sensation, dass er vier Tore zum 5:3-Sieg schoss. Dass er mit neun Treffern Torschützenkönig der WM wurde." Später im Spiel um Platz drei verwandelte er beim 2:1-Sieg gegen Lev Yashin, den damals besten Torwart der Welt, zwar einen Elfmeter, klatschte jedoch dem Sowjetrussen Beifall, weil Yashin den Ball beinahe gehalten hatte.

Es waren nicht allein die Tore, die Eusébio auszeichneten. „Es war seine Siegermentalität", sagt sein Freund Simões. „Wenn er ein Tor geschossen hatte, wie das 1:3 gegen Nordkorea, hat er den Ball geholt und ihn an den Anstoßpunkt gelegt. Das war ansteckend." Noch

Mit Antonio Simões (r.) spielte Eusébio (l.) jahrelang für Benfica und wie hier für Portugal. In der Mitte: Mário Coluna

Nach der Niederlage im WM-Halbfinale 1966 gegen England (1:2) weint der Superstar

Nach der WM 1966 wollte Inter Mailand Eusébio verpflichten

mehr imponierte Eusébios Fähigkeit, über die Schmerzgrenze hinauszugehen. Ebenfalls gegen Nordkorea, obwohl schwer gefoult und minutenlang behandelt, stand er auf und verwandelte den Elfmeter zum 2:3.

Jahre später musste er schwer dafür bezahlen, dass er auf die Zähne biss, dass er sogar in Privatspielen auflief, auch für US- und Mexiko-Klubs nach seiner Benfica-Zeit (1960 bis 1975), weil es ohne ihn keine Gage gegeben hätte. Eusébio musste siebenmal am Knie operiert werden. „Mir tat er leid, weil er immer sympathisch, nett und freundlich war", sagt Beckenbauer. „Damals gab es eben noch nicht die moderne Operationstechnik, die dich drei Tage später wieder laufen ließ."

Eusébio und Beckenbauer. Um ein Haar wären die beiden bei Inter Mailand gelandet, hatten nach der WM 1966 ein Angebot von Inter Mailands Präsidenten Angelo Moratti. Die Transfers platzten, weil der italienische Fußball-Verband ein paar Wochen nach dem 0:1 in der Vorrunde, dem WM-Aus gegen Nordkorea, eine Ausländer-Sperre verhängte.

Unaufhaltsam: Im WM-Viertelfinale 1966 gegen Nordkorea (5:3) wird Eusébio im Strafraum gefoult. Er verwandelte den Elfmeter zum 4:3 – sein vierter Treffer in diesem Spiel

Im Spiel um Platz drei gegen die Sowjetunion erzielte Eusébio (r.) sein neuntes und letztes Tor bei der WM 1966

Per Luftsprung feiert Eusébio (l.) sein 2:0 beim WM-Gruppenspiel 1966 gegen Bulgarien (Endstand 3:0)

Bei der WM 2006 war Eusébio (r.) Teil der portugiesischen Delegation. Hier lacht er bei einer Trainingseinheit mit Deco, Paulo Ferreira und Luís Figo (v. l.)

Superstar Luís Figo (l.) bekommt von Eusébio 2004 nach dem verlorenen EM-Finale gegen Griechenland nur einen Klaps

Seine Frau Flora heiratete Eusébio 1965. Sie gebar ihm zwei Töchter

Dem schwarzen Panther war es egal, wo er auf Beutejagd ging. Ob im vollen Giuseppe-Meazza-Stadion oder auf Dorfplätzen – Hauptsache Fußball. Wann immer möglich, feilte er an der zentimetergenauen Präzision. Simões: „Einmal haben wir ein Lattenwettschießen gemacht. Ich habe bei zehn Schuss-Versuchen neunmal getroffen. Eusébio zehnmal. Es ging um ein Fischessen. Er wusste, was gut war." Eusébio liebte es auch, den Ball hinter dem Tor mit so viel Rückwärts-Drall über die Latte zu schießen, dass er vorne trotz alledem im Tor landete. Die Mitspieler juchzten vor Freude, wenn es ihm ausnahmsweise mal nicht gelang. Es ging immer um kleine Einsätze. Fisch war in Lissabon damals nicht teuer ...

Welch tadellosen Charakter der Junge aus ärmsten Verhältnissen hatte, der mit acht Geschwistern in einem Slum aufwuchs (der Vater starb, als Eusébio acht war), erzählt Sandra, die jüngere von zwei Töchtern, in SPORT BILD: „Er brachte uns Bescheidenheit und Respekt bei. Er war ein nationales Idol, der erste echte Fußballstar des Landes. Für uns jedoch war er ganz normal. Ich bin extrem stolz auf ihn." Sie war bis zu seinem Tod am 5. Januar 2014 in seiner Nähe. Er hatte eine Lungenfunktionsstörung (COPD). „Wegen

der Knieschäden fiel es ihm schwer, einen Spaziergang zu machen", erzählt Sandra. Das Defizit an Bewegung machte Herz und Lunge anfällig.

Reich ist er nie geworden. Zu seinen besten Zeiten erhielt er 1200 Euro Grundgehalt. Benfica hielt den armen Jungen aus Afrika an der kurzen Leine. Er selbst meinte süßsauer lächelnd: „Die Leute in Portugal denken, ich sei reich. Ich lache mich tot."

Ronaldos größer Wunsch? Einmal mit Eusébio zu spielen

Dennoch stand Eusébio auch in späten Jahren seinem Klub als Botschafter zur Verfügung. 1990 schickte ihn Benfica ans Grab seines Entdeckers Béla Guttmann († 82) zum jüdischen Friedhof von Wien. Als der mit Benfica 1961 und 1962 zweimal den Europacup der Landesmeister gewonnen hatte und die eingeforderte Gehaltserhöhung ausblieb, hatte sich der renommierte Trainer mit den Worten verabschiedet: „Dieser Klub wird in den nächsten hundert Jahren keinen Europacup mehr holen." Nachdem Benfica mit Eusébio drei Endspiele (1963, 1965 und 1968) sowie 1983 und 1988 zwei weite-

Nach Portugals verlorenem EM-Finale 2004 gegen Griechenland (0:1) tröstet Eusébio (l.) das damalige Supertalent Cristiano Ronaldo

der allgegenwärtige Medienstar Cristiano Ronaldo knapp mit 48,34 Prozent vor Eusébio mit 47,1 Prozent. Simões meint, dass das letztlich für Eusébio spricht: „Wäre er heute noch einmal 20, wäre er zehnmal besser. Damals gab es keine Privattrainer. Es war nur das Talent pur."

Sogar Cristiano Ronaldo (u. a. Man United, Real Madrid, Juventus Turin) zieht den Hut: „Ich habe viele Spieler im Kopf, mit denen ich gerne zusammenspielen würde. Doch ich entscheide mich nur für einen – für Eusébio." Der sagte wie immer bescheiden: „Ich habe mich nie als Portugals besten Fußballer gesehen. Das haben immer nur Fans und Journalisten gesagt."

Wer das Grab von Eusébio sucht, findet es auf keinem Friedhof. Nach dreitägiger Staatstrauer wurde er vom Friedhof Lumiar in das Lissabonner Pantheon in die Kirche Santa Engrácia überführt, wo er neben Staatsmännern und Künstlern liegt. ⬢

re verloren hatte, sollte Eusébio 1990 beim Toten um Gnade bitten, damit er sie von dem Fluch erlöst. Leider erhörte Guttmann die Bitten nicht, einen Tag später verlor Benfica auch das sechste Finale gegen den AC Mailand mit dem niederländischen Parade-Dreieck Rjkaard – Gullit – van Basten 0:1.

Weit über den Tod Eusébios hinaus geht die Diskussion, wer denn der größte Fußballer aller Zeiten in Portugal ist. In einer repräsentativen Abstimmung siegte

Mit seiner Bescheidenheit war Eusébio ein Vorbild für viele Landsleute

1966 wurde er bei der Weltmeisterschaft Torschützenkönig mit neun Treffern

Eusébio da Silva Ferreira wurde am 5. Januar 1942 in Lourenço Marques (heute Maputo), Hauptstadt der damaligen portugiesischen Kolonie Mosambik, geboren. 1960 kam er nach Portugal, spielte bis 1975 für Benfica. In 614 Spielen erzielte er 638 Tore. Er gewann elf Meisterschaften, fünf nationale Pokale und den Europapokal der Landesmeister 1962. Eusébio wurde 1965 zu Europas Fußballer des Jahres gewählt und gewann 1968 und 1973 den Goldenen Schuh als Europas bester Torschütze. Mit ihm nahm Portugal 1966 erstmals an einer WM teil und erreichte Platz drei. Mit neun Toren wurde Eusébio WM-Torschützenkönig. Zum Ende seiner Karriere spielte Eusébio für acht verschiedene Vereine in den USA, Mexiko und Portugal. Für Benfica und den nationalen Verband arbeitete er viele Jahre als Botschafter. Eusébio starb nach einem Herzstillstand am 5. Januar 2014.

Nach seinem Tod wurde die Eusébio-Statue am Stadion zum Trauerort (o.). Auf den Straßen applaudieren Tausende dem Verstorbenen

GARRINCHA
Der Kronprinz von Pelé

Die Fans liebten den zweimaligen Weltmeister. Dass er Fußballer werden konnte, ist ein Wunder. Mit nur 49 Jahren starb er an einer Leberzirrhose

— Von **Torsten Rumpf**

Der Friedhof von Pau Grande ist verwahrlost. Die Gräber sind schmutzig und verwittert, sehen alt und düster aus. Als seien sie seit vielen Jahren nicht mehr gepflegt worden. Rund 50 Kilometer nördlich von Rio de Janeiro fand der berühmteste Sohn der kleinen Ortschaft seine letzte Ruhe. Nur mit Mühe lassen sich auf der Grabplatte diese Zeilen entziffern: „Hier ruht in Frieden derjenige, der die Freude des Volkes war. Mané Garrincha." Auch das Geburts- und Sterbedatum sind kaum zu lesen. Am 28. Oktober 1933 erblickte Garrincha das Licht der Welt, am 20. Januar 1983 starb er verarmt und von seiner Alkoholabhängigkeit gezeichnet – im Alter von nur 49 Jahren an Leberzirrhose.

Auch heute ist Garrincha in seiner Heimatgemeinde noch immer allgegenwärtig. Sein Konterfei ist auf zahlreichen Häuserwänden und in der lokalen Sporthalle zu sehen. Das Stadion und die städtische Schule tragen seinen Namen. Die Bürger sprechen auf den Straßen noch oft über ihren Helden, der mit Brasilien 1958 und 1962 Weltmeister wurde. Als Kronprinz von Pelé.

„Pelé stand für Titel und Tore, für maximale Effizienz, Talent sowie hartes Training. Dazu war er beliebt bei Sponsoren. Er war das Symbol des Profifußballers. Garrincha war ein Spaß-Fußballer, ein Lausbub. Er versetzte das Publikum mit seinen provozierenden Dribblings mehr als mit seinen Toren in Ekstase. Er war wohl der Letzte aus der romantischen Zeit des Fußballs. Das machte ihn so einzigartig", sagt Mário Zagallo. Zagallo gehörte als Spieler ebenfalls zum Aufgebot der Brasilianer beim Doppel-Triumph in Schweden und in Chile und führte die Seleção 1970 als Trainer zur dritten von bisher fünf gewonnenen Weltmeisterschaften.

„Ich habe niemals gegen oder an der Seite eines Besseren gespielt als Garrincha. Auf dem Platz waren wir Kumpels, abseits des Rasens Brüder", adelte Pelé seinen genialen Weggefährten, der ihm viele Tore aufgelegt hatte, zuletzt auf Instagram. Was beide noch verbindet: Nur weil der brasilianische Fußballverband wenige Tage vor der WM 1958 in Schweden ein Auge zudrückte, begann dort ihre Weltkarriere. Denn sowohl Garrincha als auch Pelé fielen durch einen erstmals eingeführten „Idiotentest", wie er seinerzeit auch in der Lkw-Führerscheinprüfung üblich war. Dadurch wollte der Verband prüfen, ob die Spieler die nötige Reife hätten, Brasilien bei einem derartigen Großereignis zu repräsentieren.

Garrincha erhielt nur 38 von 123 möglichen Punkten. Der damalige Psychologe João Carvalhaes urteilte über den Star von Botafogo: „Grundschulniveau, unterdurchschnittliche Intelligenz, null Aggressivität." Pelé, damals 17 Jahre alt, fiel mit 68 Punkten durch. Urteil: „Kindlich, es fehlt der nötige sportliche Kampfwille. Zu jung."

Dennoch nominierte der damalige Nationaltrainer Vicente Feola († 65) das Duo – mit Erfolg. Pelé schoss sich als jüngster WM-Torschütze in die Geschichtsbücher, Garrincha brillierte als Rechtsaußen mit extremer Ballkontrolle, gekonnten Finten und Dribblings. Er war schussstark, verantwortlich für Ecken und Freistöße.

Dabei war es fast schon ein Wunder, dass er überhaupt Leistungssportler wurde. Garrincha hatte ein X- und ein O-Bein, ein Bein war sechs Zentimeter kürzer als das andere. Er hatte als Kind große Probleme zu laufen. Sein damaliger Arzt empfahl ihm, Fußball zu spielen. Für die Kraft und die Koordination. Oft kickte er mit Freunden auf dem Bolzplatz des Arbeiterortes Pau Grande. Meist barfuß.

Wegen seiner Unbeschwertheit bekam er von seiner Schwester den Spitznamen Garrincha, weil er stets wie diese in Brasilien beheimateten kleinen, agilen Singvö-

Garrincha 1965 im Dress der brasilianischen Nationalmannschaft während eines Spiels im Maracanã-Stadion in Rio. Der Angreifer machte von 1955 bis 1966 insgesamt 50 Länderspiele und erzielte zwölf Tore

Garrincha gibt in den 60er-Jahren im Trikot von Botafogo einem Reporter ein Interview

Nach dem ersten WM-Triumph in Schweden 1958 läuft Garrincha (2. v. r.) mit seinen Teamkollegen Gilmar (l.) und Orlando Peçanha über den Platz des Stockholmer Rasunda-Stadions. Sie halten die brasilianische Nationalflagge in die Höhe

Garrincha spielt in der Partie gegen Wales Mel Hopkins (r.) aus. Brasilien zog durch ein 1:0 bei der WM 1958 in Schweden ins Halbfinale ein

gel herumhüpfte. Sein eigentlicher Name lautet Manoel Francisco dos Santos.

1947 schloss sich Garrincha im Kindesalter dem EC Pau Grande an. Seinen ersten Profivertrag unterzeichnete er 1951 bei Serrano FC, einer Mannschaft aus dem nahegelegenen Petrópolis. Pro Spiel bekam er 30 Cruzeiros, umgerechnet waren das weniger als ein Dollar, und dazu noch eine Mahlzeit. Zwei Jahre später wechselte er für eine Ablöse von 2000 Cruzeiros (damals etwa 50 Dollar) zu Botafogo. Garrinchas Anfangsgehalt lag beim Traditionsklub aus Rio de Janeiro bei 2000 Cruzeiros

monatlich. Dort verbrachte er den Großteil seiner Karriere, in 614 Partien erzielte er 245 Tore, bevor er 1966 für 220 Millionen

„Ich habe niemals gegen oder an der Seite eines Besseren gespielt"
Pelé über Garrincha

Cruzeiros (damals rund 100 000 Dollar) zu Corinthians São Paulo verkauft wurde, und Botafogo zum Ende von Garrinchas Karriere noch ein Geschäft machte.

Zuvor hatte Botafogo bereits viel Geld mit Garrincha verdient – als Zugpferd bei den zahlreichen Freundschaftsspiel-Reisen durch die Welt. Ohne seinen Superstar hätte der Verein nur 50 Prozent der Antrittsgage bekommen. Darum legten die Bosse zum Beispiel 1964 ihr Veto ein, als unter anderem Juventus Turin Garrincha für 500 000 Dollar Ablöse verpflichten wollte.

Das war zwei Jahre nach dem Karriere-Höhepunkt des Angreifers. Bei der WM in Chile hatte er sich gleich dreimal die Krone aufgesetzt: als Weltmeister, bester Spieler des Turniers und bester Torschütze

Garrincha im Duell gegen die Tschechen Jan Popluhar (l.) und Josef Masopust (r.). Brasilien gewann das WM-Finale 1962 in Santiago de Chile gegen die Europäer 3:1

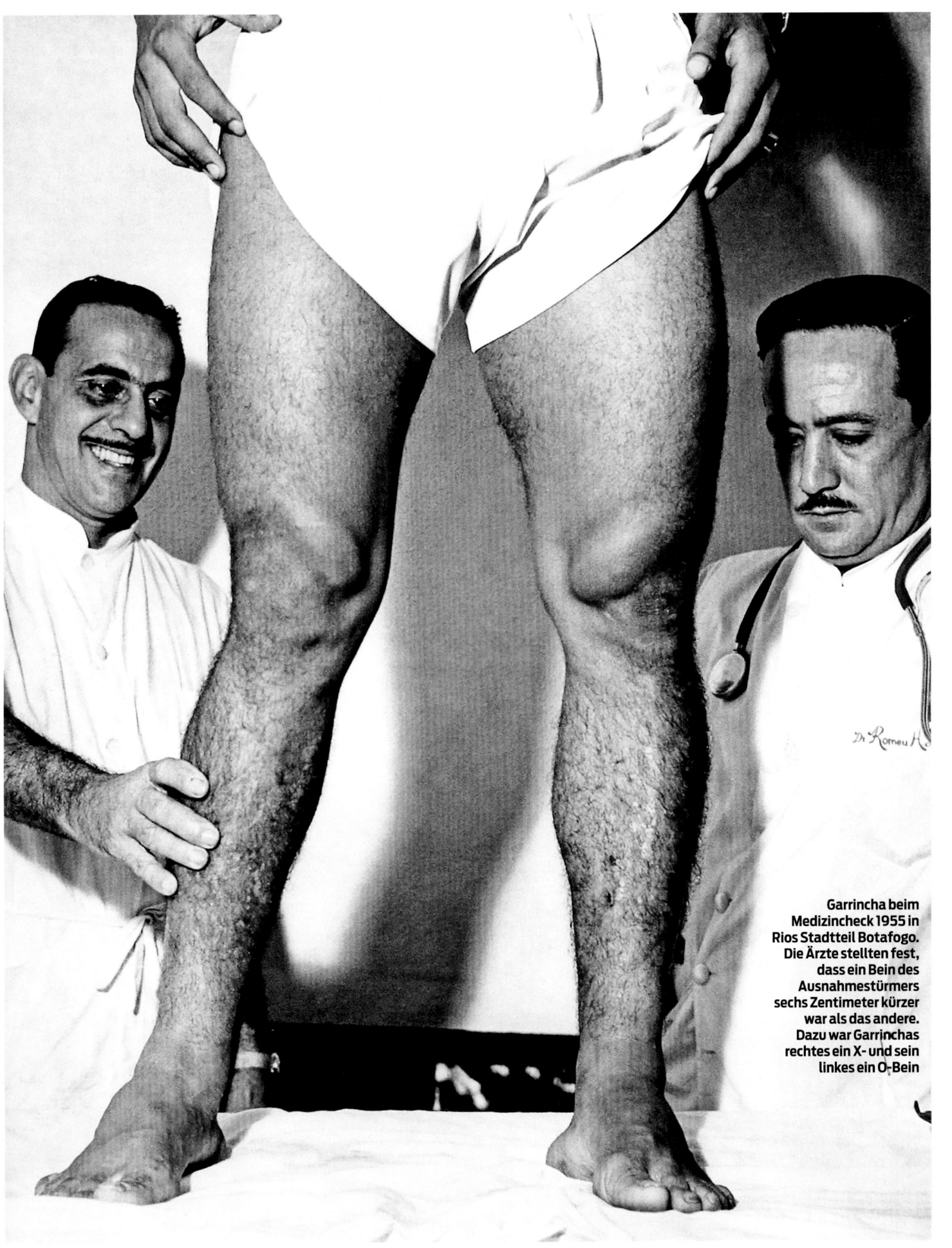

Garrincha beim
Medizincheck 1955 in
Rios Stadtteil Botafogo.
Die Ärzte stellten fest,
dass ein Bein des
Ausnahmestürmers
sechs Zentimeter kürzer
war als das andere.
Dazu war Garrinchas
rechtes ein X- und sein
linkes ein O-Bein

Garrincha war in der Nationalmannschaft auch für die Eckbälle zuständig

Garrincha (M.) setzt sich gegen zwei Mexikaner durch. Brasilien gewann das Gruppenspiel bei der WM 1962 in Chile 2:0

(vier Treffer). Es war gleichzeitig der Beginn seines Absturzes in die Alkoholhölle. Garrincha, der bereits als Kind im Alter von zehn Jahren Alkohol konsumierte, kam mit dem Ruhm nicht klar, durch zahlreiche Knieverletzungen wurde er immer wieder zurückgeworfen. Zudem sorgte die Beziehung zur Sängerin Elza Soares für Aufsehen. Garrincha griff aus Frust und Enttäuschung immer häufiger zum Glas.

Zwar gehörte er 1966 bei der WM in England noch zum Kader der Brasilianer. Aber ihm wurde seine Lieblingsnummer 7 weggenommen, er bekam die 16. Das zweite Gruppenspiel gegen Ungarn (1:3) war sein letztes von insgesamt 50 Länderspielen. Garrincha sorgte fortan nur noch außerhalb des Spielfelds für Schlagzeilen, er bekam sein Leben nicht in den Griff.

Viele haben es kommen sehen. João Saldanha († 73), Ex-Trainer bei Botafogo, sagte über Garrincha: „Er ist ein Primitivling, ein Proll, halb Indio, halb Wilder. Aufgewachsen in einer Halbwelt voller Misere und Ignoranz. An einem rückständigen Ort, wo nicht einmal ein Zug hielt." Garrincha war eines von 16 Kindern, wuchs in armen Verhältnissen auf. Sein Vater Amaro, der in einem Indio-Dorf groß wurde, verstarb ebenfalls an Leberzirrhose.

Garrincha wurde für sein fußballerisches Können geliebt. „Aufgrund seines schlichten, kindlichen Gemüts hat man ihn oft belächelt und ausgenutzt. Das war nicht immer schön zu erleben", sagte einst sein Nationalmannschafts-Kumpel Djalma Santos († 84).

Während der WM 1958 war der Dribbel-König von den Transistorradios in Schweden so begeistert, dass er sich eins kaufte.

Als er das Gerät dem Masseur Mário Américo († 77) zeigte, narrte ihn dieser und sagte: „Das Radio funktioniert in Brasilien

Auf dem Höhepunkt stürzte er ab in die Alkoholhölle

nicht, da kommt ja nur Schwedisch raus." Garrincha verkaufte ihm das Gerät für den halben Preis. Weil der Delegationschef und der Mannschaftsarzt von der Story Wind und Mitleid mit dem Stürmer bekamen, flog Garrincha am Ende doch noch als stol-

zer Besitzer eines tragbaren Radios nach Hause.

Mit 19 Jahren musste Garrincha heiraten, weil er seine damals erst 16 Jahre alte Freundin Nair geschwängert hatte. Es folgten mit ihr noch sieben weitere Kinder. Insgesamt hat der einstige Superstar 14 offiziell anerkannte Vaterschaften. Die übrigen Kinder stammen aus Liebesabenteuern – wie der Schwede Ulf Lindberg. Dessen Mutter lernte Garrincha 1959 auf einer Europa-Tournee mit Botafogo kennen, sie gab den Jungen nach neun Monaten zur Adoption frei. Ulfs Sohn heißt Henrik Johansson, der auch Profi wurde.

Garrincha präsentiert nach dem Triumph 1962 in Chile stolz den Weltmeister-Pokal. Mit Brasilien gewann er bereits 1958 die Trophäe

Garrincha mit seiner ersten Frau Nair (l.) und ihren Kindern

Garrincha liebte Pferde, sein Hobby war die Jagd

Als Kind war er gehbehindert

Garrincha, dessen bürgerlicher Name Manoel Francisco dos Santos lautet, wurde am 28. Oktober 1933 in Pau Grande/Magé geboren und verstarb am 20. Januar 1983 in Rio de Janeiro an einer Leberzirrhose.

Der Rechtsaußen absolvierte 50 Länderspiele (12 Tore) für Brasilien und wurde 1958 und 1962 mit der Seleção Weltmeister. Auch bei der WM 1966 gehörte er zum Kader des Rekord-Weltmeisters.

Als Profi spielte er bei Serrano FC, Botafogo Rio de Janeiro, Corinthians São Paulo, Atlético Junior in Barranquilla (Kolumbien), Flamengo Rio de Janeiro und Olaria AC.

Garrincha war als Kind gehbehindert. Ein Bein war sechs Zentimeter kürzer als das andere, außerdem hatte er links ein O-Bein und rechts ein X-Bein. Garrincha war als langjähriger Alkoholiker in zahlreiche Autounfälle verwickelt. Nach seiner Karriere absolvierte er Promi-Kicks, trat bei TV-Sendern auf und verdiente sich durch Werbespots Geld.

Bei Olaria AC, einem im Norden von Rio beheimateten Klub, beendete Garrincha 1972 seine Laufbahn. Drei Jahre nach einem schweren Schicksalsschlag. 1969 verursachte er im betrunkenen Zustand einen Verkehrsunfall, stieß mit einem Lkw zusammen. Seine Schwiegermutter starb noch im Auto. Garrincha wurde zu zwei Jahren Haft auf Bewährung verurteilt, 1971 dann freigesprochen.

Einige Zeit später drohte dem einstigen Superstar erneut das Gefängnis, weil er pleite war und Unterhaltszahlungen nicht nachkam. Ein Mäzen half ihm finanziell aus der Patsche. Vom Alkohol kam Garrincha nie los, trotz fünf Entziehungskuren.

Am 19. Januar 1983 um 19.40 Uhr kam Garrincha in die Notaufnahme. Der Arzt hielt fest, dass der zweimalige Weltmeister stark alkoholisiert war und eine Kopf-wunde hatte, die wohl von einem Sturz resultierte. Wenige Stunden später starb Garrincha. Laut Überweisungsschein des Leichnams an die Gerichtsmedizin um sechs Uhr am Morgen des 20. Januar.

„Er wurde nie so gewürdigt, wie er es verdient hätte. Ohne Diskussion: Garrincha war ein Phänomen", sagte der einstige Verbands-Präsident und langjährige Fifa-Boss João Havelange († 100). Von den Fans aber wurde Garrincha geliebt. Zu seinem Abschiedsspiel 1973 kamen noch einmal 131 000 Anhänger ins Maracanã-Stadion. Und als Garrincha am 21. Januar beerdigt wurde, waren über 100 000 Menschen auf den Straßen und erwiesen ihm die letzte Ehre, als sein Leichnam vom Maracanã-Stadion in Rio bis in seine Heimatstadt Pau Grande gebracht wurde. Ein würdevoller Abschied für einen der besten Fußballer aller Zeiten, den Kronprinzen von Pelé. ●

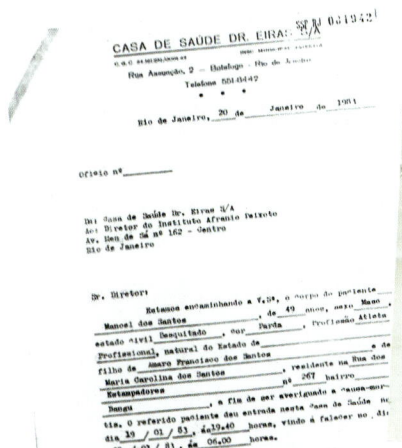

Der Überweisungsschein des Leichnams von Garrincha an die Gerichtsmedizin mit dem Todeszeitpunkt 20. Januar 1983, sechs Uhr morgens

Garrinchas Klub-Karteikarte bei Botafogo (oben). Sein erstes Monatsgehalt lag bei 2000 Cruzeiros, umgerechnet waren das Anfang der 50er-Jahre rund 50 US-Dollar

100 000 Menschen auf den Straßen erweisen Garrincha am 21. Januar 1983 die letzte Ehre

Garrincha wenige Wochen vor seinem Tod am 20. Januar 1983 im Alter von 49 Jahren

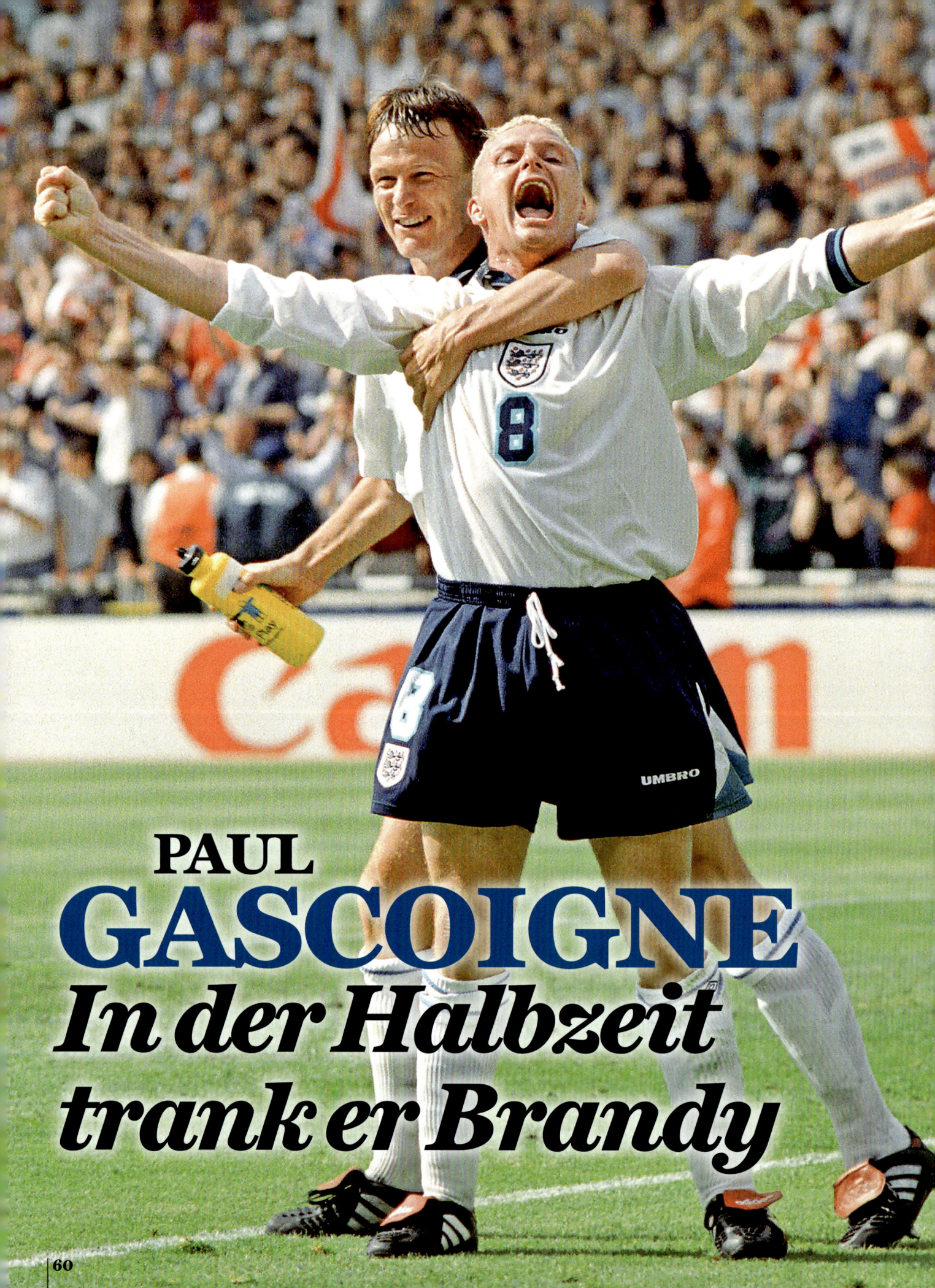

PAUL
GASCOIGNE
In der Halbzeit trank er Brandy

McManaman, Shearer und Redknapp (v. l.) feiern den am Boden liegenden Gascoigne und spritzen ihm Wasser in den Mund. Wochen vorher hatten sie es in Asien mit Alkohol krachen lassen

Das englische Fußball-Genie verlor in seinem Leben immer wieder gegen den Wahnsinn – und trotzdem wird „Gazza" bis heute von den Fans geliebt

—— *Von Raimund Hinko*

Unvergessen: Gascoigne hat den Ball bei der EM 1996 mit links über den Schotten Hendry gehoben, dann zieht er mit rechts ab, bevor die Kugel überhaupt wieder den Boden berührt

Er war gerade 14 Jahre alt, als Paul Gascoigne mit einer Angelrute an einem kühlen Bach seines Geburtsorts Gateshead vor den Toren Newcastles im Nordosten Englands saß. „Der liebe Junge", sagten die Nachbarn. „Fängt Fische für seine arme Familie." Dabei hatte der kleine Paul statt eines Köders ein paar Bierdosen an der Schnur hängen. Damit er das Getränk auch gut gekühlt in seinen schon damals durstigen Schlund schütten konnte. „Angeln gibt mir einen Kick", erzählte er in einem SPORT BILD-Interview.

Das mag noch zum Lachen sein, später war es eher zum Weinen. An dieser Stelle soll zunächst mal von dem genialen Fußballer Paul „Gazza" Gascoigne die Rede sein, ehe er mit Alkohol, Drogen sowie häuslicher Gewalt sein Leben zerstörte und die Leute mit derben Spößen nervte, über die nicht mal mehr die Engländer mit ihrem schrägen Humor lachen konnten.

Ein Blick auf die EM 1996 genügt, um Gascoigne zu würdigen. Im Gruppenspiel gegen die Schotten sprintete er – ja, er war mal ein Sprinter – von der Mittellinie los, lupfte den Ball mit den linken Fuß über Verteidiger Colin Hendry hinweg. Und ehe der Ball den Boden berührte, schmetterte er ihn mit rechts ins Tor von Andy Goram zum 2:0-Endstand. Nur 60 Sekunden vorher hätten die Schotten das 1:1 machen müssen, doch Gary McAllister war per Elfmeter an David Seaman gescheitert.

Gascoigne ließ sich nach dem Tor wie ein Maikäfer auf den Rücken fallen, streckte den Kopf in die Luft. Alan Shearer schnappte sich eine Getränkeflasche vom Spielfeldrand und schüttete literweise Wasser in Gazzas Rachen. Hintergrund: Auf die Heim-EM hatte sich das Team, so der Wunsch von Nationaltrainer Terry Venables (78), weit entfernt vom Trubel in Asien vorbereitet. Nach einem 3:0-Testspiel-Sieg gegen China feierten die Spieler in einem Nachtclub in Hongkong. Dort setzten sie sich in einen Zahnarztstuhl, ließen sich fesseln und mussten den Mund offen halten, während ihnen Mitspieler flaschenweise Tequila und Likör ins Gesicht spritzten.

In dem Moment auf dem Platz schmeckte Gascoigne das Wasser besser als jeder Wein, als jeder Whisky, von dem er später nach eigener Aussage während seiner Kar-

Nach seiner Premieren-Saison 1984/85 bricht Gascoigne (2. v. r.) mit Newcastle zu einer Reise nach Neuseeland auf

17 Jahr, volles Haar. Gascoignes erstes Porträt als Profi von Newcastle United

Nach drei Jahren in Newcastle wechselte Gascoigne 1988 zu Tottenham. Dort spielte er vier Jahre, wurde 1991 englischer Pokalsieger

riere bis zu vier Flaschen pro Tag trank. In den Halbzeitpausen bevorzugte er Brandy. Oft mit reichlich Schlaf- und Beruhigungstabletten. „Am Morgen danach wachte ich auf, ohne mich an das Spiel zu erinnern. Meist mit einer Flasche Champagner neben dem Bett. Leer natürlich."

Die Engländer machten Witze darüber. Sie liebten ihren Paul. Er war Sinnbild der Arbeiterklasse, der Konventionen bricht, sich nichts gefallen lässt. Längst eine Legende. Obwohl er im Vorfeld der EM auf dem Flug aus Hongkong zurück nach London in der Business-Class von Cathay Pacific, einer Fluglinie, die am Alkohol nicht spart, seinen 29. Geburtstag feierte und mit Kung-Fu-Tritten 10 000 Euro Sach-

schaden anrichtete. Was Bobby Robson, sein väterlicher Ex-Trainer, so kommentierte: „Du musst ihn rund um die Uhr be-

„Du musst ihn rund um die Uhr bewachen. Paul ist dumm wie eine Bürste"
Ex-Trainer Bobby Robson

wachen. Paul ist dumm wie eine Bürste." Woraufhin Gascoigne zum nächsten Training mit einer Klo-Bürste in den Stutzen erschien. Sein Entdecker Venables verteidigte ihn: „Gazza ist das Herz und die Seele der Mannschaft."

1992 fuhr ich nach Seefeld in Tirol zum Sommer-Trainingslager von Lazio Rom, um die Deutschen Thomas Doll und Karl-Heinz Riedle zu interviewen. Wir saßen in der Hotellobby, als laut grölend ein Mann die Treppe runterstürmte, die rechte Hand nach vorne riss und den Hitlergruß zeigte. Dann kam Gascoigne breit grinsend auf uns Deutsche zu, packte mein volles Weißbierglas und trank es in einem Zug leer.

Wer sich mit Weizenbier, wie man es außerhalb Bayerns oft nennt, auskennt, der weiß, dass man es wegen seines hohen Kohlensäuregehalts nur schluckweise trinken sollte. Gazzas fast immer rotes Gesicht verfärbte sich zu einem bedrohlichen Weiß, er schnappte nach Luft. Während ich Angst

Bei den Rangers (1995-98) holte er drei Titel und hatte auch sonst Spaß – hier mit Gegner Lawrence

Mittelfinger und Zunge im schottischen Pokalfinale 1996. Gascoigne und Glasgow gewannen 5:1 gegen die Hearts

Vor der WM 1990 trägt Gascoigne Papp-Aufsteller von Maradona (Argentinien) und Hollands Gullit vom Platz – ein Scherz für die Fotografen

Milans Paolo Maldini (l.) und Franco Baresi versuchen, Gascoigne zu stoppen. Lazio Rom war seine erste Auslandsstation. In Italien spielte „Gazza" von 1992 bis 1995, gewann jedoch keinen Titel

WM-Halbfinale 1990 in Turin: Gascoigne im Duell mit Matthäus. Der Engländer spielte durch, sah Gelb

Unter Tränen verabschiedet sich Gazza von den englischen Fans nach dem WM-Aus 1990. Mit dieser Szene eroberte er die Herzen des ganzen Landes

hatte, er würde ersticken, tat es einen befreienden Rülpser, laut wie ein Urknall, und Gascoigne war erlöst. „Er ist in der Mannschaft sehr beliebt", versicherten mir Riedle und Doll.

Gascoigne war gerade mal 23, als er die Herzen der Engländer für sich eroberte. Es war bei der WM 1990 in Turin, im Halbfinale gegen Deutschland. Gascoigne warf alles ins Spiel, seine Wucht, seine Technik. Er traf auf Lothar Matthäus. „Ich weigerte mich, vorher ein Video zu sehen, es hätte mir Angst eingejagt", bekannte Gascoigne. Sie gingen mit einer schweren Hypothek ins Spiel: Beide waren gelbbelastet, ihnen drohte eine Sperre fürs WM-Finale. Matthäus erinnert sich: „Gazza war ein energischer, kraftvoller, leidenschaftlicher, nickliger, emotionaler Spieler. Es war ein Psychospiel für ihn und für mich, da zwei Hitzköpfe aufeinandertrafen, sich vielleicht gegenseitig provozieren wollten. Wir waren oft in Zweikämpfe gegeneinander verwickelt, auf kämpferisch hohem Niveau. Ausgeglichen, würde ich sagen."

Gascoigne stand so unter Spannung, dass er vor dem Spiel nicht schlafen konnte, um 3 Uhr früh auf dem Hotelplatz mit

Mit seinen Tränen bei der WM 1990 eroberte er die Herzen der Fan

zwei amerikanischen Touristen Tennis spielte. Die Gelbe Karte bekam dann er. In der 8. Minute der Verlängerung nach einem rüden Stürmerfoul an Thomas Berthold. Er weinte daraufhin bitterlich, was ihm auf der Insel große Sympathien einbrachte. Nach dem verlorenen Elfmeterschießen (Brehme, Matthäus, Riedle, Thon trafen für Deutschland) brach er fast zusammen. Und schäumte vor Wut: „Berthold hat eine Schwalbe gemacht, wie es die Deutschen eben tun." Der Frankfurter wehrte sich zuletzt beim 30-Jahr-Jubiläum des WM-Titels: „Ich bin kein Simulant, kein Jürgen Klinsmann, keiner rollt sich so. Heutzutage kann man für solch ein Foul sogar die Rote Karte geben."

...allkopf: Gazza ...Jahr 1989 als ...hielender ...owboy, der sich ...nen Revolver ...n den Kopf hält

Bei einem Testspiel für Everton stellt er 2001 einem Jungen am Spielfeldrand ein Bein

```
SERVER   47   TIME 01:03 TABLE C 13/ 0
  3 TEA S/POT              4.95
  4 GLASS MILK             4.00
 12 WHISKY PROP           21.00
 19 WHISKY DELUX          50.35
  4 WHISKY LUXURY         13.00
  2 GIN PROP               3.50
 13 VODKA PROP            22.75
 13 HOUSE PORT            29.25
  2 SPRITZER               4.50
  2 NEWCAST BROWN          4.20
  2 BUDWEISER BTL          4.20
 23 LAGER PINT            43.70
  8 CIDER PINT            16.80
 10 BABY MIXER             7.00
  1 IRN BREW CAN           0.70
  2 HI-JUICE DASH          0.60
  3 HI-JUICE GLAS          3.00
  4 CORDIAL DASH           0.60
                       ---------
        TOTAL           234.10
                       ---------
        AMEX            234.10
                       ---------
    AMOUNT DUE             NIL

    AMEX NUMBER 375093780951002

    VAT NO. 151651288
  FOOD                    8.95
  BEER                   80.80
  LIQUOR                139.85
  WINE                    4.50
    VAT INCLUDED         34.86

  23-01-97            NUMBER 1531
```

Mit Torte: Zum 50. Geburstag 2017 trifft Gascoigne SPORT BILD-Reporter Michael Reis im Seebad Bournemouth

1997 gibt Gascoigne SPORT BILD-Reporter Michael Schilling (r.) ein Interview an der Hotelbar. Am Ende stand eine Rechnung von 234,10 Pfund – ein Großteil für Whisky und Wodka

Bei der EM 1996 erlebte Gascoigne dann noch mal einen Höhepunkt. Der Kulttrainer Otto Rehhagel, der am liebsten mit schwierigen Spielern arbeitete, erinnert sich: „Er wurde als Säufer beschimpft, der keine Kondition mehr habe, und strafte alle Lügen. Für mich war er der Top-Spieler der EM, sein Stern strahlte heller als jemals zuvor.

Wie er sich im Halbfinale gegen Deutschland völlig verausgabte, war bewundernswert. Und dann gab er sich beim Elfmeterschießen noch als fairer Sportsmann, scherzte mit Matthias Sammer an der Mittellinie."

Mit jedem Karriere-Jahr häuften sich die Skandale

Obwohl er seinen Elfer (für Deutschland trafen Häßler, Strunz, Reuter, Ziege, Kuntz und Möller) souverän verwandelt hatte, war er am Ende wieder der tragische Verlierer. Das nagt bis heute an Gascoigne. Als ihn ein Jahr später der SPORT BILD-Reporter Michael Schilling besuchte, sagte er zunächst: „Unter 75 000 Pfund gebe ich keine Interviews. Doch da du ein Kumpel von Jörg Albertz (sein Mannschaftskamerad bei den Glasgow Rangers, früher HSV, Düsseldorf und Mönchengladbach; d. Red.) bist, kriegst du es für ein paar Drinks." Dann weinte er sich aus: „Nie wieder gegen Deutschland, es reicht. Das zweite Mal ein Elfmeterschießen zu verlieren hat wirklich wehgetan."

Danach klagte er über den rüden Stil der englischen Medien. „Gut, so manche Dummheit bereue ich im Nachhinein ein bisschen. Doch die wollen, dass ich 24 Stunden in meinem beschissenen Haus sitze. Ich bin kein schlechter Mensch. Ich habe meiner Familie Geld gegeben, habe meinem Vater ein Haus gekauft und stifte für wohltätige Zwecke." Sein Vater arbeitete als Kohlehändler, ein gewalttätiger Säufer, der nach einem Schlaganfall halbseitig gelähmt war. Seine Mutter war Fabrikarbeiterin und musste die Familie durchbringen.

Als sich die Klagen von Gascoigne häuften, entschuldigte sich das Massenblatt „Daily Mirror" in einem öffentlichen Brief: „Wir könnten den Eindruck erweckt haben, dass Paul Gascoigne ein fetter, besoffener, tölpelhafter Schwachsinniger ist... Mittlerweile haben wir festgestellt, dass er in der Tat ein Fußball-Zauberer ist... wir möchten uns bei Mister Gascoigne entschuldigen für allen Ärger, den unsere Geschichten bei ihm verursacht haben." Man könnte das auch scheinheilig nennen.

Fälschung

Original

SCHUMMELEI BEI KULT-FOTO

Zur Kult-Szene schlechthin wurde ein Vorfall im Jahr 1988. Beim Spiel Newcastle gegen den FC Wimbledon packte Gascoignes Gegenspieler Vinnie Jones (Spitzname „The Axe", auf Deutsch: „Die Axt") ihm in den Unterleib. Doch statt des Originalfotos des „Daily Mirror" verbreitete sich ein verfälschtes, mit laut schreiendem Gascoigne. Diese Fälschung ging um die Welt. „Gazza" selbst übrigens nahm den Griff in die Weichteile mit Humor und sandte Übeltäter Jones eine Rose als Dank. Jones seinerseits erwiderte den Gruß und schenkte Gascoigne eine Klobürste.

Die Ehe mit Sheryl (hier mit dem gemeinsamen Sohn Regan) hielt zwei Jahre, wurde 1998 geschieden

Egal, ob Hochzeit, Alkohol-Eskapade oder Spiel gegen Deutschland – Gascoigne war immer für Schlagzeilen gut

Alkohol ist sein größter Gegner

Paul John Gascoigne wurde am 27. Mai 1967 im englischen Gateshead geboren. Der offensive Mittelfeldspieler begann seine Karriere bei Newcastle United. Später spielte er u. a. auch bei Tottenham, Lazio, den Glasgow Rangers und in China. Von 2003 bis 2005 versuchte er sich als Trainer, scheiterte kläglich. Für England spielte er 57-mal (zehn Tore).

Sein größter Gegner ist der Alkohol, schon 1998 begab er sich erstmals in eine Entzugsklinik – verließ diese jedoch nach wenigen Wochen wieder.

Im März 2019 steht Gascoigne für ein Legenden-Spiel von Tottenham Hotspur auf dem Platz

Weniger beliebt als in der Nationalelf war er bei seinen Vereinen. Das Höchste der Gefühle waren 1996 und 1997 zwei schottische Meisterschaften mit den Glasgow Rangers, eine Ehrung 1996 zu Schottlands Fußballer des Jahres. Und im Jahre 1991 der Gewinn des FA Cups mit Tottenham Hotspur, wo er sich im Finale nach 17 Minuten einen Kreuzbandriss zuzog, der ihn die EM 1992 kostete. Das mag mit ein Grund dafür gewesen sein, dass es ihn noch mehr zur Flasche zog. Mit zunehmendem Alkoholkonsum wurde sein Körper anfälliger, insgesamt musste er sich 14-mal operieren lassen. Er zog den „entspannteren" schottischen Fußball bei den Rangers oder den italienischen bei Lazio („Dort greifen sie dich erst in Strafraumnähe an") dem zweikampforientierten Hauruck-Fußball der Premier League vor.

Mit jedem Karriere-Jahr häuften sich Entziehungskuren, Depressionen, Psychiatrie-Aufenthalte, Entlassungen bei seinen Klubs wegen Trunkenheit. Gascoigne landete am Ende der Laufbahn bei Gansu Tianma in der zweiten chinesischen Liga, danach als Spielertrainer bei Boston United in der dritten englischen Liga, am Ende nur noch 39 Tage als Trainer bei Kette-

ring Town, 6. Liga – in erbarmungswürdigem Zustand.

„Leider hat er die Kontrolle über sein Leben verloren", sagt Matthäus. „Vielleicht hatte er falsche Freunde, vielleicht war er nicht stark genug. Es tut uns allen weh und leid. Natürlich ist er deshalb kein schlechterer Mensch. Man würde gerne helfen, genauso wie Maradona Hilfe gebraucht hätte. Vielleicht würde er heute noch leben."

Der große Stürmer und BBC-Kommentator Gary Lineker sammelte mit Kricketspieler Ronnie Irani, Radio-Moderator Chris Evans und TV-Moderator Piers Morgan für Gascoigne Geld, setzten ihn zur x-ten Kur in ein Flugzeug nach Phoenix/Arizona, wo er nach der Landung am Flughafen hilflos mit einem Glas Bier an einer Bar kauerte.

SPORT BILD-Reporter Michael Reis traf Gascoigne 2017, von schwerer Krankheit gezeichnet, zu einer Feier anlässlich seines 50. Geburtstags. Er hatte es bitter nötig, 20 Gäste gegen üppiges Honorar zu einem alkoholfreien Buffet einzuladen, die Medien lästerten, es sei Abzocke. Gascoigne sagte: „Momentan geht es mir gut. Ich bin Alkoholiker, ja. Doch ich habe ein paar Freunde, die mir treu zur Seite stehen. Ich denke, dass ich meine Krankheit im Griff habe. Ich habe die 50 vollgemacht und hoffe auf die nächsten 50."

Die Engländer lieben ihn immer noch. Bleibt zu hoffen, dass sie nicht bald um diesen großartigen Fußballer trauern müssen. ●

ZLATAN
IBRAHIMOVIC

Aus dem Ghetto nach ganz oben

Sein Vater war Trinker, die Mutter im Gefängnis, er klaute Fahrräder. Doch der Fußball gab ihm am Ende Halt, und er wurde zu einem der besten Stürmer der Welt

Der gelbe Riese!

Seine kräftige Statur (1,95 Meter groß), sein Bart, sein Zopf – Zlatan Ibrahimovic ist eine der außergewöhnlichsten Erscheinungen des Sports. Und der größte Fußballer Schwedens. Für sein Land bestritt er 118 Länderspiele und erzielte 62 Tore. Hier bejubelt er 2015 seinen 3:0-Treffer beim 3:1 in der EM-Quali gegen Montenegro. In Gelb gelang Ibrahimovic auch sein größtes Kunststück – der Fallrückzieher aus knapp 30 Metern (oberes Foto rechts) 2012 gegen England zum 4:2-Endstand

Ibrahimovic trifft 2012 beim 4:2 gegen England mit einem Fallrückzieher aus knapp 30 Metern, nachdem Torwart Joe Hart zu kurz abgewehrt hat

Bei sechs großen Turnieren spielte Ibrahimovic für Schweden – zwei Weltmeisterschaften und vier Europameisterschaften. Die Führung beim 2:0 gegen Griechenland in der EM-Gruppenphase 2008 feiert er mit dem schwedischen Fan-Block

—— Von **Torsten Rumpf**

Als kleiner Junge fuhr Zlatan Ibrahimovic rund 30 Minuten mit dem Fahrrad zum Probetraining von Malmö FF. Nur eine Plastiktüte hatte er dabei. Darin seine Fußballschuhe, die er für zehn Euro beim Discounter gekauft hatte. Viel Geld besaß seine Familie nicht. Sie wohnte in Rosengård. Was sich nach einer hübschen Siedlung anhört, ist das Problemviertel von Malmö.

Es ist der Ort, aus dem Zlatan noch heute all seine Kraft zieht. Dieses Viertel ist für ihn Heimat und Ansporn zugleich. Sein Ziel war es rauszukommen. Seine Freunde hat er trotzdem nie hinter sich gelassen. Aus dem Ghettokind ist einer der schillerndsten Stars der Fußballwelt geworden. Der als Stürmer phänomenale Tore liefert, aber gleichzeitig verrückt und wahnsinnig, selbstsicher und selbstherrlich, provozierend und angeberisch auftritt.

„Zlatan Ibrahimovic ist einer der unglaublichsten Spieler der vergangenen 20 Jahre. Was er macht, das ist einfach fantastisch. Ein grandioser Stürmer, der Wahnsinnstore erzielte. Als Persönlichkeit ist er sicher nicht einfach. Er eckt an, provoziert. Aber auch das macht einen Weltklasse-Spieler aus", schwärmt der frühere brasilianische Superstar Ronaldo.

„Il Fenomeno", der 2002 Brasilien zum fünften WM-Titel schoss, war Ibrahimovic' großes Vorbild. Von ihm schaute er sich die dynamischen Dribblings stundenlang an und trainierte sie auf dem Bolzplatz. „Ich stand vor dem Fernseher auf, als ich ihn spielen sah", erinnert sich Zlatan. „Denn Ronaldo war auf jeder Ebene brillant. Er war, was ich sein wollte: ein Typ, der den Unterschied ausmacht."

Im Cronmans Väg in Rosengård wuchs Ibrahimovic auf. Das Brennpunktviertel vor den Toren von Malmö galt lange als das ärmste in Schweden. Dort wohnten viele Flüchtlinge aus Afrika und dem ehemaligen Jugoslawien, die wegen des Balkankrieges gekommen waren. Darunter Familie Ibrahimovic. Hier lernte Zlatan,

Volles Risiko: Hier bekommt Ibrahimovic in einem Freundschaftsspiel 2005 mit Juve die Faust von Timisoara-Torwart Popa ab

Für Ajax Amsterdam erzielte Ibrahimovic 48 Tore in 110 Spielen. Hier zieht er 2003 gegen Heerenveen ab

sich zu behaupten, der Fußball war sein größer Halt. Denn eine behütete Kindheit hatte er nicht.

Die Eltern trennten sich, als Ibrahimovic ein kleiner Junge war. Sein Vater Sefik hatte Alkoholprobleme, seine Halbschwester Selma geriet in den Drogensumpf, seine Mama Jurka landete wegen Hehlerei von Schmuck im Gefängnis. Das fehlende Geld war immer ein Problem. „Fast immer gab es bei den Ibrahimovic' daheim Fertig-Makkaroni mit Ketchup", erinnert sich Markus Rosenberg. Der frühere Stürmer

von Werder Bremen spielte mit Schwedens bestem Fußballer aller Zeiten bereits in der Jugend von Malmö FF zusammen, nachdem Zlatan sich im Probetraining durchgesetzt hatte.

In Rosengård holte sich Ibrahimovic das Selbstvertrauen für seine spätere Weltkarriere – indem er ständig als cooler Macker auftrat. Als Kind war er klein, lispelte, bekam Sprachunterricht. Dafür wurde er gehänselt. Um Anerkennung zu erlangen, klaute er Fahrräder. Das wurde später zu seinem Kick, während andere Drogen kon-

sumierten. Und er fiel auf dem Platz immer wieder durch Gewalt auf. Schon als Jugendlicher verteilte er Mitspielern Kopfnüsse. Dazu kam seine eigensinnige Spielweise, was dazu führte, dass Eltern anderer Kinder ihn per Unterschriftenaktion aus der Mannschaft haben wollten. Fast

Ibrahimovic war ein kleines Kind, er lispelte, wurde gehänselt

alle machten mit. Als Trainer Åke Kallenberg den Zettel bekam, schaute er kurz drauf – und zerriss ihn. Weil er in Ibrahimovic ein großes Talent sah.

In Malmö erhielt Ibrahimovic frühzeitig einen Jugend-Fördervertrag, dotiert mit 1500 Kronen (148 Euro) pro Monat. Mit 17 Jahren wurde er Profi, debütierte im September 1999. Er bekam 16 000 Kronen im Monat, dazu ein Mobiltelefon. Vom ersten Geld machte Zlatan einen Führerschein im Intensivkurs. „Denn Autos hatten für ihn eine grundlegende Bedeutung", erinnert sich Hasse Borg. Der ehemalige Bundesliga-Profi von Eintracht Braunschweig war seinerzeit Manager bei Malmö, das in die 2. Liga abgestiegen war. Für Ibrahimovic ein Glücksfall.

Borg: „Zlatan bekam so viel Spielpraxis, konnte sich entwickeln." Am Ende zu einem der besten und spektakulärsten Spieler des 21. Jahrhunderts.

Er war Star bei den europäischen Top-Vereinen Ajax Amsterdam, Juventus Turin, Inter Mailand, FC Barcelona, AC Mailand, Paris St-Germain und Manches-

Auch mit 39 Jahren immer noch spektakulär: Ibrahimovic für Milan 2020 beim 2:2 gegen Hellas Verona

Schon von 2010 bis 2012 spielte Ibrahimovic für den AC Mailand. Hier jubelt er mit Pato. In 61 Ligaspielen schoss er 42 Tore. 2020 kehrte er zurück

Ibrahimovic fliegt artistisch zum Ball. Von 2006 bis 2009 spielte er für Inter Mailand, schoss in 88 Serie-A-Spielen 57 Tore und wurde dreimal Meister

ter United. Beinahe wäre er 2001 zum FC Bayern gekommen, der Rekordmeister scoutete ihn. Doch er war laut Björn Andersson, von 1995 bis 2009 Jugendtrainer und Nachwuchskoordinator bei den Bayern, zu teuer. Im Nachhinein muss man sagen: eine teure Fehleinschätzung, denn Ibrahimovic ging für rund acht Millionen Euro zu Ajax.

Ibrahimovic gewann unter anderem elf nationale Meisterschaften. Er ist mit 62 Treffern in 118 Länderspielen Schwedens Rekord-Nationalspieler und Rekord-Torschütze. Seine Mischung aus körperlicher Wucht und feiner Technik ist einzigartig, dazu ist er beidfüßig, seine Tor-Abschlüsse sind atemberaubend. Legendär sein Fallrückzieher-Treffer aus rund 30 Metern am 14. November 2012 im Freundschaftsspiel gegen England, womit er den 4:2-Endstand erzielte.

Ibrahimovic steht für spektakuläre Tore, aber auch für Zoff. Er lässt sich nichts gefallen, wenn er sich ungerecht behandelt fühlt. „Du kannst einen Typen aus dem Ghetto holen, aber du holst niemals das Ghetto aus einem Typen", sagte er über sich. Darum teilt er heftig aus.

Bei Ajax, dort spielte Ibrahimovic ab 2001 drei Jahre lang, hatte er Krieg mit

Rafael van der Vaart. Im Länderspiel gegen die Niederlande 2004 versuchte Ibrahimovic, den Ball zu behaupten, rutschte dabei aber aus und trat auf der Suche nach Gleichgewicht auf van der Vaarts Sprunggelenk. Absicht? Oder nur ein Versehen? Der Unparteiische ließ weiterspielen, van der Vaart erlitt einen Knöchelbruch, landete auf der Trage und später im Krankenhaus.

Der ehemalige HSV-Star unterstellte Ibrahimovic Absicht, mehrmals. Eines Tages, als van der Vaart wieder in der Ajax-Kabine auftauchte, drohte der Schwede ihm: „Wenn du das noch mal behauptest, dann breche ich dir beide Beine. Und dieses Mal wird es mit Absicht sein!"

Van der Vaart sagt heute: „So ein Foulspiel kann passieren. Aber er hatte sich damals nicht auf dem Platz dafür entschuldigt – und wir hatten bei Ajax schon vor dem Länderspiel immer Streit gehabt."

Weil Alphatier Ibrahimovic sich vom aufstrebenden van der Vaart, der schon im Alter von 20 Jahren die Kapitänsbinde übernahm, nicht den Rang ablaufen lassen wollte.

Heftiger war sein Zerwürfnis in Barcelona mit Pep Guardiola. Ibrahimovic merkte schnell, dass zwischen ihm und dem Trainer die Chemie nicht stimmte, obwohl er 2009 für knapp 70 Millionen Euro Ablöse von Inter Mailand zum amtierenden Champions-League-Sieger gekommen war. Der seinerzeit drittteuerste Spieler. Insgesamt hat er all seinen Klubs 169 Millionen Euro an Transfer-Einnahmen beschert.

Nach einem guten Start stagnierten die Leistungen des Schweden, Guardiola setzte voll auf Lionel Messi als Fixpunkt in der Mannschaft. Sehr zum Ärger von Ibrahimovic, der sich geschnitten fühlte – auch weil Guardiola aus seiner Sicht nicht den Mumm hatte, ihm reinen Wein einzuschenken, Gespräche mied.

Die Fehde gipfelte am 35. Spieltag im endgültigen Bruch zwischen den beiden.

Im Champions-League-Halbfinale 2010 schied Ibrahimovic mit Barça gegen Inter Mailand aus. Sein größter Erfolg in Spanien: Meister 2010

Vier Pokale: 2015 gewann Ibrahimovic mit PSG die Liga-Meisterschaft, den Landes- und Ligapokal plus Supercup

Bei Manchester United wurde sein Vertrag im März 2018 vorzeitig aufgelöst

Ibrahimovic reckt 2005 die italienische Meister-trophäe in die Höhe. Dieser Titel wurde Juventus, wie auch der von 2006, wegen Manipulationen aberkannt

> „Seine philosophischen Ansprachen –
> das ist Scheiße für Fortgeschrittene!"

> „Wer mich kauft, kauft einen Ferrari und gibt Vollgas.
> Guardiola hat Diesel getankt und eine Tour ins Grüne
> gemacht. Hätte er sich gleich einen Fiat kaufen sollen!"

> „Sie haben keine Eier und machen sich vor Mourinho
> in die Hose. Im Vergleich zu ihm sind Sie ein Nichts."

Ibrahimovic über Pep Guardiola

> „Glauben Sie
> an Jesus,
> Trainer? Ja? Gut.
> Er steht direkt
> vor Ihnen!"

**Ibrahimovic zu
Carlo Ancelotti**

> „Er war Technischer
> Direktor bei Ajax
> und erklärte mir mit dem
> Bleistift, wo ich hinzulaufen
> habe. Ich sagte nur: ‚Hör
> mal, Meister. Du hast mir
> gar nichts zu sagen – geh in
> dein Büro und schreibe
> Briefe.'"

**Ibrahimovic über
Louis van Gaal**

„Im Spiel bei Villarreal ließ er mich auf der Bank. Ich spielte nur fünf Minuten. In der Kabine habe ich den Metallkoffer vom Zeugwart kaputt getreten", verriet Ibrahimovic später. Guardiola schaute ihn daraufhin besorgt an. Da schrie der Angreifer: „Sie haben keine Eier und machen sich vor Mourinho in die Hose."

Hintergrund: Kurz zuvor war Barça im Champions-League-Halbfinale an Inter Mailand gescheitert, das von José Mourinho trainiert wurde.

„Zlatan ist ein grandioser Stürmer, der Wahnsinnstore erzielte"
Brasiliens Weltmeister Ronaldo

Kurz nach Saisonende stand fest: Das Kapitel Ibrahimovic in Barcelona ist nach nur einem Jahr beendet. Fehler bei sich selbst sah der Angreifer nicht. „Ich bin Zlatan" schoss er gegen Guardiola: „Es ist simpel. Ohne Team gewinne ich nichts. Ich muss aber den Platz innerhalb der Mannschaft haben, damit ich mich entfalten kann. Wer mich kauft, kauft einen Ferrari. Wer einen Ferrari hat, tankt Super, fährt auf die Autobahn und gibt Vollgas. Guardiola hat Diesel getankt und eine Tour ins Grüne gemacht. Hätte er sich gleich einen Fiat kaufen sollen." Typisch Zlatan.

Trotz allen Ärgers und großer Klappe – Ibrahimovic verglich sich sogar mit Gott – wird er weltweit verehrt. Weil er als Kicker ein Großer ist, dazu mittlerweile ein vorbildlicher Profi. Vorbei die Zeit wie bei

Ibrahimovic 2010 mit Barça-Trainer Pep Guardiola. Rechts Inter-Trainer José Mourinho, unter dem der Schwede später bei Manchester United spielte

Inter von 2006 bis 2009, als er bis morgens um 5 Uhr an der Playstation zockte und nach nur drei Stunden Schlaf zum Training fuhr. Heute undenkbar.

Asmir Begovic, Torhüter aus Bosnien-Herzegowina, sagt: „Ich habe mit Zlatan beim AC Mailand zusammengespielt. Er ist ein Gigant – und ein absoluter Musterprofi, er achtet total auf seinen Körper. Er macht jedes Training mit, gibt immer Vollgas. Selbst im Kraftraum. Er ist eine richtige Maschine, ein richtiger Anführer."

Das wollte er auch wieder für Schweden sein, darum vollzog er im März 2021 einen Rücktritt vom Rücktritt, um sein Heimatland bei der EM anzuführen. Aus Ehrgeiz, aber auch aus Dank. Denn trotz aller Hindernisse weiß Ibrahimovic, dessen Vermögen auf über 200 Millionen Euro taxiert wird: Ohne die Hilfe anderer wäre er wohl niemals aus dem Ghetto Rosengård herausgekommen. Wegen einer Knieverletzung musste er seine EM Teilnahme absagen. Ein Rückschlag, aber auch den wird er wegstecken. Denn Ibrahimovic hat von Kindesbeinen an gelernt, nach einem Niederschlag wieder aufzustehen. ●

„Wir brauchen den Philosophen nicht. Der Zwerg und ich reichen vollkommen."

Ibrahimovic über Guardiola und Lionel Messi

„Corona hatte den Mut, mich herauszufordern. Schlechte Idee von dem Virus …"

„Bei allem Respekt – ich müsste die Plätze eins bis fünf belegen"

Über eine Wahl der wichtigsten Sportler Schwedens

„Was ich meiner Frau zum Geburtstag schenke? Nichts. Sie hat ja schon Zlatan!"

Ein großer Fußballer mit einem großen Herz

Zlatan Ibrahimovic wurde am 3. Oktober 1981 in Malmö geboren. Der Angreifer unterzeichnete beim AC Mailand einen Vertrag bis 2022, machte für Schweden 118 Länderspiele, schoss 62 Tore. Sein Profi-Debüt feierte er im September 1999 für Malmö FF. Nach seinem Wechsel 2001 zu Ajax Amsterdam (bis 2004) spielte er für Juventus Turin, Inter Mailand, FC Barcelona, AC Mailand, Paris St-Germain, Manchester United und Los Angeles. Ibrahimovic gewann zahlreiche Titel, u. a. wurde er elfmal Meister und gewann 2017 die Europa League mit Manchester. Zwölfmal wurde er Schwedens Fußballer des Jahres.
Ibrahimovic hat mit dem ehemaligen schwedi-

schen Model Helena Seger zwei Kinder. Der Stürmer gilt als arrogant und provozierend, hilft aber Benachteiligten. So soll er 2014 die schwedische Nationalmannschaft der Menschen mit geistiger Behinderung mit 38 000 Euro unterstützt haben, damit diese an einem WM-Turnier in São Paulo teilnehmen konnte.

Zlatan Ibrahimovic wurde im schwedischen Malmö geboren, besitzt aber auch die bosnische Staatsangehörigkeit. Sein Vater stammt aus Bosnien, die Mutter aus Kroatien

MARIO KEMPES

Im Bus zum WM-Finale hat er noch geraucht

Argentiniens Weltstar über den Titelgewinn 1978 während der Militärdiktatur, fehlende Anerkennung und warum er den WM-Pokal erst 2006 in den Händen hielt

— Von **Torsten Rumpf**

Heute wäre ein solcher Vorgang undenkbar. Auf der Fahrt ins Endspiel-Stadion „Monumental" in Buenos Aires holte Mario Kempes eine Zigarettenschachtel aus seiner Hosentasche und zündete sich im Mannschaftsbus eine Kippe an. Der damalige Stürmerstar der argentinischen Nationalmannschaft nahm einen tiefen Zug und ließ den Glimmstängel unter den Kollegen kreisen. „Das war unser Ritual, wir machten das vor jedem Spiel bei der WM", verrät Kempes.

Der Brauch mit dem blauen Dunst zahlte sich aus, am 25. Juni 1978 gewann Argentinien durch ein 3:1 nach Verlängerung gegen die Niederlande die Heim-WM! Kempes wurde zum besten Spieler und erfolgreichsten Torschützen des Turniers gekürt. Vergleichbares schafften nur der Brasilianer Garrincha († 49) beim Titelgewinn 1962 in Chile und der Italiener Paolo Rossi († 64) beim Triumph 1982 in Spanien.

Sechs Treffer gelangen Kempes, allein zwei – das 1:0 und die 2:1-Führung – im

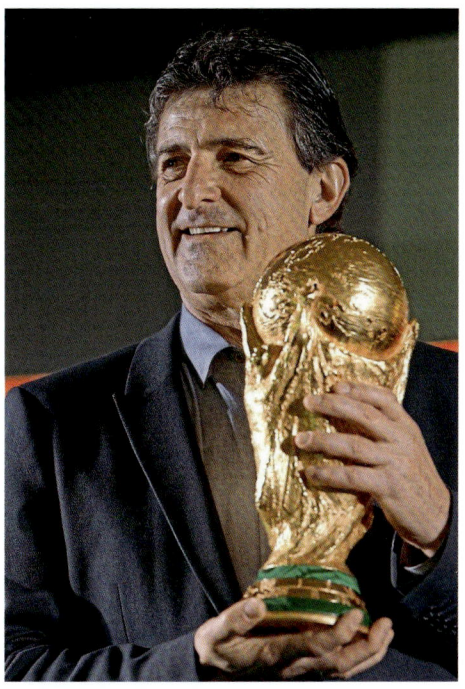

Kempes mit WM-Pokal nach seiner Karriere. Nach dem Finalsieg 1978 gegen die Niederlande war es ihm nicht vergönnt, die Trophäe in den Händen zu halten

Schon als Kleinkind ein begeisterter Fußballer: Mario Kempes

Kempes' Spielerpass als Kind in Argentinien

Argentiniens Trainerlegende und Weltmeister-Macher Menotti (M.) mit Kempes und Maradona (r.), der kurz vor der WM 1978 aus dem Kader gestrichen worden war

Kempes mit den Auszeichnungen „Goldener Ball" als bester Spieler und „Goldener Schuh" als bester Torschütze (sechs Treffer) bei der WM 1978

Endspiel gegen die Oranjes. Noch im selben Jahr folgte die Ehrung zu Südamerikas Fußballer des Jahres. Das Stadion in Córdoba ist nach ihm benannt.

Argentiniens damaliger Weltmeister-Macher und Trainerlegende César Luis Menotti sagt SPORT BILD: „Kempes ist in der Geschichte der großen Fußballer für mich ganz klar dabei. Er gehört zu den besten der Welt. Er war ein Fußball-Phänomen, das heute unbezahlbar wäre. Es gab und gibt nur wenige wie ihn!"

Dank seiner Tore gewann Kempes mit Valencia 1979 den nationalen Pokal und ein Jahr später den Europapokal der Pokalsieger. Doch berühmt wurde er vor allem durch Argentiniens ersten WM-Triumph 1978

★★★

SPORT BILD: Herr Kempes, welche Bedeutung hat dieser Erfolg für Sie bis heute?
MARIO KEMPES: Den Titel nimmt uns keiner weg. Auch nicht den Stolz, Weltmeister zu sein. Das bleibt ein Leben lang.

„Er war ein Fußball-Phänomen, das heute unbezahlbar wäre"
Menotti über Kempes

Dennoch genießen die Weltmeister von 1986 einen höheren Stellenwert in Argentinien ...
Die WM 1978 scheint vergessen, weil in unserem Land eine Militärdiktatur herrschte. Wir Fußballer mussten die Konsequenzen ausbaden, die Missachtung, die uns aus Teilen der Gesellschaft entgegenschlug. Aber uns kann man nicht die Schuld geben und auch nicht das nehmen, was wir auf dem Platz erreicht haben.

Es steht der Vorwurf im Raum, dass die argentinischen Militärs Zwischenrunden-Gegner Peru bestochen haben sollen, damit der 6:0-Kantersieg der Argentinier zustande kam und die Finalteilnahme gesichert werden konnte. Was sagen Sie dazu?
Mich macht es rasend, welche Lügen noch heute über das Spiel gegen Peru erzählt werden! Bevor ich zum 1:0 traf, hätten wir schon 0:2 zurückliegen können, bekamen den Ball gegen den Pfosten, einmal ging er knapp vorbei. Dann fiel mein Tor – und die Psychologie spielte mit: Für Peru ging es um nichts mehr, sie bauten ab. Wir wurden immer stärker. Dass man am Ende immer wieder Politik und Sport gleichzusetzen versucht, ist für mich Unsinn. Ja, es war eine verachtenswerte Zeit in der Geschichte meines geliebten Landes. Aber wir haben nicht für die Militärs gespielt und auch nicht mit Gewehren gefeuert.

Wir haben uns das himmelblau-weiße Trikot übergezogen und sind raus, um unser Land und unsere Fans in einem Turnier zu vertreten. Wir mussten uns alle erdenkliche Kritik anhören, selbst wenn sie den Geschmack der totalen Ungerechtigkeit trug.

Auffallend: Es gibt nach dem Finale gegen Holland kein Foto von Ihnen mit dem WM-Pokal. Warum nicht?
Feiern? Das war unmöglich! Nach dem Schlusspfiff konnte ich gerade noch mein Trikot mit Johan Neeskens tauschen. Dann ging es zu wie in einem Ameisenhaufen. Hunderte von Personen stürmten von den Tribünen runter auf den Rasen. Ich konnte keinen von meinen Jungs umarmen. Stattdessen beglückwünschten, küssten, drückten mich Hunderte von Fans. Ich ha-

WM-Finale 1978: Kempes (r.) erzielt das zwischenzeitliche 2:1 für Argentinien. Der niederländische Torwart Jongbloed und dessen Mitspieler Nanninga und Poortvliet (v. l.) haben das Nachsehen. Argentinien gewann 3:1 nach Verlängerung

be mich dann in die Kabine zurückgezogen. Wie gerne hätte ich mit den anderen auf dem Platz gefeiert, eine Ehrenrunde gedreht.

Wie ging es weiter?

In der Kabine umarmten wir uns dann herzlich, aber doch zurückhaltend. Von Ekstase eines Weltmeisters keine Spur. Uns

Kapitän Passarella kam ohne Pokal in die Kabine

war noch gar nicht klar, was wir da gerade erreicht hatten. Wenn wir vielleicht ein bisschen länger mit den Fans auf dem Platz gefeiert hätten, hätten wir eine bessere Vorstellung davon gehabt. Wir hatten etwas

geschafft, was keiner anderen Selección vor uns gelungen ist. Wir waren Krieger.

Dann wurden Sie und Ihre Teamkollegen zurück auf den Platz gerufen ...

Um den Pokal entgegenzunehmen. Ich mit nacktem Oberkörper und einem Holland-Trikot in der Hand. Der Zeugwart warf mir ein blau-weißes Shirt rüber, mit der Nummer 15 von Olguín, schmutzig und schweißnass. Deshalb gibt es bei der Siegerehrung kein Foto mit der Nummer 10. Ich bin dann am Ende der Reihe zusammen mit unserem Trainer Menotti einmarschiert. Wir standen alle auf einer kleinen Plattform.

Und was passierte, als der damalige Staatspräsident Jorge Rafael Videla Kapitän Daniel Passarella den goldenen WM-Pokal übergab?

Kempes und Maradona (l.) 1982 im Dress der argentinischen Nationalmannschaft

Es konnten zwei, drei Spieler von uns, die an seiner Seite standen, die Trophäe berühren. Sonst niemand! Es gab keinen Platz, um an den Pokal heranzukommen. Daniel Passarella gab den Pokal nicht mehr aus der Hand, begann die Ehrenrunde, Fillol *(Torhüter; d. Red.)* und zwei, drei andere machten sich mit ihm auf den Weg durch die dichte Menschenmenge. Der Rest von uns marschierte wieder in die Kabine. Als Passarella endlich in der Kabine auftauchte, kam er ohne Pokal. Den musste er den Fifa-Leuten zurückgeben. Und so habe ich ihn nicht einen einzigen Moment berührt. Am Ende blieb mir als Erinnerung nur ein Trikot von Neeskens.

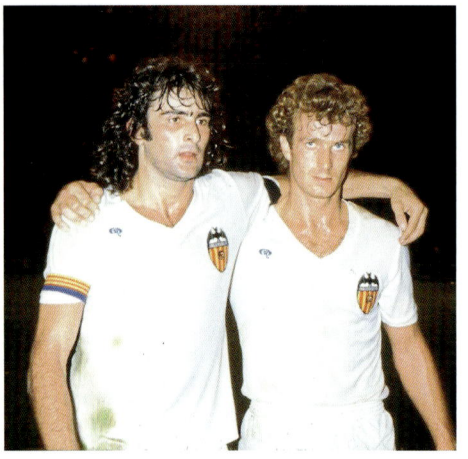

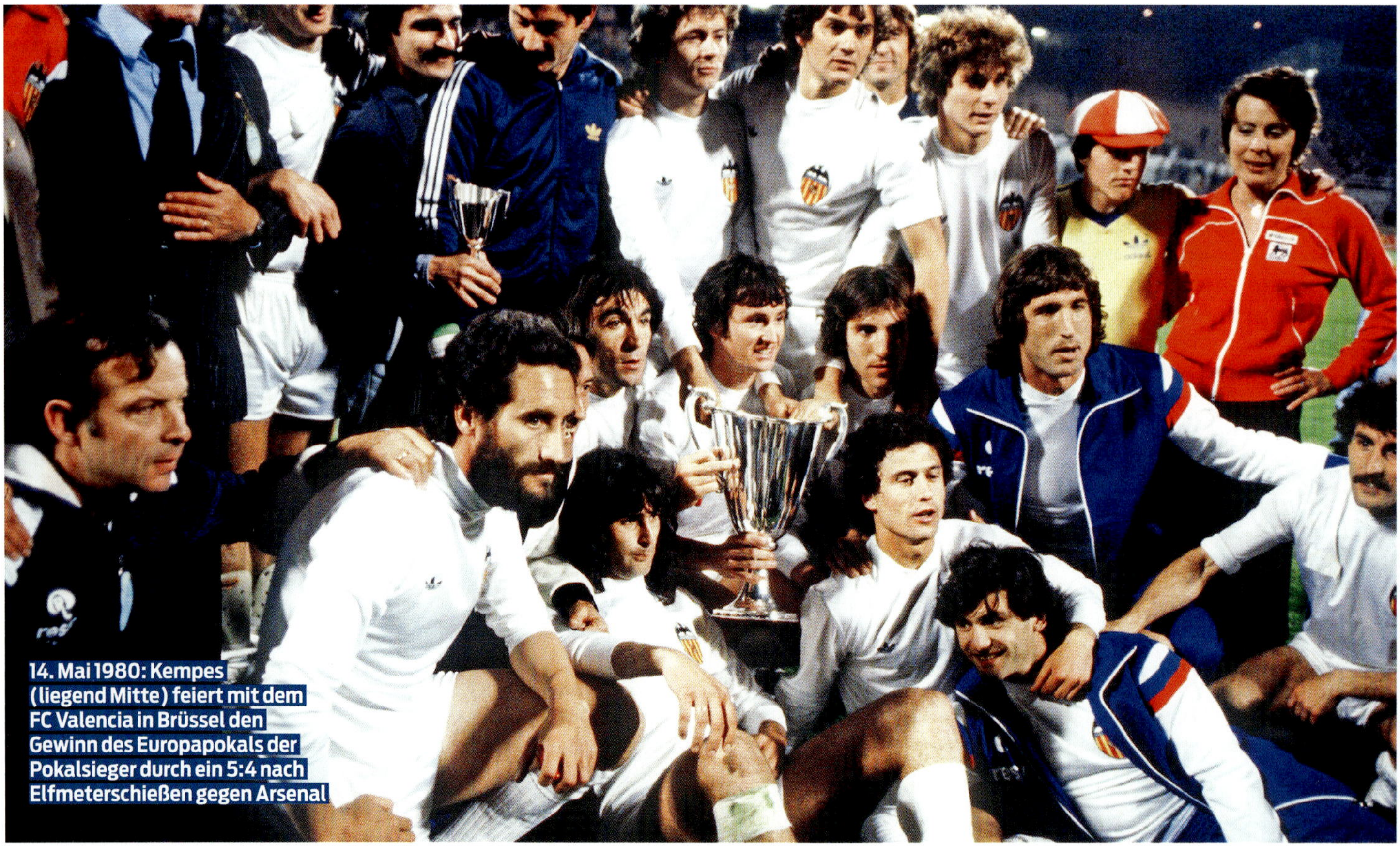

1980: Kempes mit Rainer Bonhof (r.) während ihrer gemeinsamen Zeit beim FC Valencia

Wie das?

Während wir duschten, stopfte Passarella unsere Trikots, Hosen, Stutzen, Schuhe – alles, was wir anhatten – in einen großen Sack. Das sei für die Jungfrau von Luján *(Argentinische Nationalheilige; d. Red.)*, sagte er. Es sei ein Versprechen, das er ihr für einen WM-Triumph gegeben hätte.

Gab es denn wenigstens eine Titel-Prämie?

Soweit ich mich erinnern kann, waren es am Ende umgerechnet insgesamt rund 24 000 US-Dollar.

★★★

Kempes spricht gerne über die Heim-WM – um die ihn seine resolute Mutter um ein Haar fast gebracht hätte, wenn Menotti nicht beharrlich gewesen wäre.

1976 wechselte der Angreifer aus Argentinien von Rosario Central zum FC Valencia. Die Ablöse betrug eine Million Mark, er kassierte als Jahresgehalt 100 000 Mark (umgerechnet 51 129 Euro). Mit seinem Wechsel nach Europa verschwand Kempes aber aus dem Blickfeld – bis ihn Menotti wenige Monate vor dem Turnier zurückhaben wollte.

VALENCIA C. de F.
Del PROFESIONAL
D. MARIO A. KEMPES CHIODI
Valencia 1 de septbre de 1978
EL GERENTE V.º B.º El Presidente,
JUGADOR
CLUB DE FUTBOL VALENCIA
TARJETA DE IDENTIDAD ✳ 1978-79

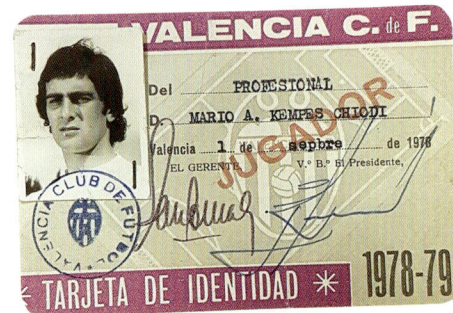

Kempes' Spielerpass von 1978/79 beim FC Valencia

In Valencia teilte sich Kempes eine Wohnung mit seinen Eltern und seinem Bruder Hugo. Beim Spitzenklub von der iberischen Halbinsel war der Argentinier einer der Top-Stars – und Liebling der Fans. Weil Kempes' Telefonnummer publik

Für den WM-Titel bekam jeder Spieler 24 000 Dollar

wurde, riefen wildfremde Menschen bei ihm an, baten um ein Autogramm, ein Trikot, ein Souvenir. Kempes Mutter war nur noch genervt – und das bekam Menotti ab. Als er Anfang 1978 durchklingelte, rief sie in den Hörer: „Hören Sie auf, uns zu belästigen." Von der anderen Seite kam nur die Antwort: „Liebe Frau, Entschuldigung, hier ist César Menotti. Ich möchte mit Ihrem Sohn sprechen."

Schnell gab sie den Hörer an Kempes weiter. Menotti vereinbarte mit ihm einen Gesprächstermin in Valencia, nach dem Treffen einigten sich beide auf ein Comeback. Denn Argentiniens Trainer war be-

14. Mai 1980: Kempes (liegend Mitte) feiert mit dem FC Valencia in Brüssel den Gewinn des Europapokals der Pokalsieger durch ein 5:4 nach Elfmeterschießen gegen Arsenal

wusst: Nur mit Kempes sind die Gauchos titelreif.

Was zeichnete den Angreifer besonders aus?

Zu den Stärken des kraftvollen Linksfußes zählten Tordrang und Durchsetzungsvermögen, dabei kam ihm seine außerordentliche Athletik zugute. Allerdings wartete er nicht nur stur auf verwertbare Vorlagen, sondern ließ sich auch ins Mittelfeld fallen oder wich auf die Flügel aus, um zu Tormöglichkeiten zu kommen. Zu seinem Markenzeichen gehörten die langen, schwarzen Haare.

Insgesamt 43 Länderspiele bestritt der Stürmer für Argentinien, erzielte 20 Tore, nahm an drei Weltmeisterschaften (1974, 1978 und 1982) teil. Nach seiner besten Zeit in Valencia, dort spielte er mit dem deutschen Weltmeister Rainer Bonhof zusammen, kickte er noch sechs Jahre in Österreich, arbeitete danach in Indonesien und Südamerika als Trainer. 2004 wurde er TV-Experte.

Dieser Tätigkeit hat er zu verdanken, dass ihm doch noch ein Wunsch in Erfüllung ging: den WM-Pokal in den Händen zu halten. Kempes: „Vor dem Champions-League-Finale 2006 zwischen Arsenal und dem FC Barcelona wurde bei einem Event im Final-Ort Paris der Pokal zur Schau gestellt. Ich war damals als Kommentator von ESPN vor Ort. Als ich die WM-Trophäe sah, habe ich mich genähert

und konnte endlich der Geschichte einer nicht erwiderten Liebe, die sich 28 Jahre hinzog, ein Ende setzen." ⬢

Kempes mit seiner Frau Julia 2019 in Wien anlässlich des 125-Jahr-Jubiläums seines Ex-Klubs Vienna FC

Kempes (l.) als Trainer von KS Lushnja (Albanien) während der Saison 1996/97 mit Bruder Hugo, der dort als Masseur arbeitete

Er sah nie eine Gelbe oder Rote Karte

Mario Kempes wurde am 15. Juli 1954 in Bell Ville (zwischen Córdoba und Rosario gelegen) geboren. Der ehemalige Weltklassestürmer machte 43 Länderspiele für Argentinien und erzielte dabei 20 Treffer. Größter Erfolg: Weltmeister 1978. Bei der Heim-WM wurde Kempes mit sechs Treffern bester Torschütze. Im selben Jahr wurde er zum besten Spieler Südamerikas ausgezeichnet.

Kempes spielte für zehn verschiedene Vereine als Profi, mit dem FC Valencia wurde er 1979 spanischer Pokalsieger, 1980 gewann er mit den Spaniern den Europapokal der Pokalsieger. Kempes spielte u. a. sechs Jahre in Österreich (First Vienna FC, VSE St. Pölten, Kremser SC). Kurios: Kempes erhielt während seiner Karriere nie eine Gelbe oder Rote Karte.

Nach seiner aktiven Laufbahn war er Trainer in Indonesien, Albanien und Südamerika. 1999 gewann er mit dem bolivianischen Klub The Strongest seinen einzigen Meistertitel als Coach. Kempes zog es nach Florida, wurde TV-Experte. Er gründete die Stiftung „Mario Kempes Sport Foundation", die obdachlose Kinder unterstützt.

Kempes als TV-Experte für ESPN

Kempes (r.) im Trikot vom Vienna FC auf der Hohen Warte in Wien gegen Eisenstadt (2:2). Von 1986 bis 1992 spielte er in Österreich. Es folgten die Stationen SKN St. Pölten und Kremser SC

PAOLO MALDINI
„Er war ein Revolutionär"

Das sagt Karl-Heinz Rummenigge über Mr. Milan, weil er das Verteidiger-Spiel neu erfunden habe. Achtmal stand der Italiener mit dem AC Mailand im Champions-League-Finale

—— Von **Raimund Hinko**

Ein Leben für den AC Mailand! In seiner Karriere hat Linksverteidiger Paolo Maldini so viele legendäre Rekorde aufgestellt, dass man vor lauter Zahlen den Überblick verlieren könnte.

Lassen wir also lieber drei Menschen sprechen, die wissen müssen, was er für die Fußball-Welt wirklich bedeutet hat.

„Der beste Spieler der Welt?", wirft Zinédine Zidane als Frage in den Raum – und gibt die Antwort gleich selbst: „Ronaldo natürlich. Er ist an Maldini vorbeigekommen ..." Ein Riesenkompliment in sieben Worten. Der Franzose muss es wissen. Er spielte mit Brasiliens Ronaldo bei Real Madrid, war in seiner Zeit bei Juventus Turin der Gegner von Maldini.

„Maldini war der beste und härteste Verteidiger, auf den ich jemals getroffen bin. Stark, intelligent, ein exzellenter Manndecker." So ein Lob wiegt doppelt und dreifach, wenn es von Zlatan Ibrahimovic kommt, dem Schweden, der u. a. für Juventus und Inter Mailand spielte und dann ein zweites Mal beim AC Mailand gelandet ist. Auf Betreiben des Technischen Direktors Paolo Maldini.

„Er hat den Catenaccio abgeschafft, hat die Verteidigerrolle aufgegeben, ist wie ein Verrückter mit unglaublicher Geschwindigkeit rauf und runter gerannt. Er war ein Revolutionär, der eine neue Ära eingeleitet hat", sagt Italien-Kenner Karl-Heinz Rummenigge im Gespräch mit SPORT BILD. Der ehemalige Vorstandsvorsitzende des FC Bayern erlebte Maldinis erste Karriere-Jahre während seines Gastspiels bei Inter Mailand.

Für Maldini zählte immer nur Fußball

Die Jury des Ballon d'Or, die den Weltfußballer ermittelt, hat eine A-, B- und C-Elf der Fußballgeschichte ermittelt. Für das Dreamteam der A-Elf wurden aufgestellt: Lev Yashin im Tor. Cafu, Franz Beckenbauer, Paolo Maldini in der Verteidigung. Diego Maradona, Xavi, Lothar Matthäus, Pelé im Mittelfeld. Messi, Ronaldo und Cristiano Ronaldo im Sturm. Maldini als Linksverteidiger also vor Roberto Carlos, Paul Breitner und Andreas Brehme. Mehr Anerkennung geht nicht.

Dabei scheint Maldini, dieser Traum der Schwiegermütter, alles andere als fürs Grobe gebaut. Zu schön für einen Fußballer. Wer den 1,86-Meter-Mann auf den Werbeplakaten von Emporio Armani oder H&M entdeckt, blickt in strahlend blaue Augen. Wer ihn als Fußballer kennt, erinnert sich an Tausende von Tacklings, die man grob beschrieben als Grätschen auslegen kann. Bei Maldini sahen die jedoch geschmeidig aus, so elegant, als würde Toni Kroos den Ball aus der Luft pflücken.

Maldini, das haben Fußball-Analysten errechnet, hat nur alle 77 Minuten ein

1985

Anfang: Am 20. Januar 1985 gab Maldini mit 16 sein Milan-Debüt gegen Udine. Das Foto zeigt ihn als 17-Jährigen in der Saison 85/86, als er Stammspieler wurde

2009

Ende: Maldini beendete am 31. Mai 2009 nach 902 Spielen und zwölf Jahren als Kapitän des AC Mailand seine Karriere mit einem 2:0 in Florenz

1989
Erster Streich: Maldini (r.) gewann mit Milan durch ein 4:0 gegen Steaua Bukarest den Europapokal der Landesmeister

1990
Maldini (M.) gewann zum zweiten Mal den Henkelpott – nach einem 1:0 gegen Benfica Lissabon

1993
Der Landesmeister-Pokal firmierte erstmals unter „Champions League". Prompt verlor Maldinis Milan 0:1 gegen Olympique Marseille

Foul begangen. Er hat in 1028 Spielen seiner 24 Jahre andauernden Karriere lediglich dreimal Rot gesehen.

Wenn er einen Spieler auf dem Kieker hatte, dann konnte er jedoch durchaus hinlangen. Einmal wurde er nach Ansicht der Fernsehbilder für ein Spiel gesperrt. Nach einem Foul an Oliver Bierhoff . An jenem 26. Oktober 2002 trat Maldini bei Chievo Verona gegen den deutschen Stürmer an, mit dem er die drei Jahre beim AC Mailand (1998 bis 2001) ein freundschaftliches Verhältnis gepflegt hatte. Sie modelten für einen Milan-Sponsor sogar nebeneinander. Eine Woche vor besagtem Spiel hatte der Italiener dem Hobby-Journalisten Bierhoff mit einem Kamerateam von RTL sein Wohnzimmer geöffnet, um vor zwei Champions-League-Gruppenspielen der

„Ein Superstar, der alles entspannt sah"
Bierhoff über Maldini

Bayern gegen Milan ein Interview zu geben.

Und nun, Bierhoff hatte beim 3:2-Sieg gerade das 2:0 geschossen, trat er ihn von hinten, man konnte es bis auf die Tribüne hören. Nur Schiedsrichter Salvatore Racalbuto hatte nichts gesehen. „Paolo konnte auch gnadenlos sein", erinnert sich Bierhoff. „Gleich bei der ersten Trainingseinheit sind wir bei einem Kopfball-Duell aneinandergerasselt. Ich bekam seinen Ellenbogen an die Augenbraue. Dennoch war er sehr loyal. Wir saßen mittags immer an einem Dreier-Tisch mit Costacurta. Er hielt keine großen Reden, brillierte lieber mit Leistung. Ein Superstar, der alles entspannt sah. Klasse einfach."

Die raue Seite von Maldini in seinem neuen Job als Technischer Direktor des

2003
3:2 nach Elfmeterschießen im italienischen Duell gegen Juve. Maldini feiert den Pott-Gewinn erstmals als Milan-Kapitän

2005
Ende eines Dramas: Nach 3:0-Führung (1:0 durch Maldini) verlor Milan das Finale gegen Liverpool nach Elfmeterschießen 5:6

1994
Pott auf dem Kopf: Maldini feiert den 4:0-Triumph im Finale gegen den FC Barcelona

1995
Trübsal nach Finale Nummer fünf: Maldini in trauriger Pose nach dem 0:1 gegen Ajax

AC Mailand lernte im Herbst 2020 auch Ralf Rangnick kennen, als der Ex-Trainer von RB Leipzig sein Vorgesetzter beim AC Mailand werden sollte. Maldini sagte eiskalt: „Ich habe nur einen Rat für Rangnick: Bevor er Italienisch lernt, sollte er das Konzept von Respekt überdenken." Die Worte zeigten Wirkung, die Verhandlungen mit Rangnick scheiterten.

Für Maldini zählte immer nur Fußball. Zeitlebens wehrte er sich, im Gegensatz zu Kollegen wie Ruud Gullit oder Ibrahimovic, gegen eine Rolle in den Klatschspalten. Maldini hat nie über die Stränge geschlagen. Und die Meldungen, er habe seine Frau Adriana Fossa, ein Model aus Venezuela, in einer Diskothek kennengelernt, können nicht stimmen, da er nach 22 Uhr nirgends gesichtet wurde, es sei denn in den eigenen vier Wänden.

2007
Fünfter Erfolg im achten Finale: Milan besiegte Liverpool 2:1 mit Maldini. Neben ihm jubelt Klub-Patron Berlusconi, auch Cafu (l.) und Kaká (r.) feiern

Glücklos im Nationalteam: 1994 grätscht Maldini gegen Brasiliens Romário. Das WM-Finale verlor Italien 2:3 nach Elfmeterschießen

Das Gegenteil von ihm war Cesare Maldini († 84), der kettenrauchende Vater von Paolo, ein Lebemann, als Klopper gefürchtet. Er gewann mit dem AC Mailand neben Giovanni Trapattoni einmal den Europacup der Landesmeister, Paolo hielt ihn fünfmal in Händen. Cesare gewann mit dem AC Mailand viermal die Meisterschaft, der Sohn siebenmal. Zweimal musste Cesare Maldini den erfolgreichen Sohn trainieren, 1996 bis 1998 bei der Nationalmannschaft, 2001 drei Monate im Verein, kritisch beäugt von den Mitspielern, obwohl die beiden um Distanz bemüht waren.

Jeden Mittag um 13.30 Uhr betrat Cesare Maldini, 200 Meter vom Dom entfernt, die Trattoria „L'assassino", übersetzt „der Mörder". Saß gleich nach dem Eingang rechts, immer mit einem großen Aschenbecher auf dem Tisch und dem Weißwein „Grenoli", benannt nach dem schwedischen Milan-Wunder-Sturm „Gunnar Gren-Gunnar Nordahl-Nils Liedholm" aus den 50er-Jahren. Nachdem das „L'assassino" bei vielen Mailand-Aufenthalten auch mein Stammlokal wurde, begann ich mit Maldini über seinen Sohn zu plaudern. „Da ich selten zu Hause war, fiel mir sein Talent erst auf, als Paolo mit zehn Jahren sogar in der Küche mit dem Ball jonglierte, ich meldete ihn sofort bei Milan an", sagte Maldini. „Anders als Johan Cruyff oder Pelé hatte ich das Glück, dass mein Sohn größer wurde als der Vater."

Cesare trank die Tröpfchen vom Weinberg Liedholms bei Asti auch aus innerer Verbundenheit, weil der Schwede als Milan-Trainer seinem Paolo im Januar 1985 bereits mit 16 Jahren zum ersten Einsatz in der Serie A verholfen hatte.

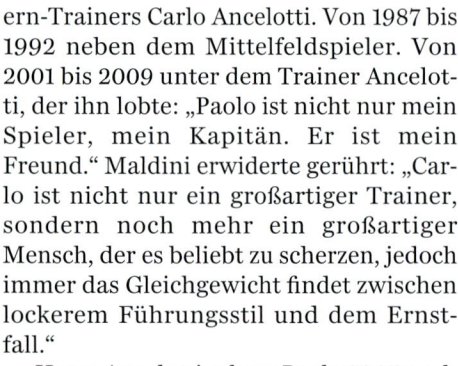

Seit 1985 bei Milan: Für den Klub gab Maldini sein letztes Hemd – hier tut er nur so

Cesare Maldini, der bei der WM 2002 im Achtelfinale mit Paraguay gegen Deutschland 0:1 verlor, ist am 3. April 2016 verstorben. Und so konnte er am 6. Januar 2021 nicht den Festtag der Familie erleben: Daniel Maldini, Paolos zweiter Sohn und als Stürmer völlig aus der Art geschlagen, wurde beim 1:3 gegen Juventus eingewechselt. Damit waren die 1000 Ligaspiele der Maldinis für Milan voll. Paolo 647 Partien, Vater Cesare 347, Sohn Daniel sechs. Christian, der erste Sohn, fungiert in alter Familien-Tradition als Verteidiger. Allerdings nur bei unterklassigen Vereinen.

Paolo Maldini hält zusammen mit Francisco Gento von Real Madrid einen Rekord von wohl ewiger Gültigkeit, stand achtmal in einem Europacup der Landesmeister- bzw. Champions-League-Finale, wie es seit 1992/93 heißt.

Groß wurde Maldini unter dem legendären Trainer Arrigo Sacchi mit dem holländischen Dreigestirn Gullit, Rijkaard, van Basten. Am wohlsten jedoch fühlte er sich in Gegenwart des ehemaligen Bay-

Maldini wollte seinen Klub AC Mailand nie verlassen

ern-Trainers Carlo Ancelotti. Von 1987 bis 1992 neben dem Mittelfeldspieler. Von 2001 bis 2009 unter dem Trainer Ancelotti, der ihn lobte: „Paolo ist nicht nur mein Spieler, mein Kapitän. Er ist mein Freund." Maldini erwiderte gerührt: „Carlo ist nicht nur ein großartiger Trainer, sondern noch mehr ein großartiger Mensch, der es beliebt zu scherzen, jedoch immer das Gleichgewicht findet zwischen lockerem Führungsstil und dem Ernstfall."

Unter Ancelotti schoss Paolo 2005 nach 52 Sekunden sein schönstes und traurigstes Tor zugleich, das 1:0 im Champions-League-Finale gegen Liverpool nach Flanke des grandiosen Pirlo.

5	CL-Sieger
1	Italienischer Pokal-Sieger
1	Fifa-Klub-Weltmeister
4	Uefa Supercup-Sieger
2	Weltpokal-sieger
5	Italienischer Superpokal-Sieger
7	Italienischer Meister

Vater Cesare Maldini machte von 1954 bis 1966 347 Ligaspiele für AC Mailand. Der Abwehrspieler und Ex-Nationaltrainer Italiens starb im Alter von 84 Jahren am 3. April 2016

Paolo Maldini (hier 2006) war von 1985 bis 2009 bei Milan. Der Verteidiger spielte 647-mal für AC Mailand in der Serie A und 126-mal für Italien

Paolos jüngerer Sohn Daniel (19) debütierte am 2. Februar 2020 gegen Verona für Milan. Hier ist der Stürmer im Januar 2021 gegen Juve (1:3) zu sehen

Milan führte 3:0, als Schludrigkeiten zum Ausgleich und schließlich zur Niederlage im Elfmeterschießen führten. 2007 die Revanche mit einem 2:1 über Liverpool. Niemals jedoch, nicht mal 1994 nach dem 4:0-Sieg im Champions-League-Finale gegen den hochfavorisierten FC Barcelona mit Pep Guardiola und Trainer Johan Cruyff, protzte sein Berater mit tollen Angeboten. Beppe Bonetto, verstorben 2017, früher Geschäftsführer und Meistermacher beim AC Turin, war ein Gentleman, der sich zurückhielt.

Pierfrancesco Archetti, Star-Reporter der Gazzetta dello Sport, sagt: „Alle wussten, dass Maldini nie zu Barcelona, Real Madrid, geschweige denn zu Inter Mailand gehen würde. Weil der beste Klub damals der AC Mailand war. Das war so wie heute mit Manuel Neuer und dem FC Bayern. Der würde auch niemals wechseln." Maldini schildert das so: „Wenn der Vertrag auslief, ging ich zu unserem Manager Adriano Galliani und sagte: ‚Ich will nicht weg. Ihr wollt nicht, dass ich weggehe. Also unterschreiben wir – und basta.'"

Das Ende nach 24 Jahren Vereinstreue war eher traurig. Da sich Maldini von den AC-Ultras nie vereinnahmen ließ, pfiffen die ihn am 24. Mai 2009 im letzten Heimspiel beim 2:3 gegen AS Rom 90 Minuten lang aus, hissten ein Plakat: „Du hast diejenigen verächtlich verschmäht, die dich reich und berühmt gemacht haben." Maldini reagierte mit zynischem Beifall.

Sein Werk konnte niemand zerstören. Auch die Ultras nicht ... ●

Mit Milan gewann Maldini alle großen Titel, mit Italien schaffte er das nicht

Paolo Maldini wurde am 28. Juni 1968 in Mailand geboren. Er verbrachte von 1985 bis 2009 seine ganze Profikarriere bei der AC Mailand, mit der er fünfmal die Champions League gewann. Hinzu kamen sieben Meisterschaften, viermal der Uefa Supercup, zweimal der Weltpokal

(1989, 1990) sowie die Fifa-Klub-WM 2007. Für die Rot-Schwarzen bestritt er 902 Pflichtspiele, davon 647 in der Serie A. Mit der Nationalmannschaft (1988 bis 2002) wurde er 1990 WM-Dritter, 1994 Vize-Weltmeister und 2000 Vize-Europameister, kam auf 126 Länderspiele. 2009 beendete er seine Karriere.

2015 wurde Maldini Miteigentümer des Miami FC, der in der 2. US-Liga spielt. Mit 48 Jahren nahm er erstmals an einem ATP-Tennisturnier teil: Im Juni 2017 schied er mit Partner Stefano Landonio beim Challenger-Turnier in Mailand in der ersten Runde aus. Zur Saison 2018/19 wurde er Direktor für strategische Entwicklung bei Milan, 2019 Technischer Direktor. 1994 heiratete er das venezolanische Model Adriana Fossa. Sie haben zwei Söhne: Daniel und Christian.

Maldini im Juli 2020 als Technischer Direktor von AC Mailand und als Tennisspieler 2017 im Doppelwettbewerb des Mailänder Turniers, wo er mit Stefano Landonio gegen Tomasz Bednarek und David Pel 1:6, 1:6 verlor

Triumphator!
Diego Armando Maradona auf dem Höhepunkt seiner Karriere. Der damals 25-Jährige wird auf den Schultern seiner Fans getragen. Voller Stolz streckt er 1986 nach dem 3:2 gegen Deutschland den WM-Pokal in den mexikanischen Himmel

DIEGO
MARADONA

„Er hielt sich für unverwundbar, wie ein Gott"

Das sagt sein Förderer César Luis Menotti über den Weltstar, der viel zu früh starb. Der Argentinier, der in gepolsterten Schuhen aus Deutschland spielte, ist für viele der größte Fußballer aller Zeiten

Der Anfang einer großen Karriere: Maradona 1973 als Jugendspieler

Maradona als Kleinkind bei seiner Taufe

Maradona mit Helmut Fischer (l.), dem früheren Werbechef des Sportartikel-herstellers Puma

Maradonas Spielerpass vom argentinischen Fußballverband aus dem Jahr 1974

Barça-Trainer Udo Lattek misst Maradonas Puls beim Training. Unter dem Deutschen machte der Argentinier 16 Spiele und elf Tore

Die Argentinos Juniors waren Maradonas erste Profi-Station. Für sie spielte er von 1976 bis 1981

Beim SV Meppen spielte Maradona 1982 in einem Testspiel erstmals für den FC Barcelona

— Von **Torsten Rumpf**

Der 25. November 2020 war ein trauriger Tag. Für den Fußball und ganz Argentinien. Diego Armando Maradona, den nicht wenige für den besten Fußballer aller Zeiten halten, starb in seinem Haus in in Tigre nördlich von Buenos Aires an einem Herzinfarkt. Er wurde nur 60 Jahre alt.

Argentinien stand unter Schock. Die Regierung verhängte eine dreitägige Staatstrauer. Sein Leichnam wurde im Präsidentenpalast aufgebahrt. Tausende Fans nahmen auf den Straßen von ihrem Idol Abschied. Der große Pelé schrieb: „Was für eine traurige Nachricht. Ich habe einen großen Freund verloren. Ich hoffe, eines Tages können wir im Himmel zusammen Fußball spielen."

Maradona ging es schon länger nicht gut. Anfang November 2020 hatte sich Argentiniens Fußball-Legende wegen eines Blutgerinnsels einer Hirn-OP unterziehen müssen. Sein Zustand war instabil. An seinem Todestag soll er noch gefrühstückt und sich mit den Worten „Mir geht es schlecht" zurückgezogen haben. Es waren seine letzten Worte.

Maradonas Tod gibt Rätsel auf. Die Staatsanwaltschaft ermittelt gegen Leibarzt Leopoldo Luque und Mitglieder des medizinischen Teams. Haben sie nicht alles getan, um die Fußball-Ikone zu retten? Das jedenfalls glauben Maradonas Töchter.

Selbst sein Tod sorgt noch für Wirbel und Schlagzeilen. Wie fast alles in seinem wilden Leben. Kaum einer wurde so in den Himmel gelobt, kaum einer fiel so tief.

Ein Clan von 40 Leuten kümmerte sich in Neapel um Maradona

Kaum einer faszinierte so wie Diego Maradona. Seine großartigen Künste am Ball, seine Dribblings und seine sehenswerten Tore hatten auch etwas mit Deutschland zu tun. Genauer gesagt mit einem Sportartikelhersteller aus Herzogenaurach.

„Er trug als Spieler das Modell ‚Puma King', fast immer als Nockenschuh. Da Diego an beiden Füßen einen hohen Spann hatte, bekam er Spezialanfertigungen. Das Besondere dabei: Die Stellen im vorderen Bereich des Schuhes wurden erhöht, weil er mehr Platz brauchte. Außerdem schoss er fast immer mit dem Spann, darum wurde der Bereich im Schuh aufgepolstert, dadurch hatte Diego ein noch besseres Gefühl zum Ball", sagt der frühere Puma-Werbechef Helmut Fischer – und verrät damit

WM '82: In der Zwischenrunde verlor Maradona (l.) mit Argentinien 1:3 gegen Brasilien (r.: Toninho Cerezo)

WM '86: Maradona trifft nach einem 60-Meter-Solo gegen England. Das Tor wurde 2002 bei einer Fifa-Wahl zum WM-Tor des Jahrhunderts gewählt

eines der letzten Maradona-Geheimnisse.

Nicht nur für Fischer, der bei Puma auch mit Pelé und Hollands früherem Weltstar Johan Cruyff zusammenarbeitete, zählt Maradona zu den größten Fußballern der Welt: „Technisch ist er unerreicht. Selbst Pelé konnte nicht mithalten. Und jeder, der danach kam, auch nicht. Hatte Diego den Ball an seinem Fuß, dann hatte das etwas mit Magie zu tun."

Das erkannte frühzeitig Argentiniens ehemaliger

WM '94: Maradona jongliert mit dem Ball auf dem Kopf

Weltmeister-Trainer César Luis Menotti, der bereits Puma-Werbeträger war. Er empfahl Fischer, Maradona unbedingt zu verpflichten. „Er sagte mir: ‚Bleibt an ihm dran, Maradona wird der neue Star.' Von 1982 an war Diego dann bei Puma", sagt Fischer.

Menotti behielt recht: Maradona wurde ein Ausnahme-„10er", wie vor ihm Pelé, Cruyff oder Ferenc Puskas (†79). Der Höhepunkt: 1986 führte er Argentinien als Kapitän zum WM-Titel. Es war nach einem 3:2 im Finale gegen Deutschland der zweite Triumph der Südamerikaner

nach dem Gewinn der Heim-WM 1978 gegen Holland (3:1 n. V.). Wie ein König wurde Maradona im Aztekenstadion von Mexiko-Stadt auf Schultern getragen.

„Er war ein echter Dirigent, dem der Ball am Fuß klebte. Ein Genie"
Menotti über Maradona

Zum Volkshelden in der Heimat war Maradona schon zuvor beim Viertelfinale gegen England geworden. Argentinien gewann 2:1. Auch durch einen Treffer, den Maradona nach dem Spiel so erklärte: „Es war

Im Viertelfinale bei der WM 1986 in Mexiko gelang Maradona gegen England vor 114 580 Zuschauern ein legendärer irregulärer Treffer. In der 51. Minute lenkt er einen gescheiterten Klärungsversuch des Gegners mit der Hand zum 1:0 über Keeper Peter Shilton hinweg ins Tor. Argentinien siegte 2:1. Maradona hinterher: „Es war ein bisschen die Hand Gottes"

ein bisschen Maradonas Kopf und ein bisschen die Hand Gottes." Und durch das spektakulärste Solo der WM-Geschichte, das in einen Torerfolg mündete! Ausgerechnet gegen England! Der Sieg war auch die gefühlte Rache nach dem verlorenen Falkland-Krieg 1982.

Maradona nahm durch ein spezielles Fitnessprogramm zehn Kilo ab

Wie ein Gott wurde Maradona auch in Süditalien am Vesuv verehrt. Während seiner Zeit bei der SSC Neapel feierte er von 1984 bis 1991 die größten Erfolge in seiner Vereinskarriere: 1987 und 1990 die bis heute einzigen Meistertitel in der Klubgeschichte der Neapolitaner und 1989 den Gewinn des Uefa-Pokals. Auffallend: Maradona machte mit seiner Genialität stets den Unterschied aus, weder Argentinien noch Neapel waren Übermannschaften.

Unvergessen sind seine leichtfüßigen Dribblings wie eben gegen England 1986. Da hatte er sich den Ball in der eigenen Hälfte geholt, stürmte in Richtung des englischen Gehäuses, den Ball immer eng am Fuß, ließ fünf Gegenspieler stehen und düpierte am Ende Torwart Peter Shilton. Diesen Treffer kürte die Fifa zum WM-Tor

des Jahrhunderts. Seine brandgefährlichen Freistöße, seine Spielintelligenz und zentimetergenauen Pässe mit seinem starken linken Fuß waren ebenfalls ein Markenchen Maradonas. Menotti sagt zu SPORT BILD: „Diego war ein stürmender Mittelfeldspieler, ein spielender Stürmer – ein echter Dirigent, dem der Ball am Fuß klebte. Ein Genie."

Knapp sieben Jahre spielte Maradona in Argentiniens Nationalmannschaft und später beim FC Barcelona unter seinem einstigen Förderer Menotti, der ihn als 17-Jährigen in einem Benotungs-Bogen wie folgt beurteilte: „Diego Maradona hat erstaunliche technische Qualitäten, leichtes Dribbeln. Er hat eine geradlinige Vision vor dem Tor, weiß aber, wie er den Ball an den bestplatzierten Mannschaftskameraden loswerden kann. Außergewöhnliche Reflexe. Er schützt den Ball sehr gut, um ihn sofort mit großer Effizienz zu spielen. Seine kurzen Pässe und Schüsse sind pures Wunder. Erstaunliche Tempowechsel."

Mit diesen Fertigkeiten wurde Maradona zum Weltstar! Er füllte die Stadien – und die Messehallen. Sein Ausrüster Puma ließ ihn in den 80er-Jahren für eine dreistündige Teilnahme auf der ISPO, der größten Sportartikel-Messe der Welt, per Learjet von Neapel nach München einfliegen. So einen Hype wie um Maradona habe es mit Ausnahme von Tennis-Legende Boris Becker bei keinem an-

Bizarrer Auftritt bei der WM 2018: Beim Spiel gegen Nigeria jubelt er als Gast auf der Tribüne mit Mittelfinger bei Argentiniens Siegtor zum 2:

deren Sportler gegeben, erinnert sich Fischer. Selbst bei Pelé nicht.

Maradona genoss den Ruhm. Als Kind wuchs er in ärmlichen Verhältnissen in Villa Fiorito, einem Vorort von Buenos Aires, auf. „Man hat mich mit Liebe großgezogen, nicht mit einem Fahrrad oder Asphalt vor der Tür oder einem Hof mit Fliesen. Es war nur Erde. Und wir haben uns als Kind zu acht in ein Bett gezwängt", beschrieb er seine Kindheit.

Während der Zeit in Neapel kümmerte sich anfangs ein Clan von 20 Leuten rund um die Uhr um Maradona. Später waren es 40, die ihm auf Schritt auf Tritt folgten. Viele Ja-Sager waren dabei. Der Beginn seines Absturzes.

Im WM-Finale 1990 wird Maradona von Buchwald (r.) gestoppt. Deutschland gewann 1:0

Bei der WM '94 wird Maradona zur Dopingprobe abgeführt und später positiv auf Ephedrin getestet

Bei der WM 2010 verlor Maradona als Argentinien-Trainer im Viertelfinale gegen Jogi Löw (l.) und dessen DFB-Auswahl 0:4

Maradona am Rande der Verzweiflung

Seine Begleiter müssen Maradona stützen, als er ein Stoßgebet zum Himmel schickt

„Er schenkte einer wirtschaftlich gebeutelten Stadt, all den Neapolitanern, Titel. Sie waren wieder stolz, es dem Norden des Landes oder der Hauptstadt Rom gezeigt zu haben. Darum machten sie ihn zum Heiligen", sagt Menotti. „Es ist aber nicht leicht, damit zurechtzukommen. Er hielt sich für unverwundbar, wie ein Gott. Dafür musste er bezahlen – mit seiner Gesundheit."

Maradona geriet immer mehr in den Drogensumpf. Bereits während seiner Zeit in Barcelona von 1982 bis 1984 probierte er Kokain aus, in Neapel konsumierte er das weiße Pulver regelmäßig. 1991 wurde er nach einem positiven Doping-Test von der Fifa für 15 Monate wegen Kokain-Missbrauchs gesperrt. Maradona geriet in Neapel in Ungnade – und ein deutscher Bundesligist witterte die Chance, den Weltstar verpflichten zu können. 1992 plante der umtriebige Bauunternehmer Jens Solterbeck, der damals viel Geld in den HSV pumpte, den ganz großen Coup. Doch am Ende kam es nicht zum Maradona-Gastspiel an der Elbe, stattdessen ging der Regisseur zum FC Sevilla.

Der Anfang vom Ende seiner großen Spielerkarriere – die er zuvor mit dem zweiten WM-Triumph hatte krönen wollen. Doch am 8. Juli 1990 im Olympiastadion von Rom gelang Deutschland durch einen 1:0-Finalsieg die WM-Revanche, weil Maradona ausgeschaltet wurde: von Guido Buchwald. „Ich wusste genau, wie ich mich gegen ihn verhalten musste, und habe versucht, ihm die Außenbahn anzubieten und dadurch den Weg durch die Mitte zu versperren, dass er nicht auf mich drauflaufen konnte, sondern dass er nach Möglichkeit immer mit seinem Rücken zur mir stand und ich ihn schon bei der Ballannahme stören konnte. Dass er überhaupt sehr wenig Ballkontakte bekam", sagt die Legende des VfB Stuttgart. Buchwald trägt seitdem den Spitznamen „Diego".

Letztmals gesehen hat Buchwald Maradona beim WM-Finale 2002 zwischen Deutschland und Brasilien (0:2) in Japan, fünf Jahre nach dem Karriereende des Argentiniers bei den Boca Juniors. Bei der WM 2010 coachte Diego die argentinische Natio-

nalmannschaft – und scheiterte im Viertelfinale erneut an Deutschland (0:4). „Diego war dennoch ein Super-Trainer, der unglaublich viel über Fußball wusste. Er kannte damals sogar fast alle Spieler der Bundesliga", sagt der frühere Bayern-Star Martin Demichelis, der vor zehn Jahren als Defensiv-Spezialist in Maradonas WM-Kader stand.

Maradona versuchte sich noch mehrmals als Trainer. Zuletzt bei Gimnasia y Esgrima La Plata. Sein Leibarzt Leopoldo Luque sagte: „Er leidet unter Schlafstörungen, am Tage ist er müde. Das schlägt auf die Laune. Diego nimmt seit Langem Antidepressiva. Und beim Alkohol hatte er Rückfälle. Die Pause wegen Corona und der Quarantäne sowie die familiären Probleme sind fürchterlich für ihn gewesen. Aber wir kriegen ihn wieder hin."

Maradona, der am 30. Oktober 2020 seinen 60. Geburtstag feierte, machte Einheiten auf dem Laufband, trat ab und zu sogar gegen den Ball und verlor zehn Kilo Gewicht. Luque glaubte zu erkennen, dass Maradona „immer besser in Form" kommt. Wenige Wochen später war er tot. ◆

Maradona im September 2019 bei seiner Vorstellung als Trainer des argentinischen Klubs Gimnasia, seinem letzten Verein

Das wilde Leben des Diego Maradona: Weltmeister, Kokser, Nationaltrainer!

Diego Armando Maradona wurde am 30. Oktober 1960 in Lanús geboren. Seine Karriere begann er 1976 als 15-Jähriger bei den Argentinos Juniors, 1981 ging er zu den Boca Juniors. Ein Jahr später wechselte er für knapp acht Mio. Euro zum FC Barcelona. Mit den Katalanen gewann er 1983 den spanischen Pokal. 1984 Wechsel für zwölf Mio. Euro zur SSC Neapel, wurde dort 1987 Pokalsieger, 1987 und 1990 Meister, 1989 Uefa-Cup-Sieger. Seinen größten Triumph feierte er 1986, als er mit Argentinien durch ein 3:2 im Finale gegen Deutschland Weltmeister wurde. Insgesamt 91 Länderspiele (34 Tore) zwischen 1977 und 1994. Maradona wurde 1991 von der Fifa wegen Kokain-Missbrauchs

für 15 Monate gesperrt. Bei der WM 1994 flog er wegen Dopings raus! Von 2008 bis 2010 war er Argentiniens Nationaltrainer. Am 25. November 2020 starb Maradona an einem Herzinfarkt.

Maradonas Sarg aufgebahrt im Präsidentenpalast in Buenos Aires

LOTHAR
MATTHÄUS

„Ich habe geschuftet wie Rocky"

Sylvester Stallone in seiner Paraderolle als Rocky Balboa

Der Weltfußballer von 1991 verrät Geheimnisse: von Geldkoffern bis zu Beinahe-Wechseln zu Real und 1860

— *Von **Lothar Matthäus***

Erst die Gesellenprüfung, dann das Bundesliga-Debüt: Allein der Start in meine Profi-Karriere ist heute, wo Talente schon mit 13, 14 Jahren in Nachwuchsleistungszentren ausgebildet werden, völlig unvorstellbar. Für mich als jungen Burschen war es ganz selbstverständlich: Ich wollte erst die Prüfung als Raumausstatter bestehen, bevor ich mich voll auf den Fußball einließ. Die Vorbereitung 1979 verpasste ich deswegen damals bei Borussia Mönchengladbach, ich kam eine Woche vor Saisonbeginn zu meinem neuen Verein. So durfte ich erst am 7. Spieltag, dem 22. September 1979, in Kaiserslautern mein Debüt feiern.

Rekordnationalspieler und Weltmeister, Bayern-Profi und Inter-Legionär, genauso wie „Mein Tagebuch", die Auszeichnung zum Weltfußballer 1991 oder abenteuerliche Trainerstationen: Über meine Karriere wurden unzählige Artikel geschrieben, sei es über Tore auf dem Platz oder Turbulenzen daneben. Für SPORT BILD will ich nun die letzten Geheimnisse meiner Karriere enthüllen – Geschichten offenbaren, die trotz aller Berichte noch keiner kennt.

Der Sieg bei der WM 1990 war für mich als Spieler sicher der größte Erfolg. So kurios es klingt: Mir hat dabei eine Verletzung enorm geholfen, nur so konnte ich beim Turnier meine Bestleistung zeigen. Ich hatte mir im November 1989 in der

WM-Halbfinale 1990: Matthäus im Duell mit Englands Star Paul Gascoigne. Deutschland siegte 5:4 nach Elfmeterschießen

Eines der berühmtesten Matthäus-Tore: Bei der WM 1990 trifft er gegen Jugoslawien nach Traum-Solo zum 3:1 (Endstand: 4:1)

Auf dem Höhepunkt!
Mit dem WM-Pokal in der Hand feiert Matthäus mit Pierre Littbarski (M.) und Andreas Brehme (l.) den Triumph 1990 in Rom. Anschließend wurde Matthäus von der internationalen Vereinigung von Fußballstatistikern (IFFHS) zum Weltfußballer ernannt. Erst ab 1991 gab es diese Wahl bei der Fifa, der Deutsche gewann sie als erster Spieler

WM-Achtelfinale 1990: Hollands Ruud Gullit kann Matthäus nur mit einem Foul stoppen. Thomas Berthold schaut zu. Deutschland siegte 2:1

WM-Finale 1990: Diego Maradona sieht zu, wie Néstor Lorenzo Matthäus übel foult. Deutschland besiegte Argentinien 1:0

Serie A einen dreifachen Bänderriss im rechten Fußgelenk zugezogen. Die Liga hat im Winter durchgespielt, es gab keine Pause. Ich musste jedoch mehrere Wochen aufgrund der Verletzung aussetzen: Das war für meinen Körper und meinen Geist im Nachhinein sehr hilfreich. Ich war vor der WM 1990 nicht ausgelaugt von einer langen Saison, sondern voller Dynamik und Energie.

Franz Beckenbauer war der perfekte Trainer, der aus der Vergangenheit gelernt hatte. Er hat uns Spielern Freiheiten gegeben, wir haben diese im Gegenzug nicht ausgenutzt. Wo früher schon mal der eine oder andere ausbüxte, waren wir nun dankbar: Es gab freie Tage, abends mussten wir teilweise erst um 23 Uhr im Hotel sein. Ich erinnere mich gut, wie ich mit Thomas Berthold nach dem Achtelfinale gegen Holland (2:1) zum Gardasee fuhr. Dort trafen wir Hansi Flick, der mit seinem guten Freund, dem Gastronom Hans Sattlegger, ebenfalls an den Gardasee gefahren war. Wir hatten eine wunderbare Zeit, haben auch Alkohol getrunken, da wir bis zum nächsten Spiel gegen die Tschechoslowakei eine Woche Zeit hatten. Wir haben die Freizeit genossen, auf dem Platz sind wir für Franz dafür durchs Feuer gegangen.

Der grüne Rasen war jedoch nicht immer der spannendste Schauplatz. Oft war es noch interessanter, was in Hinterzimmern passierte. So wie im Jahr 1986 nach der WM in Mexiko, als ich mich mit einer Abordnung der SSC Neapel im „Caminetto", meinem Stamm-Italiener in München-Solln, traf: Es war der Wunsch von Diego Maradona, dass ich bei ihm in der Mannschaft spiele. Vier, fünf Männer in edlen Anzügen kamen aus Neapel und hatten einen Geldkoffer mit einer Million D-Mark dabei. Den hätte ich direkt bekommen, wenn ich einen Vertrag bei der SSC Neapel unterschrieben hätte. Wobei das verrückt war: Für diese Unterschrift und den enormen Geldbetrag hätte ich gar nicht wechseln müssen. Es war damals Mode bei italienischen Vereinen, dass diese Spieler für andere Teams sperren ließen: Hätte ich unterschrieben, wäre das für Neapel nur die Garantie gewesen, dass ich nicht zu einem anderen italienischen Verein wechsle.

Schon früh hatte ich mit Vertretern aus der Serie A zu tun. 1981 bekam ich mein erstes Angebot: Juventus Turin hat mir eine Million Mark netto Jahresgage geboten! Ein italienischer Tross kam zu meinem Manager Norbert Pflippen. Anschließend war Hellas Verona an mir dran. Ich hatte viele Angebote, bei denen andere vielleicht weich geworden wären. Ich habe mich aber noch nicht bereit für den Schritt nach Italien gefühlt. Es gab damals kein Handy, kein Social Media, dafür Grenzkontrollen, die Welt war eine andere. Italien als Lebensmittelpunkt war gefühlt am anderen Ende der Welt. Später sollte ich bereit sein für Inter Mailand.

Mein Karriereweg war durch meine Herkunft vorgezeichnet, ja, vielleicht sogar begünstigt: Ich wurde in Erlangen geboren und wuchs in Herzogenaurach auf. Herzogenaurach ist der Sitz von Sportartikel-Hersteller Puma. Und so brauchte ich als junger Kerl keinen Berater – das hat Puma übernommen! Der damalige PR-Chef Hans Nowak, ein ehemaliger Nationalspieler und Bayern-Profi, sprach mich als Jugendlicher an: „Lothar, hast du eigentlich Lust, Profi zu werden?" Meine Antwort war ein lautes, klares: „Ja, selbstverständlich!" Daraufhin fragte er mich, zu welchem Verein ich gerne möchte. Meine Antwort: „Du kennst mich, ich bin Borussia-Mönchengladbach-Fan. Ich will für Gladbach spielen!" Das war für Puma der einfachste Weg, da die Borussia von der Marke ausgerüstet wurde. So kam ich 1979 zu Gladbach.

Ich fuhr zum Probetraining, vier Tage waren eingeplant. Ich kam am Montagmorgen, Udo Lattek war der Trainer, Jupp Heynckes sein Assistent. Eigentlich sollte das Urteil nach den vier Tagen gefällt werden, am Ende meines ersten Tages rief mich aber Manager Helmut Grashoff in meinem Hotel an und sagte, ich solle mit meinem Vater in sein Büro kommen. Nach einem Tag wurde mir ein Vertrag vorgelegt, zur Unterschrift musste mein Vater

„Macht den Vertrag mit dem Jungen klar, bevor er uns weggeschnappt wird"
Vogts zu Gladbach-Manager Grashoff über Matthäus

Matthäus mit dem „Goldenen Ball": Europas Fußballer des Jahres 1990

Dezember 1982: Matthäus trennt Lauterns Thomas Allofs mit einer sauberen Grätsche vom Ball. Am Ende unterlagen seine Gladbacher 0:3

mitkommen, da ich noch nicht volljährig war. Später erfuhr ich: Berti Vogts, der damals mittrainiert hatte, sagte zu Grashoff: „Macht den Vertrag mit dem Jungen klar, bevor er uns weggeschnappt wird." Ich bekam damals 2500 D-Mark brutto im Monat plus 500 D-Mark pro Punkt, zusätzlich gab es eine Jahresleistungsprämie, die sich an der Anzahl der Spiele orientierte. Das Maximum hier waren 50 000 D-Mark, dafür musste man jedoch über 30 Spiele bei den Profis absolvieren. Für einen 18-Jährigen damals eigentlich ein Ding der Unmöglichkeit. Da ich doch so schnell einschlug und 41 Partien absolvierte, durfte ich mich über den zusätzlichen Bonus freuen. Mein enger Freund Armin Veh, der zeitgleich mit mir zu Gladbach kam, erreichte die erforderliche Anzahl von Spielen in sei-

Mit Trainer Udo Lattek feiert Matthäus 1985 in seiner ersten Saison beim FCB die Meisterschaft

Matthäus feiert 1994 vor den Fans auf dem Münchner Rathausbalkon die Meisterschaft

Es war der Wunsch von Maradona, dass ich bei ihm spiele

nem ersten Jahr nicht – damit ziehe ich ihn bis heute manchmal auf.

Meine Aufgabe in Anfangstagen war es oftmals, den gegnerischen Spielmacher auszuschalten. Ich war eine klare Nummer 6, quasi der Joshua Kimmich, vor allem mit Defensiv-Aufgaben betraut. Mein Spitzname war „der Kettenhund". Nach fünf Wochen durfte ich damals schon große Spiele absolvieren, wir trafen im

WM-Finale 1986: Matthäus (l.) und Ditmar Jakobs (r.) im Zweikampf mit Diego Maradona. Argentinien siegte 3:2

1996 holte Matthäus mit Bayern den Uefa-Cup durch zwei Siege gegen Bordeaux (2:0 und 3:1)

Im letzten Spiel für Gladbach, dem Pokalfinale 1984, scheitert Matthäus im Elfmeterschießen – im Tor der Bayern: Jean-Marie Pfaff

Das Tor des Jahres 1992: Matthäus nimmt gegen Leverkusen einen Eckball volley und hämmert ihn in den Winkel

Uefa-Cup auf St-Étienne mit Michel Platini. Es war ein fantastisches Jahr. Gerade spielte ich noch vor 300 Zuschauern in Herzogenaurach, wenige Wochen später vor 85 000 Fans im San Siro in Mailand – einfach unglaublich!

Ende 1983 kontaktierte mich Uli Hoeneß, wir trafen uns in Düsseldorf im Interconti-Hotel. Ich sagte Uli zu, obwohl sich zu dieser Zeit auch der 1. FC Köln sehr stark um mich bemühte. Die Angebote lagen nur 20 000 Mark auseinander. Ich hatte damals keinen Karriereplan, sondern einfach das Gefühl, ich kann in München Titel gewinnen! Zudem hatte ich dadurch mehr Fürsprecher in der Nationalmannschaft und beim Bundestrainer.

Der Wechsel 1988 zu Inter Mailand war eine der besten Entscheidungen meines Lebens, wenn nicht sogar sportlich die beste. Wir waren ein verschworener Haufen bei Inter, keine Star-Truppe, sondern eine Mannschaft voller Arbeiter und Kämpfer wie Giuseppe Bergomi oder Nicola Berti. Während unser Lokalrivale AC Milan in feinen Anzügen zu Auswärtsspielen reiste, waren wir in Jogginganzügen unterwegs. Ich habe es genossen, eine neue Kultur kennenzulernen, bei unseren Spielen waren die Stadien rappelvoll. In München hatten wir dagegen zuvor im riesigen Olympiastadion oft nur 20 000 Zuschauer. Wir waren sehr erfolgreich, gewannen neben der italienischen Meisterschaft auch den Uefa-Pokal.

1991 wäre ich gerne zu Real Madrid ge-

Matthäus 1989 mit Trainer Giovanni Trapattoni, Andi Brehme und Jürgen Klinsmann (v. l.) bei Inter Mailand

wechselt, ich hatte ein Angebot vorliegen. Aber zu dieser Zeit gab es wegen des Wechsels von Iván Zamorano Ärger, Real hatte ihn Inter vor der Nase weggeschnappt. Es gab böses Blut zwischen den Klubs. Ich hatte mich mit Real-Präsident Ramón

Mendoza in Genf getroffen, wir waren uns nach einer Stunde einig, haben einen Handschlag gemacht: Real wollte 18 Millionen D-Mark Ablöse zahlen! Aber Inter hat sich quergestellt, obwohl ich gesagt habe, dass ich gerne gehen möchte. So wurde mir die Erfahrung Spanien verwehrt, mir wurde ein großer Stein in den Weg gelegt. Präsident Ernesto Pellegrini von Inter Mailand hat meinen großen Wunsch vereitelt, dennoch haben wir bis heute ein gutes Verhältnis.

Die Rückkehr zum FC Bayern 1992 lief kurios ab – mit einem Fleischfabrikanten als Mittelsmann: Der Starnberger Rudi Houdek war ein Bayern-Intimus und Italien-Fan. Nach meinem Kreuzbandriss arbeitete ich alleine in Mailand an meinem Comeback – ohne Physios, ohne Ärzte, ohne Reha-Trainer. Inter hat sich in dieser Zeit nicht um mich gekümmert. Mein

Dezember 1998: Matthäus zieht ab, Leverkusens Ulf Kirsten versucht, den Ball abzublocken. Bayern siegte 2:0. Am Ende der Saison gewann Matthäus seine sechste von sieben Meisterschaften in der Bundesliga

Freund Rudi war im Urlaub und schaute bei mir vorbei. Er fragte, was ich von der Idee hielte, nach München zurückzukehren. „Gar keine schlechte Idee", sagte ich zu Rudi. Der fuhr zurück nach München, redete mit Franz Beckenbauer über die Rückholaktion. Ich war viel schneller fit, als die Verantwortlichen bei Inter geahnt hatten – weil ich in den Bergen arbeitete, Läufe durch Wälder machte, schuftete wie „Rocky" in den Filmen: über Stock und Stein, ich bin über Wurzeln gefallen, das war schmerzhaft, aber es war ein gutes Training für meine Muskulatur. Davon durften die natürlich in den Verhandlungen nichts mitbekommen, sonst wäre es noch schwerer gewesen zu gehen. Es gab einige Geheimtreffen und Gespräche, am Ende ging es total schnell: Innerhalb eines Tages war alles organisiert. Ich sagte meiner Ex-Frau Lolita: „Wir sind ab morgen wieder in München!" Noch in der Nacht fuhr ich aus Mailand nach München, da am nächsten Tag am Nachmittag schon meine Vorstellung bei Bayern im Olympiastadion stattfand. Abends um 22 Uhr war das letzte Vertragsgespräch in Italien, am nächsten Tag um 13 Uhr die Pressekonferenz in München. Um 15 Uhr stand ich beim Training an der Säbener Straße auf dem Platz. Die Italiener bekamen das über die Medien mit und sind aus allen Wolken gefallen!

Begehrt: Matthäus nach seinem Debüt 2000 für die Metro Stars New York. Sein Team verlor in Miami 1:3

Beim Abschied wurde „Ich war noch niemals in New York" gespielt

Zum Abschluss meiner aktiven Karriere ging ich 2000 zu den New York MetroStars. Am 8. März 2000 hatte ich mein letztes Spiel für den FC Bayern, ein Champions-League-Duell gegen Real Madrid. Es war ein hollywoodreifer Abschied, wir gewannen, und mir zu Ehren wurde bei der Auswechslung „Ich war noch niemals in New York" von Udo Jürgens gespielt.

Ich war zu dieser Zeit müde. Ich hatte in München immer den gleichen Tagesablauf, immer den gleichen Rhythmus, acht Jahre lange. Ich wollte einen Tapetenwechsel, meine Freundin Maren – die Tochter von Dr. Müller-Wohlfahrt – auf die Schauspielschule in New York. Wir kamen in ein neues Leben, eine neue Welt. Ich hatte mir das Leben einfacher vorgestellt. Ich brauchte sechs bis acht Wochen, um mich in New York zurechtzufinden. Die Stadt hat mich erdrückt, das ist mir in Mailand, Belgrad, Tel Aviv oder Budapest nie passiert. Aber ich habe mich durchgebissen.

Fast wäre ich früher ein Sechziger geworden. 2008/09 war Miki Stevic Sportdirektor bei den Löwen. Er hatte mich sechs Jahre vorher als Trainer zu Partizan Belgrad gebracht, sein Schwiegervater war dort Sportlicher Direktor. Miki wusste, was ich dort geleistet hatte. Er sagte zu mir: „Lothar, wenn sich bei uns auf dem Trainerposten etwas tut, dann hole ich dich zu 1860! Deine Vergangenheit bei Bayern ist mir egal, du bist mein Mann." Ich war bei Maccabi Netanja in Israel angestellt, hatte aber eine Ausstiegsklausel. Schließlich hatte 1860 den Trainer gewechselt. Aber mein Telefon hat nicht geklingelt, stattdessen kam Ewald Lienen zu den Löwen. Miki meinte, dass die Widerstände im Verein und bei den Fans zu groß gewesen wären. Ich fand das schade, denn wenn du als Sportdirektor von einem Trainerkandidaten überzeugt bist, musst du dich auch durchsetzen können.

Es wäre sicher eine spannende Geschichte gewesen: Lothar Matthäus 200 Meter von der Säbener Straße entfernt als Trainer von 1860 München in der Grünwalder Straße. ⬢

Karriere der Superlative: Weltmeister, Weltfußballer, Rekordnationalspieler!

Geboren am 21. März 1961 in Erlangen, aufgewachsen in Herzogenaurach. Karriere-Stationen als Spieler: 1. FC Herzogenaurach (1978/79), M'gladbach (1979-84), Bayern (1984-88), Inter Mailand (1988-92), Bayern (1992-2000), New York MetroStars (2000). Rekordnationalspieler mit 150 Einsätzen (23 Tore). Erfolge: siebenmal Deutscher Meister, immer mit Bayern. DFB-Pokalsieger 1986, 1998 und 2000. Italienischer Meister 1989, ostamerikanischer Meister 2000. Uefa-Cup-Sieger 1991 mit Inter und 1996 mit Bayern. Weltmeister 1990, Europameister 1980. Auszeichnungen: Weltfußballer 1990 und 1991, Europas Fußballer und Europas Sportler des Jahres 1990. Deutschlands Fußballer der Jahre 1990 und 1999. Ehrenspielführer der Nationalmannschaft. Trainer-Karriere: Rapid Wien (2001-02), Partizan Belgrad (2002-03), Nationaltrainer Ungarn (2003-05), Athletico Paranaense (2006), RB Salzburg (2006-07), Maccabi Netanja (2008-09), Nationaltrainer Bulgarien (2010-11). Erfolge: serbischer und österreichischer Meister.

2012 wurde Matthäus Experte beim TV-Sender Sky

KYLIAN
MBAPPÉ

„Jetzt will er den Planeten fressen"

Mit 19 wurde er bereits Weltmeister. Doch satt ist Frankreichs Superstar noch lange nicht – wie Wegbegleiter berichten

Mbappé im Trikot der französischen Vize-Weltmeister von 2006. Die Nummer „10" trug damals Zinédine Zidane. Während der WM war Mbappé sieben Jahre alt

Traum-Duo bei Paris St-Germain: Mbappé und Neymar, den der Franzose auf dem Rücken trägt

Mit Monaco kam Mbappé (v./beim 3:1 im Achtelfinale gegen Man City) 2017 bis ins Halbfinale der Champions League

Der Gewinn im Coup de France 2018 war Mbappés zweiter Pokalsieg. Das Finale gewann PSG 2:0 gegen Drittligist Les Herbiers

Mbappé schaut geknickt Richtung Henkel-Pott. Mit Paris verlor er 2020 das Champions-League-Finale gegen Bayern 0:1

Von **Torsten Rumpf**

E s mag ungewöhnlich erscheinen, einen derart jungen Spieler in ein Legenden-Buch aufzunehmen, Kylian Mbappé aber bildet in vielerlei Hinsicht eine Ausnahme. Nicht wenige Fußball-Experten halten den Franzosen schon jetzt für den besten Stürmer aller Zeiten. In einem Alter, in dem sich so mancher Profi seine ersten Sporen verdient, ist Mbappé bereits ein Vorbild mit bewegter Karriere.

Sie begann im Jahr 2015, als der Teenager dem großen Real Madrid eine Absage erteilte. Damals wollten die Königlichen das 16

Jahre alte Supertalent verpflichten. Spaniens Vorzeige-Klub setzte sogar Mega-Star Cristiano Ronaldo, das große Vorbild des Umworbenen, als Lockmittel ein. Auf dem Trainingsgelände der Profis arrangierten die Real-Verantwortlichen ein Treffen mit dem Weltfußballer und Mbappé. Zu einem Wechsel kam es nicht, weil der Franzose in Absprache mit seinen Eltern entschied, in seiner Heimat bei der AS Monaco zum Profi ausgebildet zu werden.

Aus dem einst talentierten Mbappé ist einer der besten Stürmer der Welt geworden. Mit 18 Jahren und 95 Tagen debütierte er am 25. März 2017 gegen Luxemburg (3:1) in

Frankreichs Équipe Tricolore und war somit jüngster Nationalspieler seines Landes seit 62 Jahren. Ein Jahr später wurde er mit der Grande Nation beim Turnier 2018 in Russland Weltmeister. Klar, dass alle Klubs auf dem Planeten den Stürmer gerne hätten. Vor allem Real Madrid lässt nicht locker.

Doch Mbappé steht noch bis 2022 bei Paris St-Germain unter Vertrag. Der Verein will mit ihm unbedingt verlängern – und bietet einen neuen Mega-Vertrag: Allein das Jahres-Grundgehalt soll 30 Millionen Euro betragen. Schon jetzt kassiert er kräftig ab. Sein Mega-Einkommen setzt sich so zusammen:

In der französischen Ligue 1 ist Mbappé eine der Hauptattraktionen. Hier stoppt er elegant einen hohen Ball beim 1:0 in Toulouse 2019

Pro Monat sind es 1,783 Millionen Euro an Grundgehalt, also knapp 21,4 Millionen Euro. Das steigert sich um 1,8 Millionen Euro in der neuen Serie, weil Mbappé folgende Klausel in seinem Arbeitspapier hat: Nach seinem Wechsel von Monaco zu PSG 2017 wurde vereinbart, dass er mit jedem neu angebrochenen Vertragsjahr 150 000 Euro mehr im Monat verdient. Hinzu kommt eine sogenannte ethische Prämie von knapp 315 000 Euro monatlich, die er in der Spielzeit 2020/21 erhielt. Diese Summe (bis zu 3,78 Mio. im Jahr) wird ausgezahlt, wenn er keine Gelbe oder Rote Karte sieht.

Diese besondere Regelung haben die PSG-Bosse mit ins Vertragswerk aufgenommen – als eine Art erzieherische Maß-

„Man hat den Eindruck, dass Mbappé kaum den Boden berührt"
Frankreichs Sprint-Trainer Né

nahme. Gerade zu Karrierebeginn in Monaco trat Mbappé auch mal als Heißsporn auf, der sich nicht immer an jede Anwei-

sung hielt. Der ehemalige Bayern-Star sowie französische Vize-Weltmeister Willy Sagnol sagt: „Mbappé war manchmal etwas zu sehr überzeugt von sich. Einige Leute hat er aufgrund seines Verhaltens irritiert. Dazu musste er lernen, wie man sich auf dem Platz verhält, welche Laufwege man machen muss."

Auch in der Schule fiel Mbappé während seiner Kindheit auf. Alain Mboma, ein Freund der Familie und selbst Trainer, verrät: „Kylian war mehrfach bedroht, von der Schule zu fliegen. Er ist ein wirklich intelligenter Junge, aber in der Schule hatte er keine Ambitionen." Und seine Französisch-Lehrerin Nicole Lefèvre ergänzt: „Es ist vorgekommen, dass Kylian nach acht Unterrichtsstunden acht Eintragungen im Klassenbuch hatte."

Mbappé wuchs in Bondy vor den Toren von Paris in behüteten Verhältnissen auf. Einmal hatte er sich darüber lustig gemacht, wie ein Mitschüler gekleidet war.

„Mbappés Gelassenheit im Duell mit dem gegnerischen Torhüter macht ihn effizient"
Nationaltrainer Deschamps

Als seine Mutter Fayza Lamari, eine ehemalige Handballerin, davon hörte, befahl sie ihrem Sohn, eine Woche in Hosen mit Elefantenschlag, die seit 20 Jahren aus der Mode waren, zum Unterricht zu gehen statt in modischen Jeans – um ihm Benimmregeln beizubringen. Dazu schickten ihn die Eltern als Teenager auf eine katholische Schule, um ihn vor schlechtem Einfluss zu bewahren.

Es hat sich am Ende gelohnt. Während einige seiner Freunde Mist bauten und beim Zigaretten-Klauen von der Polizei erwischt wurden, konzentrierte sich Mbappé auf den Fußball. Mit fünf Jahren trat er in

Mbappé und Nationaltrainer Deschamps (r.), großer Förderer des Stürmers, küssen den WM-Pokal. In Russland wurde Frankreich 2018 zum zweiten Mal Weltmeister

seinen Heimatverein AS Bondy ein. Er spielte immer im Angriff. Früh wurde sein Talent erkannt. Der französische Verband holte ihn als Jugendspieler in die nationale Akademie nach Clairefontaine-en-Yvelines, das etwa 70 Kilometer von Paris entfernt ist, und bildete ihn aus. 2013 wechselte er als 14-Jähriger nach Monaco. Dort wurde er weiter geformt, ein Jahr als Rechts-, ein Jahr als Linksaußen und ein Jahr als Mittelstürmer. Stets angetrieben von seinem Ehrgeiz.

Souleymane Cissé, der früher für Werder Bremen II spielte und Mbappé ab 2015 in der 2. Mannschaft in Monaco trainierte, erzählt folgende Geschichte: „Wir waren auf dem Weg zum Auswärtsspiel nach Mont-de-Marsan. Kylian fiel auf, dass die Trainer jeweils mit einem Koffer ausgestattet wurden, während die Spieler einen Rucksack hatten. Er flüsterte: ‚Einen Koffer zu haben, nicht schlecht.' Ich antwortete, dass sich alles im Leben verdient werden müsse. Kylian meinte: ‚Was muss man tun, um einen zu bekommen?' Ich sagte ihm: ‚Schieß zwei Treffer, und die Verantwortlichen schenken dir einen Koffer.' Er schoss am Ende vier."

Tore schießen, das ist eine seiner ganz großen Stärken. Wie im WM-Finale 2018 gegen Kroatien, als er beim 4:2-Triumph einen Treffer beisteuerte. „Sein großes Plus ist die Gelassenheit im direkten Duell mit

Bei internen Tests von Paris St-Germain lief er fast 37 km/h

dem Torhüter. Deshalb ist er so effizient", lobt Nationaltrainer Didier Deschamps.

Aber Mbappé, für den PSG 2018 eine Ablöse in Höhe von mindestens 145 Millionen Euro an Monaco zahlte (kann dank Bonuszahlungen im Jahr 2022 auf 180 Millionen Euro ansteigen), zeichnet noch viel mehr aus: seine unglaubliche Schnelligkeit. In internen Tests bei PSG erreichte er im Sommer 2020 eine Höchstgeschwindigkeit von fast 37 Kilometern pro Stunde. Portugals Ronaldo kommt auf einen Spitzenwert von 34,6 km/h.

Frank Né, verantwortlich für die französischen Sprinter, sagt über Mbappé: „Beim Sprinten ist entscheidend, wie wenig Zeit der Bodenkontakt des Fußes in

Überragend: Mbappé im WM-Achtelfinale 2018, das Frankreich mit 4:3 gegen Argentinien gewann. Dank Doppeltorschütze Mbappé

Nicht zu stoppen. Auch von den Königlichen nicht. PSG-Star Kylian Mbappé trifft 2019 in der Champions League bei Real Madrid

Anspruch nimmt. Kylian Mbappé ist, was das Thema betrifft, ein wirkliches Ass. Man hat den Eindruck, dass er kaum den Boden berührt."

Mbappé ist dazu dribbelstark, robust im Zweikampf und ein glänzender Vorbereiter. Er erinnert trotz seines jungen Alters an einen Routinier. Deschamps: „Kylian ist sehr reif, er hat die Weitsichtigkeit, um auf dem Feld zu wissen, was zu tun ist."

Und dennoch kommt aus Mbappé bisweilen das Kind hervor. Mit achtzehneinhalb Jahren wurde er 2017 mit Monaco erstmals französischer Meister. Zur Feier gönnte er sich eine Karaffe Eistee und eine Tüte Bonbons. Wie alle Kinder hat er Süßigkeiten geliebt, und Mbappé tut es immer noch. Aber er weiß: Der Körper ist sein Kapital. Darum hat er seine Ernährung komplett umgestellt, sogar einen eigenen Koch engagiert, der ihm sportlergerechtes Essen zubereitet.

Bachir Béhar, einst Cheforganisator in Monaco und dann für den französischen Verband tätig, sagt: „Kylian ist Weltmeister, aber in seinem Kopf will er mehr, immer mehr. Er ist nicht satt. Er hat sich in den Kopf gesetzt, die Champions League zu gewinnen, Weltfußballer zu werden, die EM zu gewinnen, Gold bei den Olympischen Spielen zu holen. Er hat schon die Welt geknackt, jetzt will er den Planeten fressen."

Seit einiger Zeit schon lernt Mbappé Spanisch. Weil er merkt: Nur bei seinem Traumverein Real Madrid kann er ein Weltstar wie sein großes Vorbild Ronaldo werden. ⬡

Der zweitteuerste Spieler aller Zeiten

Kylian Mbappé mit seinem Vater Wilfried (l.). Er stammt aus Kamerun

Kylian Mbappé wurde am 20. Dezember 1998 in Bondy vor den Toren von Paris geboren. Sein Vater Wilfried und seine Mutter Fayza Lamari, die in Frankreich in der ersten Liga Handball spielte, stammen aus Kamerun beziehungsweise Algerien.

Nach dem Gewinn des EM-Titels 2016 mit Frankreichs U19-Auswahl wurde Mbappé zwei Jahre später mit der Équipe Tricolore Weltmeister. Beim Turnier in Russland wurde er im Alter von 19 Jahren als bester junger Spieler ausgezeichnet. Sein Profi-Debüt gab er am 2. Dezember 2015 für die AS Monaco beim 1:1 gegen SM Caen. Französischer Meister wurde er 2017 mit AS Monaco, 2018, 2019 und 2020 mit Paris St-Germain. Dorthin wechselte Mbappé 2017, erst auf Leihbasis – 2018 wurde er für 145 Mio. Euro verpflichtet. Diese Summe kann aufgrund von Bonuszahlungen auf 180 Mio. Euro steigen. Mbappé ist nach Neymar, für den PSG 2017 222 Mio. Euro Ablöse zahlte, bisher der zweitteuerste Spieler aller Zeiten.

Begehrtes Werbemotiv: Mbappé könnte in die Fußstapfen von Messi und Ronaldo treten

LIONEL MESSI

„Er kann auch auf dem Mars spielen"

Legende Kempes schwärmt von Argentiniens Genie, das als Kind eine Fensterscheibe zertrümmerte, um erste Titel zu gewinnen. Heute ist er ein Weltstar, um den es viele Geheimnisse gibt und der mit seinem Wechsel nach Paris alle überraschte

— Von **Torsten Rumpf**

Für einen seiner ersten Titel zertrümmerte Lionel Messi sogar ein Badezimmer-Fenster. Der Argentinier spielte in der Jugend der Newell's Old Boys und sollte seine Mannschaft in einem lokalen Pokalfinale anführen. Doch Messi fehlte. Weil er sich zu Hause versehentlich eingeschlossen hatte, die Toilettentür nicht mehr aufbekam. Also musste die Glasscheibe herhalten, damit er seinen Kumpels noch helfen konnte, die ohne ihn schon 0:2 in Rückstand lagen. Zur Pause trudelte er ein, drehte mit drei Toren im zweiten Durchgang dann noch die Partie. Am Ende fuhren alle aus seiner Mannschaft mit einem neuen Fahrrad als Siegprämie nach Hause.

Aus dem kleinen Jungen, der in Rosario aus dem Fenster ausstieg, wurde ein Mega-Star und einer der erfolgreichsten Titel-sammler aller Zeiten. Messi wurde sechsmal zum Welt-Fußballer gekürt – Rekord! Er gewann mit dem FC Barcelona unter anderem viermal die Champions League, zehnmal die spanische Meisterschaft, siebenmal den nationalen Pokal.

21 Jahre trug Messi das Barça-Trikot, bis er im Sommer 2021 nach Paris wechselte. Barcelona hatte die Verpflichtung des kleinen Genies einem Servietten-Vertrag zu verdanken. Dieser wurde am 14. Dezember 2000 geschlossen, nach einem Tennismatch zwischen dem Agenten Horacio Gaggioli und Barças Technischem Direktor Carles Rexach. Mit am Kaffeetisch saß der Berater Josep Maria Minguella, der schon beim Wechsel von Diego Maradona 1982 zu den Katalanen seine Hände im Spiel gehabt hatte. Weil mittlerweile Real Madrid großes Interesse an Messi hatte, wurde die Verpflichtung flugs auf einer Serviette besiegelt, eine Woche später das Dokument notariell be-

22. November 2014: Per Hattrick gegen Sevilla (5:1) schießt sich Messi zum besten Torjäger der spanischen Liga. Mit 253 Toren überholt er Zarra, der in den 40er- und 50er-Jahren für Bilbao gespielt hatte. Die Barça-Kollegen feiern Messi dafür

glaubigt. Eine Vereinbarung, die Barcelona nie bereut hat und sich in den letzten Messi-Jahren rund 75 Millionen Euro im Jahr kosten ließ. So hoch war das Gehalt. Bei Paris Saint-Germain verdient er gut die Hälfte. 40 Mio. Euro netto sollen es sein. Der Argentinier erhielt einen Zweijahresvertrag mit Option auf eine weitere Saison. Sein Ziel formulierte er klar: „Es ist mein Traum, noch einmal die Champions League zu gewinnen. Und ich denke, dass ich dafür nun in einer idealen Position bin."

Die Trennung von Barcelona verlief kurios. Messi musste die Katalanen wider Willen verlassen. Grund: das Financial Fairplay der spanischen LaLiga, Barça ist mit rund 490 Mio. Euro verschuldet. Obwohl Messi auf Gehalt verzichten wollte, konnte der Verein die vorgeschriebenen Regeln nicht einhalten.

Wenige Tage, nachdem der Klub die Trennung offiziell bekannt gegeben hatte, brach Messi auf einer Pressekonferenz in Tränen aus. Mit leiser Stimme sagte er: „Es ist sehr schwierig für mich, nach so vielen Jahren. Ich bin sehr dankbar für alles. Meine Familie war überzeugt, dass wir hier bleiben". Dann weinte er wieder. Messis Frau und die drei kleinen Söhne saßen in der ersten Reihe. Vereinslegenden wie Gerard Piqué, Sergio Busquets und Frenkie de Jong waren gekommen. Auch Trainer Ronald Koeman. Es war ein denkwürdiger Tag.

Wenger ärgert sich maßlos, Messi 2003 nicht zu Arsenal geholt zu haben

Ganz Spanien stand unter Schock. Die Zeitung „Sport" schrieb: „Noch nie haben beide Parteien bei einer Scheidung so viel verloren. Barça verliert seine Essenz. Und Messi verliert sein Schaufenster. Paris ist eine wunderbare Stadt. Und bei PSG wird er mit seinem Freund Neymar wiedervereint sein. Aber es wird nicht das Gleiche sein. Er wird Hunderte von Toren schießen und die Champions League gewinnen können – aber er wird es mit gebrochenem Herzen tun."

Nachdem der Messi-Abgang verkündet worden war, gab es viele Spekulationen. Wo geht er hin? Nach Paris oder zu Manchester City. Dessen Trainer Pep Guardiola schwärmte immer von seinem Lieblingsschüler aus gemeinsamen Barça-Zeiten von 2008 bis 2012. Argentinien-Legende Mario Kempes hätte sich auch einen Wechsel in

Auf dieser Serviette hat der FC Barcelona 2000 die Verpflichtung Messis kurzfristig perfekt gemacht, nachdem das Interesse von Real Madrid an dem Argentinier bekannt wurde

8
SUPER-POKALSIEGER

3
UEFA BEST PLAYER

3
FIFA-KLUB-WELTMEISTER

20
TORSCHÜTZEN-KÖNIG

10
SPIELER DER SAISON

die Premier League vorstellen können: „Messi kann überall spielen, auch auf dem Mars. Warum also nicht in England?"

Dort wäre er beinahe schon 2003 gelandet, als Messi 16 Jahre alt war. Es klappte nicht, sehr zur Verärgerung von Arsène Wenger. „Manchmal bereut man auch etwas im Leben, zum Beispiel wie nicht zu Ende geführte Verhandlungen. Eine davon war mit Messi. Als wir Cesc Fàbregas 2003 verpflichteten, haben wir auch mit Lionel gesprochen", verriet der Franzose, der von 1996 bis 2018 Trainer-Manager des FC Arsenal war.

„Er stand am Scheideweg. Er musste etwas ändern"
Messis früherer Arzt Giuliano Poser

Mehr Erfolg als Wenger hatte der argentinische Verband nur wenige Monate später. Die Scouts des spanischen Verbands registrierten schnell, wie hochbegabt das schmächtige Barça-Talent war, und wollten ihn für ihre Nationalmannschaft abwerben. Messi lehnte ab. Das Problem für ihn aber war: Die argentinische Föderation kümmerte sich anfangs nicht um ihn, weil er knapp 11 000 Kilometer entfernt in Europa spielte und somit nicht im Blickfeld war wie Spieler in der Heimat.

Monate später, als die Verantwortlichen des argentinischen Verbands (AFA) das spanische Interesse mitbekamen, gerieten sie in Panik. In einem auf den letzten Drücker verfassten Fax an Barcelona baten die Argentinier, Messi kurzfristig für eine aus dem Boden gestampfte Partie gegen Paraguay am 29. Juni 2004, fünf Tage nach dem 17. Geburtstag des Stürmer-Juwels, freizugeben. Auffallend dabei: In dem eilig erstellten Dokument hatte die AFA statt „Lionel" den Vornamen „Leonel" eingetragen. Die Partie fand vor 200 Zuschauern statt, Messi kam zur Pause rein, erzielte beim 8:0-Erfolg einen Treffer, fühlte sich geehrt und bestätigt: „Ich werde immer für Argentinien spielen." Sein offizielles Länderspiel-Debüt gab er am 17.

Nach seinem Kopfball zum 2:0-Endstand im CL-Finale 2009 gegen Manchester United verlor er seinen rechten Schuh, den er hier auf der Jubelrunde küsst

6

BALLON D'OR

2009, 2010, 2011, 2012, 2015 und 2019 wurde Messi zum Weltfußballer gewählt – so oft wie kein anderer. Auf dem Foto ist er bei seiner letzten Ehrung am 2. Dezember 2019 in Paris zu sehen

COPA AMERICA

10. Juli 2021: Messi gewinnt mit Argentinien 1:0 gegen Brasilien und holt die Copa América

10

SPANISCHER MEISTER

2005, 2006, 2009, 2010, 2011, 2013, 2015, 2016, 2018, 2019 gewann Messi (hier 2016 mit Andres Iniesta) mit Barça den nationalen Titel

4

CHAMPIONS LEAGUE

2005/2006, 2008/2009, 2010/2011 und 2014/2015 gewann Messi mit dem FC Barcelona die Champions League. 2015 trägt er den Henkelpott triumphierend durch das Berliner Olympiastadion – nach dem 3:1 gegen Juve

OLYMPIA-SIEG

2008 gewann Messi (Foto, mit Ex-Fifa-Boss Sepp Blatter) in Peking mit Argentinien die Goldmedaille. Im olympischen Turnier spielten ausschließlich U23-Teams. Das Finale gegen Nigeria endete 1:0. Torschütze: Ángel Di María

7

SPANISCHE POKALSIEGE

Hier räumt Messi nach dem 4:0 gegen Bilbao im April 2021 die Copa del Rey ab. Zuvor holte er den Pott 2009, 2012, 2015, 2016, 2017, und 2018

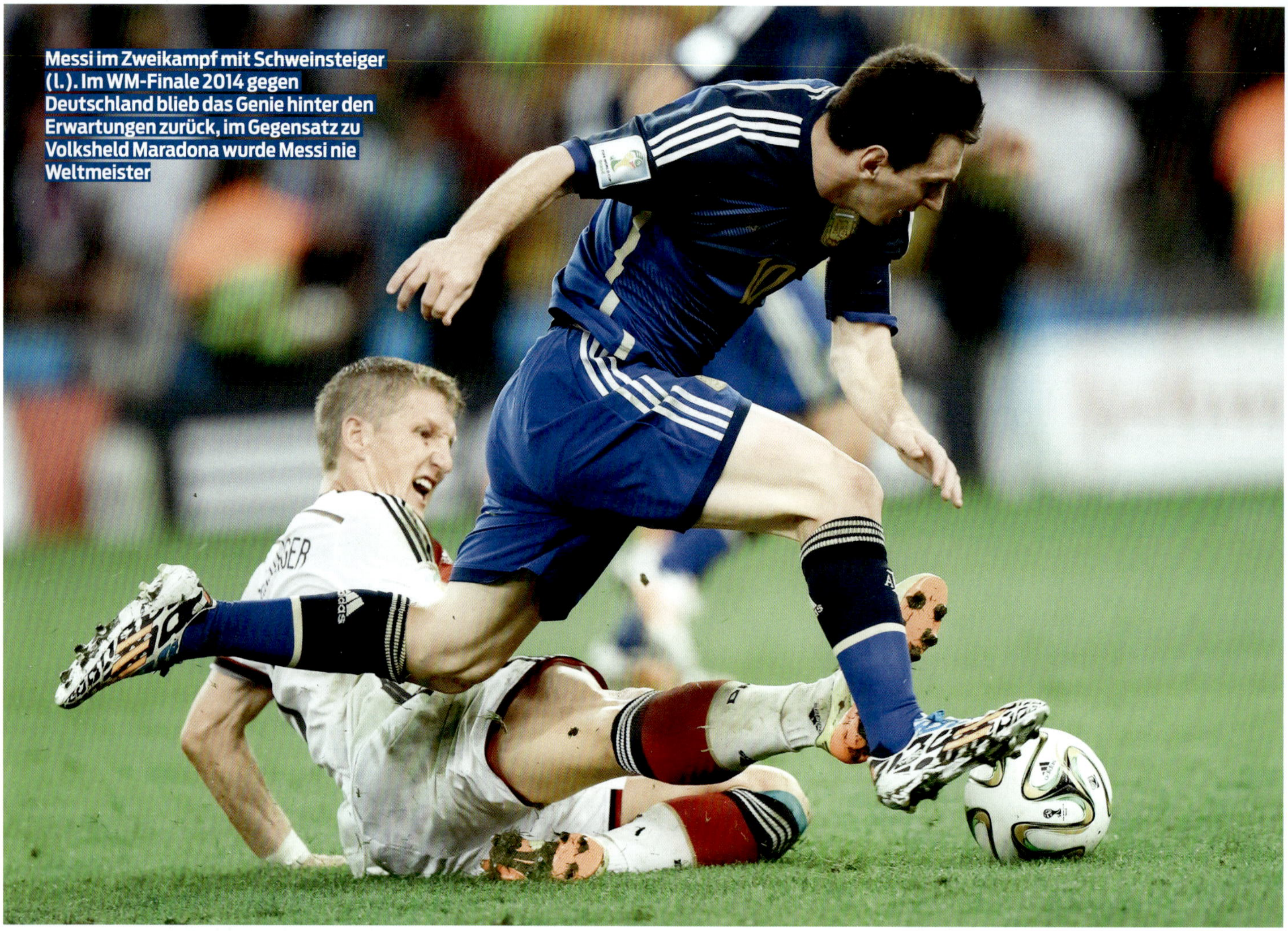

Messi im Zweikampf mit Schweinsteiger (l.). Im WM-Finale 2014 gegen Deutschland blieb das Genie hinter den Erwartungen zurück, im Gegensatz zu Volksheld Maradona wurde Messi nie Weltmeister

August 2005 in Ungarn (2:1), nach seiner Einwechslung in der 64. Minute flog er bereits nach 44 Sekunden wegen eines Faustschlags vom Platz. Messi galt schon früh als schlechter Verlierer, jede Niederlage ist für ihn das Ende der Welt.

In der Heimat steht er trotz seiner Künste und Erfolge mit Barcelona immer noch im Schatten des verstorbenen Diego Maradona. Zwar gewann er im Sommer 2021 mit Argentinien endlich die Copa América, hatte zuvor aber mit der Nationalmannschaft viele Jahre lang in den ganz großen und entscheidenden Spielen enttäuscht – wie 2014 im WM-Endspiel gegen Deutschland (0:1 n. V.).

Nach dem verlorenen Südamerika-Finale 2016 gegen Chile (verschoss beim 2:4 im Elfmeterschießen) sagte Messi enttäuscht: „Es sind nun vier Endspiele. Es scheint nicht mein Ding zu sein." Bereits 2007 und 2015 hatte es für ihn und die Argentinier bei der Kontinental-Meisterschaft nur zu Platz zwei gereicht.

Argentiniens Weltmeister-Trainer César Luis Menotti nahm Messi immer in Schutz, sagte zu SPORT BILD: „Es ist, als ob du einen losschickst, um 1000 Wachteln zu jagen. Und wenn Messi mit 999 zurückkommt, sagen sie, dass es nicht genug ist."

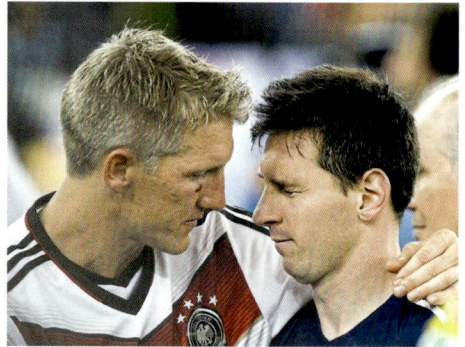

Schweinsteiger tröstet Messi (r.) nach dem verlorenen WM-Finale 2014 in Rio. Deutschland siegte 1:0 n. V. gegen Argentinien

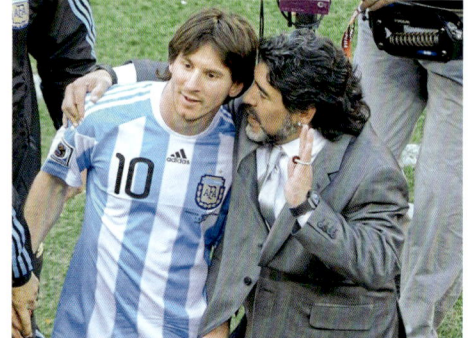

WM 2010 in Südafrika: Nationaltrainer und Volksheld Maradona (r.) mit Messi. Argentinien scheiterte im Viertelfinale an Deutschland mit 0:4

Dennoch wirkte Messi im Kreis der Nationalelf oft gehemmt. Während er sich in Barcelona auf sein Spiel konzentrieren konnte, war er im himmelblau-weißen Dress als Wort- und Führungsspieler gefordert. Das ist nicht seine Stärke, weil er scheu und zu egoistisch ist.

Juan Sebastián Verón, lange Zimmerkollege des Barça-Superstars, verrät folgende Anekdote während der WM 2010, als der damalige Nationaltrainer Maradona Messi vor dem letzten Gruppenspiel gegen Griechenland (2:0) zum Kapitän machte: „In den Tagen vor dem Spiel habe ich Messi erstmals nervös herumlaufen sehen. Es war nicht die Binde an sich, sondern die Pflicht, eine Ansprache zu halten. Zwei Tage hat er überlegt, was er sagen soll. In der Kabine hat er dann ein paar Worte gesagt, aber sich schnell verhaspelt und wusste dann nicht mehr weiter."

Gleichwohl genießt Messi weltweit hohes Ansehen. Weil er ein begnadeter Ballkünstler ist. Seine Stärken liegen im Dribbling, in Eins-gegen-X-Situationen, weil er oft eine ganze gegnerische Abwehrreihe austanzt, im Torabschluss. Wenn er mit seiner Dynamik Fahrt aufgenommen hat, ist er mit fairen Mitteln kaum zu stoppen. Dazu ist er ein Instinkt-Fußballer.

Messi hat eine Weltkarriere hingelegt – was viele nicht für möglich hielten. Denn als 13-Jähriger litt er unter Wachstumsstörungen, er war damals nur knapp 1,40 Meter groß, wie ein Zehnjähriger. Unzählige Spritzen-Kuren päppelten ihn auf, dafür zahlte

23. April 2017: Messi feiert den Sieg im Clásico bei Real Madrid. Der zweifache Torschütze traf zum 3:2-Triumph in der Nachspielzeit

Ex-Bayern-Star Demichelis verhalf Landsmann Messi zur Weltkarriere

sein Vater Jorge monatlich rund 1000 US-Dollar, die Hälfte seines Gehalts. „Wir sahen seine Beine und all die Einstiche. Aber wir wussten nicht, was das war", sagt Messis früherer Mitspieler bei den Newell's Old Boys, Juan Cruz Leguizamón.

Hinzu kamen schwere Verletzungen: Als Zwölfjähriger erlitt er einen Handgelenkbruch. Im April 2001, wenige Monate nach seiner Ankunft in Barcelona, brach er sich das linke Wadenbein, mit 15 Jahren im Stadtduell gegen Espanyol war der Kiefer durch.

Dank der Wachstumspräparate bekam er sein größtes Problem in den Griff. Heute ist er 1,70 Meter groß. Dazu pflegt er seinen Körper. Zwischen zehn und zwölf Stunden schläft Messi pro Tag. Lange, tägliche Ruhezeiten am Nachmittag sind Pflicht. Auf Anraten des ehemaligen Bayern-Stars Martín Demichelis, der mit Messi in der Nationalmannschaft spielte, konsultierte das Genie 2014 den italienischen Sportmediziner Giuliano Poser – weil Messi zwischenzeitlich durch Muskelverletzungen zurückgeworfen worden war. „Er stand am Scheideweg. Wenn er weiter auf dem Niveau Weltfußballer spielen wollte, musste er etwas ändern", sagt Poser. Die Ernährung wurde umgestellt. Denn der Fleischkonsum – Steaks und Würste werden aus der Heimat importiert – des Argentiniers war zu groß.

Trockenfrüchte, Gemüse und Salate der Saison, Eier, Fisch und Olivenöl stehen nun

viel öfter auf dem Speiseplan. Mit Erfolg: Messi fühlt sich topfit. Seinen Brechreiz, den er viele Jahre mit ständigem Kaugummi kauen unterdrückte, hat er ebenfalls in den Griff bekommen.

„Messi ist immer noch gut drauf", sagt Menotti. Einen Abschied des Mega-Stars aus Spanien konnte er sich eigentlich nicht vorstellen: „Schließlich hat er praktisch

sein ganzes Leben in Barcelona verbracht, seine Kinder sind dort geboren. Für Messi ist Barcelona sein Haus. Er ist der Herr, auch wenn es manchmal Dinge gibt, die ihm nicht gefallen."

Wie einst in Rosario, als er im Haus seiner Eltern die Scheibe einschlagen musste, um das zu tun, was er am liebsten macht: Fußball spielen. ●

Der Superstar machte 778 Pflichtspiele und 672 Tore für den FC Barcelona

Lionel Messi wurde am 24. Juni 1987 in Rosario geboren. Als er 13 Jahre alt war, wanderten seine Eltern mit ihm und seinen drei Geschwistern nach Barcelona aus, um der argentinischen Wirtschaftskrise zu entkommen und die weitere Behandlung seiner Wachstumsstörung zu ermöglichen.

Seit 2000 spielte Messi für den FC Barcelona, sein Profi-Debüt gab er am 16. Oktober 2004 gegen Espanyol Barcelona (1:0). Der Superstar machte 778 Pflichtspiele für den Klub, schoss 672 Tore und bereitete 305 Treffer vor. Messi wurde sechsmal Weltfußballer, viermal Champions-League-Sieger, zehnmal spanischer Meister, siebenmal spanischer Po-

kalsieger. Im August 2021 unterschrieb er in Paris einen Zweijahres-Vertrag (plus Option auf eine weitere Saison).

Der Argentinier machte 151 Länderspiele (76 Tore), nahm an vier Weltmeisterschaften teil, ohne Titelgewinn. Sein größter Erfolg mit Argentinien: Olympia-Gold 2008 in Peking und der Gewinn der Copa América 2021.

Messi spielt bei Paris mit Neymar zusammen. Mit dem Brasilianer gewann er 2015 die Champions League

Messi bei seiner Vorstellung in Paris

GERD MÜLLER

„Tore waren sein Lebenselixier"

Franz Beckenbauer erklärt den „Bomber der Nation", mit dem er sich ein Doppelbett teilte: über Zweifel am „Dicken", den Trainer, der Müller stark machte, und dessen Tor-Geheimnis

—— Von **Raimund Hinko**

Sie waren 13 Jahre lang ein Paar. Franz Beckenbauer teilte sich mit Gerd Müller ein Doppelbett beim FC Bayern und bei der Nationalmannschaft. Der stürmende Libero, der auch mit verbundenen Augen Doppelpässe mit dem sogenannten Bomber spielen konnte, dem größten Torjäger der deutschen Fußball-Geschichte. Tore als Abstauber, Tore im Krabbeln, im Liegen. Hechtend, sprintend, vorausschauend. Kunstprodukte. Zaubereien. Alles.

Dabei, erinnert sich Beckenbauer, haben sie sich 1964, als das Wunder begann, schlappgelacht über Müller: „Das soll ein Torjäger sein?', fragten wir uns in der Mannschaft. Der Gerd sah aus wie ein Viereck, wie ein Quadrat. Ich sagte zu ihm ‚Dicker'. Er ist für mich bis heute der Di-

cke." Auch der kleine, dicke Trainer Tschik Cajkovski, einst ein Weltklassespieler, spottete: „Was soll ich mit kleines, dickes Müller?" Bis Präsident Wilhelm Neudecker ein Machtwort sprach und Müllers Aufstellung anordnete. Die Spötter verstummten.

Die letzten Zweifel verschwanden schlagartig, als 1968 der große Fußballtaktiker und berüchtigte Schleifer Branko Zebec, Tiki-Taka-Fan wie Pep Guardiola, Bayern-Trainer wurde. „Der Branko hat ihn aufs richtige Gewicht und die richtige Körpertemperatur gebracht", erinnert sich Beckenbauer. „Der Hund war dann unschlagbar. So schnell in seinen Bewegungen, dass Katsche Schwarzenbeck und mir im Training schwindlig wurde."

Die beiden Abwehrspieler wollten sich nicht mehr zum Gespött machen, heckten einen Plan aus. Beckenbauer: „Ich hab

Typische Siegerpose: Müller feiert den WM-Titel, umringt von Fotografen, im Münchner Olympiastadion in gewohnter Körperhaltung. Bundestrainer Helmut Schön (l.) will ihn umarmen

Revanche für das WM-Finale 1966 gegen England: In der 108. Minute des WM-Viertelfinals 1970 in Léon (Mexiko) reißt Müller sein Bein hoch und trifft aus nur drei Metern zum 3:2-Sieg für Deutschland

Müller reckt 1974 den WM-Pokal in die Höhe und jubelt nach dem 2:1 gegen die Niederlande mit Overath, Schön und Hoeneß (v. l.)

Müller genießt nach dem Gewinn des WM-Titels 1974 mit Bayern-Kumpel Paul Breitner (r.) die Siegerzigarre

zum Katsche gesagt: ‚Wenn er jetzt noch mal kommt, dann haun mer ihm eins auf die Knochen. Egal, ob er dann am Samstag spielen kann oder nicht. Das ist uns völlig wurscht. Das lassen wir uns nimmer bieten.' Das Ergebnis: Wir sind beide wieder am Boden gelegen, und er ist mit Ball ins leere Tor gelaufen."

Beckenbauer erzählt vom „unbändigen Torwillen" des Gerd Müller am Beispiel des Eröffnungsspiels im Münchner Olympiastadion am 26. Mai 1972. Deutschland siegte gegen die Sowjetunion brillant 4:1. Alle vier Tore schoss Gerd Müller. Beckenbauer war vor allem von einer Szene beeindruckt: „Bei einem Angriff landete der Ball am Pfosten, prallte direkt vor die Füße von Uli Hoeneß, der ihn ins Tor schießen wollte. Da kommt der Gerd von hinten, haut ihn um. Mit so viel Wucht, dass beide im Tor landeten, der Uli Hoeneß und der Ball. Tore waren Gerds Lebenselixier. Alles andere stand weit hinten an."

Beckenbauer weiter: „Bis heute gibt es keinen vergleichbaren, keinen ähnlichen Spieler wie ihn. So wie der Dicke gebaut war, relativ kurze Beine, etwas längerer Oberkörper – dadurch war er in der Drehung unheimlich schnell. Es war nahezu eine Explosion. Wie im WM-Finale 1974 beim 2:1-Siegtor gegen Holland. Der Wim Rijsbergen war einer der besten Vorstopper der Welt. Nur den Gerd, den konnte auch er nicht stoppen."

Es gab nur zwei Gegner, die Müller fürchtete. Das waren der Duisburger Detlef Pirsig (2019 mit 74 verstorben) und der Bremer Horst-Dieter Höttges, der mit Müller zusammen 1972 Europameister und 1974 Weltmeister wurde. „Wenn der Gerd den Höttges sah, spielte er plötzlich hinter mir, dem Libero, als letzter Mann", erzählt Beckenbauer. „Ich sagte dann: ‚Dicker, du faule Sau, magst nicht mal nach vorne gehen?' Dann hat er mich tief verletzt angeschaut und hat in seinem bayerisch-schwäbischen Dialekt *(Müller stammt aus Nördlingen; d. Red.)* geschimpft: ‚Du kannscht mi am Arsch lecke. Geh doch du nach vorne!' So war sie halt, bei aller Freundschaft, die Fußballersprache. Und danach war die Diskussion auch erledigt. Niemand war dem anderen böse."

Müller kam überpünktlich, Beckenbauer war immer zu spät dran

Streit zwischen den beiden gab es auch, wenn sie Doppelpass spielten. Beckenbauer: „Wenn ich einen Ball in die Tiefe zelebrierte, brauchte er meist nur noch den Fuß hinzuhalten. Wehe jedoch, der Ball kam nicht millimetergenau, und er machte kein Tor. Dann bin ich in meinem Jähzorn meist ausfallend geworden. Und er blechte zurück: ‚Du Blindr du. Geh doch hoim.'"

Beckenbauer und Müller standen schnell ganz weit oben im Fußball, unerreicht von all den anderen großartigen Spielern beim FC Bayern, ob nun Sepp Maier, Katsche Schwarzenbeck, Paul Breitner, Uli Hoeneß, „Bulle" Roth, Rainer Zobel etc., die 1974 mit einem 4:0 gegen Atlético Madrid erstmals den Europapokal der Landesmeister nach Deutschland holten. Zwei Tore Gerd Müller, zwei Uli Hoeneß, alle zauberhaft.

Beckenbauer erzählt seine Lieblingsgeschichte: „Jeden Tag, wenn er zum Training fuhr, musste der Gerd, von Straßlach kommend, bei mir in Grünwald vorbeifahren. Wenn ich mein Auto nicht zur Verfügung hatte, hat er mich abgeholt. Er immer überpünktlich vor der Haustür, ich immer zu spät dran. Er wurde unruhig, vor allem, wenn wir zum Flughafen zu Auswärtsspielen mussten. ‚Du Schlafmütze! Wir müsset los. Wir könnet doch net zu spät kommen', schimpfte er. Bis ich mal sagte: ‚Also, jetzt pass mal auf, Dicker. Ei-

Gerd Müller (r.) beim Kopfball gegen Atléticos Heraldo Becerra (l.) im Final-Wiederholungsspiel des Europapokals der Landesmeister 1974 (4:0) in Brüssel

Müller (l.) und Hoeneß mit dem Pokal der Landesmeister. Im Finale 1974 gegen Atlético Madrid (4:0) trafen sie jeweils zweimal

Die legendäre Bayern-Achse mit Gerd Müller, Sepp Maier und Franz Beckenbauer (v. l.) im Jahr 1975

Gerd Müller (l.) traf am 18. 7. 1979 in der North American Soccer League mit den Fort Lauderdale Strikers auf Franz Beckenbauer (r.) und New York Cosmos. Endstand: 3:4

Müller hält 1969 in seiner linken Hand den Goldenen Ball für den „Fußballer des Jahres", in seiner rechten die Torjäger-Kanone

Gerd Müller schoss 1971/72 40 Ligatore und zeigt stolz seine zweite Meisterschale

Der König aller Torschützen mit Krone und Zepter: Gerd Müller bei einem Fotoshooting am 1. August 1969

nes musst du dir merken: Ohne uns fliegen die nicht los …'"

Alle, auch die Piloten, warteten auf die beiden. Nicht mal der strenge Manager Robert Schwan wagte es loszupoltern. „Angekommen auf unserem Zimmer redeten wir dann, über was auch sonst, über Fußball. Über den Gegner, über die Aufstellung. Ich als Kapitän war ja direkt mit dem Trainer verbunden, der mich immer um Rat gebeten hat. Ich fragte den Gerd dann immer: ‚Dicker, was würdest du machen? Ich habe Bedenken.' Er sagte dann wie aus der Pistole geschossen: ‚Du brauchst koi Bedenke habe. Die putze ma weg.' Das hat mir meist die Spannung genommen, die negative Spannung. Das war sehr hilfreich."

Nie ist Beckenbauer mit der Wahrheit rausgerückt, wer 1974 bei der WM nach dem 0:1 gegen die DDR in Hamburg bei Bundestrainer Helmut Schön dafür gesorgt hat, dass Uli Hoeneß für ein Spiel aus der Mannschaft flog. Ob das Beckenbauer oder wirklich Müller war. Der Kaiser verrät nur so viel: „Wenn wir unterschiedlicher Meinung waren, haben wir uns eben in der Mitte getroffen. Nichts haben wir

unbearbeitet gelassen, ehe wir ins Bett gingen. Wir schliefen erst ein, wenn alle Themen abgeschlossen waren, auch wenn wir vorher gegensätzlicher Meinung waren. Nur so kann etwas Fruchtbares dabei rausspringen. So haben wir es auch nach außen immer verkauft."

Beckenbauers Manager Robert Schwan bot Müller an, auch ihn zu vermarkten. Müller lehnte ab, hörte auf – teils windige – Manager, die ihn über Beckenbauer stellen wollten. „Der Gerd hatte Betreuer, die ihm das Gefühl gegeben haben, noch besser zu sein. Dabei konnte er nicht besser werden, noch mehr Tore konnte er nicht schießen. Mag sein, dass da eine Portion Eifersucht dabei

Beckenbauer wollte Müller zu sich nach New York holen

war", sagt Beckenbauer. „Das passierte so am Rand. Unser Verhältnis hat das nicht belastet." Auch nicht, als Müller „dann macht es bumm, ja und dann kracht's", sang. Der Kaiser stahl ihm mit dem

Schlager „Gute Freunde kann niemand trennen" wieder mal die Show.

Beckenbauer war schon seit 1977 in den USA bei Cosmos New York, Müller folgte ihm im März 1979 zu den Fort Lauderdale Strikers. Schnell hörte der Kaiser, dass der Bomber unglücklich war. „Ich bot ihm an, vorstellig zu werden, dass er zu mir nach New York kommt. Er zusammen mit Pelé, Neeskens, meiner Wenigkeit – da hätte der Dicke 200 Tore im Jahr geschossen." Der Traum verpuffte. „Weil unser italienischer Mittelstürmer Giorgio Chinaglia, auch ein Weltklassestürmer, den Gerd abgelehnt hat."

Auch nach der Karriere verloren sie sich nie aus den Augen. Und Beckenbauer war es, der zusammen mit Bayern-Manager Uli Hoeneß aktiv wurde, als es galt, Müller 1991 in einem Heim von seiner Alkoholsucht zu befreien. Als Vize-Präsident des FC Bayern installierte Beckenbauer den wieder genesenen Müller 1992 für ein fürstliches Gehalt als Co-Trainer der Amateurmannschaft. Unter den Kollegen im Präsidium und Beirat regte sich Widerstand.

Bis Beckenbauer auf den Tisch haute und sagte: „Passt mal auf, bevor wir hier

Nach dem DFB-Pokalfinale 1969 gegen Schalke (2:1) nimmt Müller einen Schluck aus dem Pokal. Er hatte beide Tore erzielt

Müller 1979 in den USA mit dem Pokal für den beliebtesten Spieler der Saison

Links: Gerd Müller und seine Frau Uschi vor ihrem Haus in Fort Lauderdale in Florida, wo Müller von 1979 bis 1981 spielte. Unten: Uschi und Gerd Müller im Jahr 2019. Gerd ist von der schweren Krankheit gezeichnet

Für 4400 Mark von Nördlingen zum FC Bayern

Gerhard „Gerd" Müller wurde am 3. November 1945 in Nördlingen geboren. 1964 wechselte er für 4400 D-Mark vom TSV 1861 Nördlingen zum FC Bayern, wo er bis 1979 spielte. Siebenmal war er Bundesliga-Torschützenkönig, sein 40-Treffer-Rekord aus der Saison 1971/72 hielt bis 2021. Erst dann knackte Robert Lewandowski (41 Tore) Müllers Bestmarke. Seine 365 Treffer in 427 Spielen sind Bundesliga-Rekord. In 62 Länderspielen erzielte Müller 68 Tore. Er gewann mit Bayern vier Meistertitel, viermal den Pokal, dreimal den Landesmeister-Cup (1974 – 1976) und 1976 den Weltpokal. Der Bomber der Nation wurde 1972 Europameister und 1974 Weltmeister. 1979 Wechsel für zwei Jahre in die USA zu den Fort Lauderdale Strikers. Danach blieb Müller in Florida, betrieb dort u. a. ein Steakhouse. 1984 Rückkehr nach Deutschland. Er hatte Alkoholprobleme, war nach einer erfolgreichen Entziehungskur von 1992 bis 2014 im Trainerstab der Bayern. 2013 wurde Müller für sein Lebenswerk mit dem **SPORT BILD**-Award geehrt. 2015 gab Bayern bekannt, dass bei Müller eine Demenz diagnostiziert wurde. Im Februar 2015 musste er in ein Pflegeheim. Am 15. August 2021 starb der Bayern-Stürmer im Alter von 75 Jahren.

Der letzte öffentliche Auftritt: 2013 erhielt Müller in Hamburg den SPORT BILD-Award für sein Lebenswerk

---

eine Entscheidung treffen, sage ich nur eins: Ohne den Gerd säßen wir alle nicht hier." Alle verstummten, stimmten dem Gehalt von angeblich einer halben Million D-Mark zu.

„Ich sagte zu ihm ‚Dicker'. Er ist für mich bis heute der Dicke"
Beckenbauer über Müller

„Der Gerd wollte nicht ins Rampenlicht, auch nicht als Cheftrainer. Er wollte seine Ruhe haben. Sein Zuhause, ein bisschen Tennis spielen", erzählt Beckenbauer. „Ach, du, Franz", sagte Müller noch mal kurz, als er 2015 in ein Heim für Demenzkranke gebracht werden musste. „Geh nimmer hin, hat man mir geraten", sagt Beckenbauer traurig. „Ich möchte ihn so erhalten, wie ich ihn als meinen Zimmerpartner erlebt habe. Als bescheidenen, ge-

nügsamen Menschen, ohne große Ansprüche zu stellen an das Leben."

Als Robert Lewandowski im Mai des Jahres 2021 mit 41 Bundesliga-Toren in einer Saison den Müller-Tor-Rekord überboten hatte, fuhr Ehefrau Uschi am nächsten Tag zu ihrem Gerd ins Heim und sagte: „Gell, Papa, jetzt haben sie deinen Rekord geknackt." Sie erzählte es ihm ein paarmal. Müller reagierte nicht.

Am 15. August 2021 starb Gerd Müller nach jahrelanger Demenzerkrankung im Alter von 75 Jahren. In den letzten 15 Tagen vor seinem Tod hatte der größte Stürmer, den Deutschland je hatte, nicht mehr gegessen und getrunken.

Franz Beckenbauer war tief betroffen, sagte zu BILD: „Auch wenn man schon seit Langem die Nachricht befürchten musste: Sie trifft mich wie ein Schock. Er war so ein feiner Kerl und viel feinsinniger, als viele dachten. Gerd und ich – wir waren wie Brüder." ●

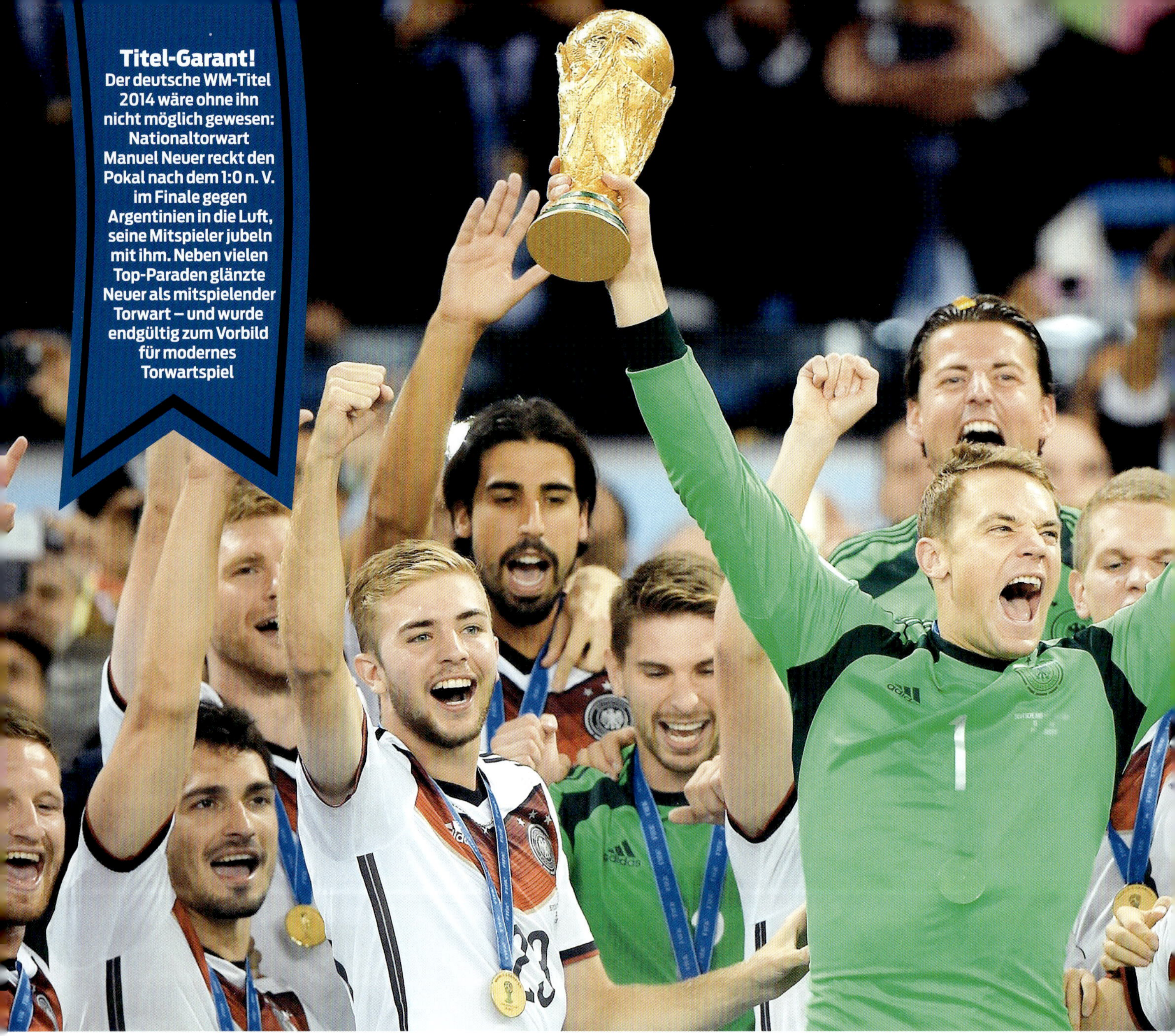

Titel-Garant!
Der deutsche WM-Titel 2014 wäre ohne ihn nicht möglich gewesen: Nationaltorwart Manuel Neuer reckt den Pokal nach dem 1:0 n. V. im Finale gegen Argentinien in die Luft, seine Mitspieler jubeln mit ihm. Neben vielen Top-Paraden glänzte Neuer als mitspielender Torwart – und wurde endgültig zum Vorbild für modernes Torwartspiel

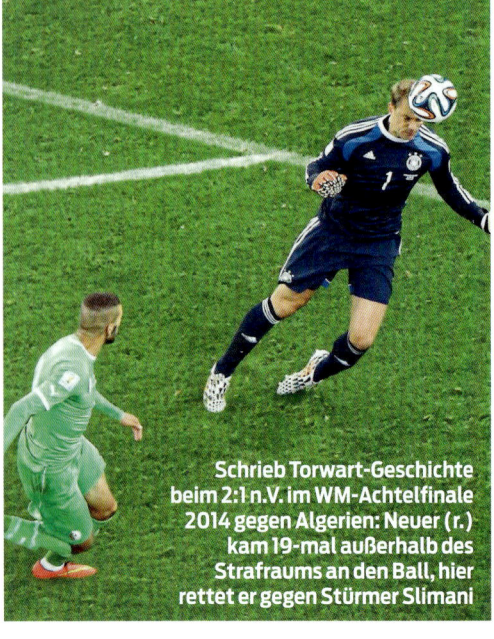

Schrieb Torwart-Geschichte beim 2:1 n.V. im WM-Achtelfinale 2014 gegen Algerien: Neuer (r.) kam 19-mal außerhalb des Strafraums an den Ball, hier rettet er gegen Stürmer Slimani

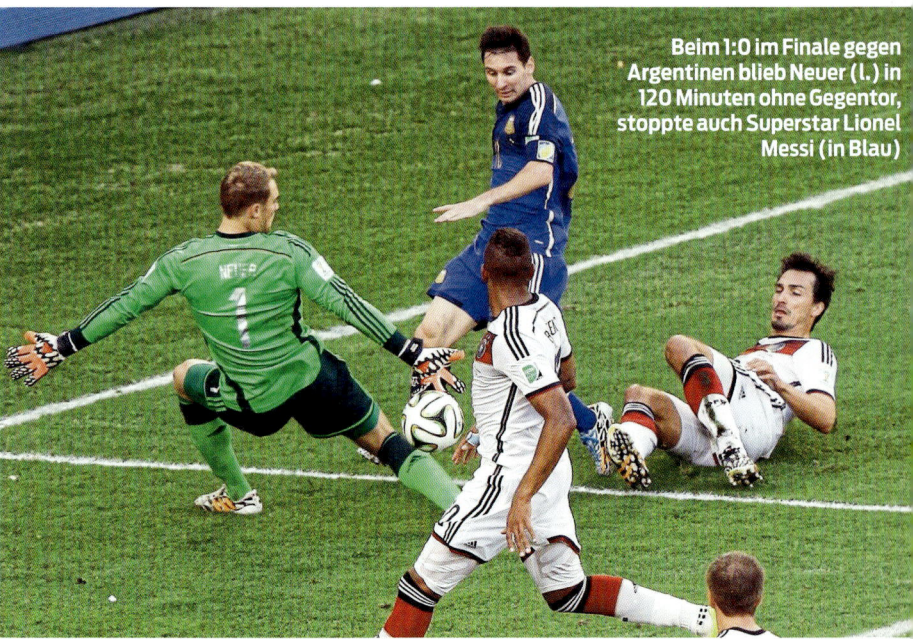

Beim 1:0 im Finale gegen Argentinen blieb Neuer (l.) in 120 Minuten ohne Gegentor, stoppte auch Superstar Lionel Messi (in Blau)

MANUEL NEUER

Auf Asche erfand er sein Torwart-Spiel

Franz Beckenbauer sagt, Neuer sei der erste Torwart-Libero der Welt gewesen – und bis heute unerreicht! Das hat mit den Hartplätzen im Ruhrpott zu tun

—— Von **Raimund Hinko**

Neuer, die Wand: Das Viertelfinale 2014 gegen Frankreich (1:0) entschied er mit dieser Parade gegen Benzema (l.)

Er genießt rund um den Erdball höchste Anerkennung – und das nicht erst, seitdem er fünfmal Welttorhüter des Jahres geworden ist, für Bayern zweimal Champions-League-Sieger und neunmal Deutscher Meister, für Deutschland 2014 Weltmeister. Vor Manuel Neuer haben sie sich schon in jungen Jahren verneigt. Im Ruhrpott nannten sie ihn zu Zeiten bei Schalke 04 den „Schnapper" – weil sich Klein-Manuel mit langen Armen alles schnappte, was rund war: Fußbälle, Tennisbälle, Handbälle.

Neuer wehrt sich zwar heftig, wenn ihn jemand als Legende bezeichnet. Legenden sind für ihn Sepp Maier, Oliver Kahn, Toni Schumacher – große Torhüter, die ihre Karriere längst beendet haben. Doch für viele ist Neuer auch als aktiver Torwart längst eine Legende. Sogar ein bisschen mehr.

Uli Hoeneß, der „Mister Klartext" vom Tegernsee, sagt über Neuer: „Ich werde in der Bundesliga oder in Europa oft gefragt, warum der FC Bayern so erfolgreich ist. Dann antworte ich immer: ‚Weil wir mit einem Torwart spielen ...'"

Mehr Wertschätzung geht nicht. Weil Neuer meilenweit vor all seinen Konkurrenten liegt. Weltweit. Auch wenn Chelsea für Kepa Arrizabalaga 2018 die Torwart-Weltrekordsumme von 80 Millionen an Athletic Bilbao überwies, Neuer laut transfermarkt.de am Ende desselben Jahres nur mit lächerlichen 22 Millionen Euro geführt wurde.

Das vielleicht größte Spiel seines Lebens machte Neuer im WM-Achtelfinale 2014 gegen Algerien, obwohl er kaum seine Hände benutzte. Er schnappte sich die Bälle mit dem Fuß oder köpfte sie in höchster Bedrängnis weg. Im brasilianischen Porto Alegre wurde die hochstehen-

2011 erreichte Neuer (l.) mit Schalke sensationell das Halbfinale der Champions League. Das Aus kam gegen Manchester United. Hier faustet Neuer beim 1:4 im Rückspiel vor Nani (2. v. r.) den Ball weg

Neuer 2002 als Torwart in der Schalke-Jugend, für die er von 1991 an spielte

Mit 19 Jahren gelang Neuer der Sprung in den Schalker Profi-Kader der Saison 2005/06

Ein Spieler als Fan: Bis zu seinem Wechsel zu den Bayern war Neuer (mit Megafon) Mitglied bei den Ultras von Schalke 04

de deutsche Abwehr von konternden Algeriern immer wieder überlaufen. Neuer lief weit raus, sprintete, grätschte, riskierte mit halsbrecherischen Aktionen Kopf und Kragen, dribbelte, um die Stürmer anschließend mit millimetergenauen Pässen steil zu schicken. 19-mal außerhalb des Strafraums! Auch Störmanöver algerischer Fans mit Laserpointern auf seine Augen brachten Neuer nicht aus seiner stoischen Ruhe. Als Deutschland nach Toren von André Schürrle und Mesut Özil 2:1 gewonnen hatte, sagte Bundestrainer Jogi Löw: „Er war unser Libero."

Franz Beckenbauer, der Erfinder des Libero, erklärt SPORT BILD: „Neuer war der erste Torwart der Welt, der wie ein Libero spielte. Mittlerweile ahmen ihn viele nach, auch wenn er bisher unerreicht ist." Die Welt feierte ihn als Schöpfer des neuen Torwartstils. Eine Zehntelsekunde zu spät oder einen Millimeter zu kurz hätten auch mit einem Fiasko enden können. „Das gehört zu meinem Berufsrisiko", sagt Neuer, lächelt verschmitzt und reagiert mit seinem Standardsatz: „Ich helfe, wo ich kann."

Die Ursprünge für sein Libero-Spiel liegen im Ruhrgebiet, wo die Kinder auf Ascheplätzen spielen mussten. Manchmal hatte Manuel die Nase voll, wenn er wieder mit blutenden Knien nach Hause kam und die Mutter seine Hosen flicken musste. Doch noch mehr als zerschundene Knie hasste Neuer die tiefen Pfützen in den Strafraumkuhlen von Gelsenkirchen. Da

Wegen der Pfützen vor den Toren spielte Neuer auf Ascheplätzen weiter vorne

das Wasser wochenlang nicht ablief, verlegte er sein Spiel einfach 16 Meter weiter nach vorn. So schulte er sich zwangsläufig am Ball. Auch wenn er, was seltener vorkam, im Feld spielte. Fast noch schlimmer war es im Sommer, wenn die Pfützen getrocknet waren und die Asche sich in „steinharten Belag", so Neuer, verwandelte. „Manchmal konnte ich nichts sehen vor lauter Staub. Der Körper knallte auf den Asphalt. Das härtete mich gegen Verletzungen ab." Es gab immer einen Grund, nach vorn zu rennen.

Neuer mit Schalke-Boss Tönnies (r.) auf der Pokalsieger-Feier 2011. Der wollte ihn nicht zu Bayern lassen

Lange hofften die Schalke-Fans, Neuer würde 2011 nicht nach München gehen – vergeblich

„Koan Neuer": Bayern-Fans wollten den Schalke-Ultra zu Beginn nicht haben

In Eins-gegen-eins-Duellen macht sich Neuer (r.) oft groß wie ein Handballtorwart. Hier scheitert Robert Lewandowski (damals BVB) im Champions-League-Finale 2013 (2:1 für Bayern)

Kaum ein Torhüter ist spielerisch so gut wie Neuer. Dazu ist er mutig. Hier leitet er 2014 beim 4:0-Sieg in Frankfurt einen Rückpass mit der Hacke weiter

Im Champions-League-Finale 2020 rettete Neuer (r.) mehrmals alleine gegen die PSG-Superstars Mbappé (nicht im Bild) und Neymar (l.). Es war einer der Schlüssel zum 1:0-Sieg der Bayern

Der „Reklamier-Arm" – eine Spezialität von Neuer. So will er kurz nach Gegentoren vermeintliche Fouls oder Abseitspositionen des Gegners anzeigen

Fähigkeiten im Tor kann Toni Tapalovic *(seit Schalker Jugendzeiten Neuers Torwarttrainer; d. Red.)* besser beurteilen. Ich weiß nur, dass er nicht nur einer der besten Torhüter aller Zeiten ist, sondern auch einer der nettesten Jungs, die ich je getroffen habe. Ein einzigartiger Mensch, der in den schwierigsten Momenten voll da ist."

Welch großartige Worte. Dass Neuer nicht nur in Allerweltsspielen, sondern vor allem in den schwierigen Momenten präsent ist, bekam Thomas Tuchel im Champions-League-Finale 2020 zu spüren. Neymar, Mbappé und Marquinhos standen dreimal frei vor Neuer, der machte sich breit, baute sich wie eine Wand vor diesen Weltklasse-Stürmern auf. So wie er es in Fachgesprächen von den Handball-Nationaltorhütern Silvio Heinevetter und Johannes Bitter gehört hatte, wehrte er mit Händen, Füßen, dem ganzen Körper ab. „Das, was Neuer spielt, ist Wettbe-

„Weil wir mit einem Torwart spielen ..."
Uli Hoeneß über Bayerns Erfolgsgeheimnis

werbsverzerrung", klagte Tuchel, der Trainer von Paris St-Germain. „Wir haben eben mit Torwart gespielt", würde Hoeneß sagen.

100 Prozent Torwart ist Neuer auch zu Hause am Tegernsee, wo er am gegenüberliegenden Ufer von Hoeneß ein Haus gebaut und Bäume gepflanzt hat. Dort steht natürlich auch ein Tor. Vor allem während strenger Lockdown-Zeiten war Tapalovic dort Stammgast. Neuer machte Home-Of-

Die Härte gegen sich selbst imponierte – natürlich – Trainer Felix Magath, genannt „Quälix". 2010 ernannte er den gerade 24-Jährigen erstmals zum Kapitän. Er glänzt auch in diesem Job. Mit integrativen, diplomatischen Fähigkeiten, als Schlichter. Später auch in unbequemer Rolle, wenn ihm zum Beispiel der Bayern-Kader als zu dünn erschien.

Als Neuer mit Schalke 2011 Pokalsieger geworden war und das Champions-League-Halbfinale erreicht hatte, wechselte er zeitgleich mit Trainer Jupp Heynckes, einem Neuer-Verehrer, zu Bayern, arbeitete danach von 2013 bis 2016 unter Pep Guardiola. Über den sagt Neuer: „Er war einer meiner größten Lehrmeister, immer für neue Entwicklungen gut."

Guardiola gibt das Lob zurück: „Nicht Manuel hat von mir gelernt, sondern ich von ihm." Und dann beginnt er zu schwärmen. „Er hat mich von der ersten bis zur letzten Sekunde unterstützt. Seine

2011 präsentiert Schalke-Kapitän Neuer den DFB-Pokal am Gelsenkirchener Bahnhof. Danach verließ er SO4

Neuer mit dem Klub-WM-Pokal 2013 nach dem 2:0-Finalsieg gegen Raja Casablanca (Marokko)

Beim WM-Triumph 2014 wurde Neuer auch zum besten Keeper des Turniers gewählt

fice im eigenen Garten. Genauso schweißtreibend, als stünde er an der Säbener Straße. Er verbringt mit Tapalovic sogar Freizeit, fährt mit ihm in den Urlaub. „Ich weiß nicht, ob es in der Bundesliga noch einmal so eine Beziehung zwischen Torwart und Trainer gibt. Allein ein Blick reicht oftmals aus – und wir beide verstehen, was gemeint ist.", sagt Tapalovic.

Ex-Bayern-Trainer Hansi Flick hatte den Torwarttrainer sogar zum ersten Co-Trainer befördert. Auf der Bank saß er seitdem immer neben ihm, noch näher als Miroslav Klose oder Hermann Gerland. Auch unter Julian Nagelsmann behält er seinen Job. Das sagt alles über die Wertschätzung für den Torwarttrainer, vor allem auch über die von Neuer aus, der ohne seinen Trainer wohl nicht zu Bayern gewechselt wäre.

Tapalovic erlebte, wie Neuer schon in der Schalker Jugend litt, wenn er hinter sich greifen musste. Nicht so dramatisch wie Italiens Legende Gianluigi Buffon, der in der Phase vom Jüngling zum Mann unter Depressionen litt. Neuer gestand jedoch, dass jedes Gegentor für ihn wie eine persönliche Niederlage war. „Als Vierjähriger habe ich geweint. Ich dachte, ich bin schuld, wenn ein Tor fällt, da ich ja der letzte Mann war", sagte er dem „Münchner Merkur".

Neuer war allerdings mit einer stabilen

Psyche ausgestattet, spielte nie den Clown wie seine temperamentvollen Vorgänger Sepp Maier (95 Länderspiele) oder Toni Schumacher (76 Länderspiele). Flippte nie

Neuer und Torwarttrainer Tapalovic verstehen sich allein durch Blicke

aus wie Oliver Kahn (86 Länderspiele), der Gegner mit Kung-Fu-Tritten einschüchterte oder Heiko Herrlich in den Hals biss. Dennoch will Neuer nicht ausschließen, dass auch er verrückt ist, was man Torhütern grundsätzlich nachsagt. „Mich macht jedes Gegentor verrückt", beschreibt er seine Gefühle.

Sepp Maier, einer seiner Vor-Vorgänger bei Bayern und in der Nationalelf, steht per WhatsApp im Dauerkontakt mit Neuer: „Ich wünsche ihm und Tapalovic vor wichtigen Spielen regelmäßig Glück. Ich gratuliere Manuel, wenn er zu null spielt, wenn er Geburtstag hat. Und natürlich habe ich ihm gratuliert, als er mich mit 96 Länderspielen als Rekordtorwart ablöste. Noch nie hat sich einer als weltbester Torwart so lange oben etabliert." Dann schwärmt auch er vom Menschen Neuer: „Es ist sehr angenehm, dass er immer freundlich ist, wenn wir uns begegnen, obwohl uns 40 Jahre trennen." Und: „Ich

musste nach meinem Autounfall mit 35 Jahren die Karriere beenden. Der Manuel schafft es locker, bis er 40 ist."

Auch Beckenbauer meint: „Im Gegensatz zu Kollegen, die im Abstiegskampf häufiger hechten müssen, kann Neuer länger spielen. Doch der Zeitpunkt kommt, da wird er von heute auf morgen merken, dass es nun genug ist und die Karriere beenden." Hoeneß sagt: „Neuer wird so lange im Tor stehen, wie er gesund ist." Also noch über die 40 hinaus. Und wie sieht es Neuer selbst? Er sagt: „Es ist nicht mein Ziel, der Torwart zu werden, der am längsten gespielt hat. Ich will gesund bleiben. Damit die Lebensqualität nicht verloren geht, ich später noch Tennis spielen kann. Ich möchte mich nicht kaputt machen."

Er weiß sehr wohl, dass seine Karriere schon zweimal auf der Kippe stand. 2014, vor allem 2018, jeweils vor der WM.

2014 lief er in der 119. Minute des Pokalfinals gegen Dortmunds Robert Lewandowski in höchster Not weit raus, prallte auf die rechte Schulter, konnte nach dem 2:0 den Pokal – die meisten merkten das nicht – nur mit der linken Hand hochhe-

DFB-POKALSIEGER
2011 gewann er mit Schalke, zwischen 2013 und 2020 fünfmal mit den Bayern

FIFA-KLUB-WELTMEISTER
Nach den Champions-League-Titeln gewann er 2013 und 2020 jeweils auch die Klub-WM

FUSSBALLER DES JAHRES
2011 und 2014 setzte sich Torwart Neuer gegen alle Feldspieler durch

WELTMEISTER
24 Jahre nach Bodo Illgner war Neuer 2014 Deutschlands vierter Weltmeister-Torwart

Neuer 2016 mit der Meisterschale. In der Saison kassierte er gerade einmal 16 Gegentore

Nach einem 5:0 gegen Frankfurt: Neuer mit dem Deutschen Supercup 2018

Neuers Bayern gewannen den Uefa-Supercup 2020 2:1 n.V. gegen Sevilla

Am Ende der Corona-Saison 19/20 gewann Neuer mit Bayern das Champions-League-Finale gegen PSG mit 1:0. Die letzten K.o.-Spiele wurden per Finalturnier in Lissabon ausgetragen

ben. Löw haute ihm noch anerkennend auf die rechte Schulter. Tags darauf wurden die Schmerzen unerträglich, Dr. Hans-Wilhelm Müller-Wohlfahrt diagnostizierte einen Einriss am Schultereckgelenk, versprühte trotz dicker, fetter Schiene Optimismus.

Was ris-

kant war. Erst zwei Tage vor WM-Beginn in Brasilien konnte Neuer zum ersten Mal wieder mit dem Ball trainieren. Am Ende spielte Neuer eine Giganten-WM und gewann nach Siegen über Brasilien (7:1) im Halbfinale und Argentinien (1:0) im Endspiel den Titel.

Im Herbst 2017 erlitt Neuer gegen Real Madrid zum zweiten Mal einen Bruch des linken Mittelfußknochens. Bayern musste die restliche Saison auf ihn verzichten. Löw nahm ihn 2018 trotzdem mit nach Russland, Neuer hielt gut, gab jedoch zu: „Ein erneuter Rückfall hätte die Sache womöglich beenden können. Es stand alles ein bisschen auf der Kippe."

Letztlich ging er aber noch gestärkter aus diesen Situationen hervor.

Was wohl nach der Fußball-Karriere aus Neuer wird, wenn nicht Trainer, Manager, Diplomat? Man wird es sehen. Erst einmal bleibt er der beste Torwart der Welt.

Bayern hat unlängst zwei Spaß-Videos ins Netz gestellt. Das eine zeigt Neuer, wie er aus 100 Metern Entfernung den Ball in Richtung Kirchturm wirft und zielsicher ins Turmfenster trifft. Das zweite, wie er über zwei Plätze dem Zeugwart Bälle ins Netz wirft. Wetten, dass Neuer auch einen Ball quer über den Tegernsee auf das Grundstück von Uli Hoeneß werfen kann? ⬡

Neuers Vertrag bei den Bayern läuft bis 30. Juni 2023. Dann wäre er 37 Jahre alt.

Weltmeister und Welttorhüter

Manuel Neuer wurde am 27. März 1986 in Gelsenkirchen geboren. Ab 1991 spielte er in der Jugend von Schalke 04, 2005 wurde er Profi-Torwart. 203 Spiele für S04, DFB-Pokalsieg und Champions-League-Halbfinale 2011. Zur Saison 2011/12 wechselte er für 30 Mio. Euro zum FC Bayern. In München gewann

Neuer 25 Titel. Persönliche Auszeichnungen: Welttorhüter 2013 – 2016 und 2020, Deutschlands Fußballer des Jahres 2011 und 2014. Dritter bei der Weltfußballerwahl 2014. 2009 debütierte er in der Nationalmannschaft. Mit 104 Einsätzen DFB-Rekordtorhüter. WM-Dritter 2010, Weltmeister 2014. 2019 erhielt er für sein soziales Engagement den Verdienstorden des Landes Nordrhein-Westfalen und die Bayerische Staatsmedaille.

EUTSCHER MEISTER eit 2013 holte Neuer alle eun Titel in Folge. Insgesamt gewannen nur David Alaba und Thomas Müller häufiger die Schale (10)

5

DEUTSCHER SUPERPOKALSIEGER Mit den Bayern gewann er 2012, 2016 – 18 und 2020. Aber: Fünfmal verlor er auch das Supercup-Finale

2

UEFA-SUPERCUP-SIEGER Das Duell zwischen Champions-League- und Europa-League-Sieger gewann Neuer 2013 und 2020

2

CHAMPIONS LEAGUE Nach dem verlorenen Finale 2012 gegen Chelsea gewann Neuer 2013 und 2020 die Königsklasse

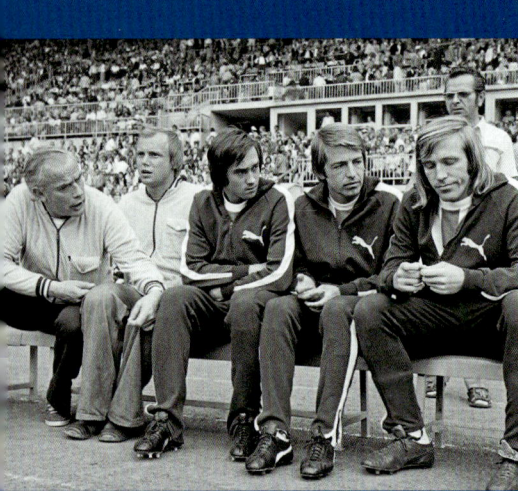

Gladbach-Trainer Hennes Weisweiler (l.) hatte Netzer (r.) in der regulären Spielzeit auf der Bank schmoren lassen, weil der seinen Wechsel zu Real bekannt gegeben hatte

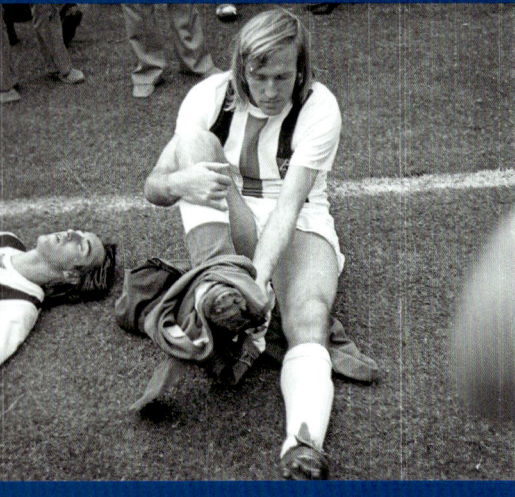

In der Pause vor der Verlängerung signalisierte Christian Kulik, dass er platt sei. Daraufhin sagte Netzer: „Ich spiel dann jetzt." Und wechselte sich selbst ein

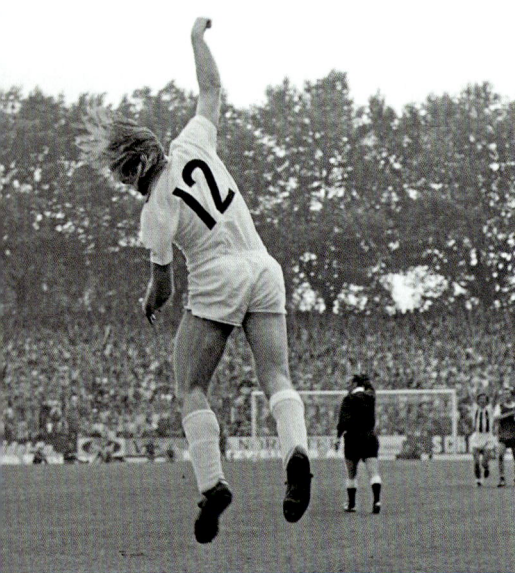

Nach Doppelpass mit Rainer Bonhof traf Netzer durch seine erste Aktion im Spiel – und jubelt ungewohnt ausgelassen

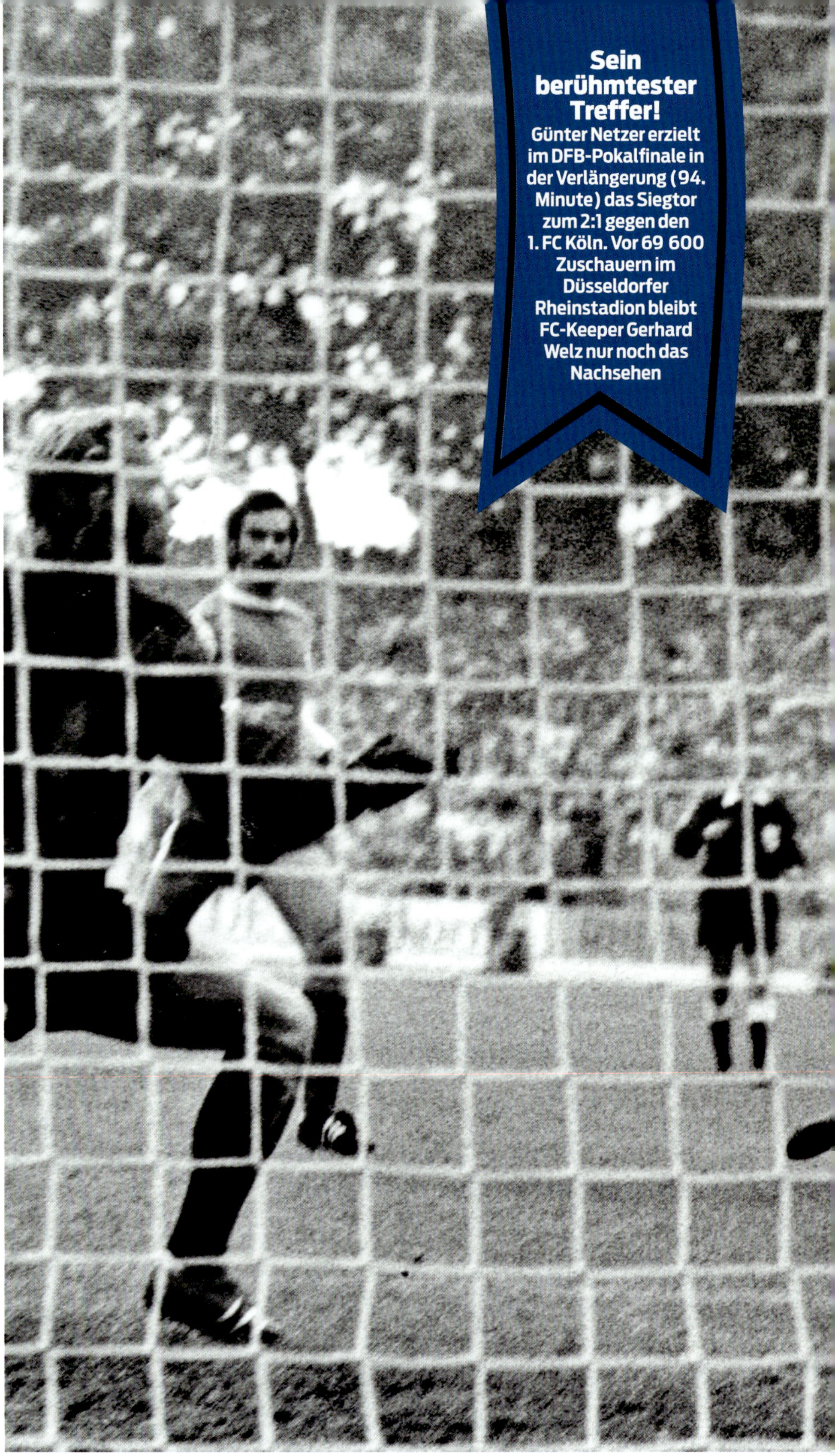

Sein berühmtester Treffer!
Günter Netzer erzielt im DFB-Pokalfinale in der Verlängerung (94. Minute) das Siegtor zum 2:1 gegen den 1. FC Köln. Vor 69 600 Zuschauern im Düsseldorfer Rheinstadion bleibt FC-Keeper Gerhard Welz nur noch das Nachsehen

Von ***Raimund Hinko***

Mit sichtlichem Vergnügen erzählt Günter Netzer die Geschichte von seiner Herzoperation. Davon, dass ihm 2016 sechs Bypässe gelegt wurden. Er hat so gute Laune, weil er die Pointe schon kennt. Plötzlich lacht er laut prustend drauflos und sagt: „Der Arzt hat mir tatsächlich geraten, in Zukunft Sport zu treiben!"

Wer ihm zuhört, lacht gleich mit. Nicht nur, weil Netzer so einen feinen Humor hat, sondern weil der Zuhörer weiß, wie ungern Netzer während seiner großartigen Karriere gelaufen ist. Dass er lieber andere für sich laufen ließ, wie bei Mönchengladbach den Dauerrenner Herbert „Hacki"

GÜNTER NETZER

„Günter gehört zu den zehn besten Fußballern der Geschichte"

Weggefährten wie Vogts, Breitner und Beckenbauer adeln den Ex-Gladbacher, der nicht nur dank extravaganter Frisur auffiel

Wimmer – mittlerweile zweimal an der Hüfte operiert. Oder Berti Vogts, der sagte: „Für den Günter werde ich immer rennen." Oder bei Real Madrid Paul Breitner, der im Mittelfeld gefühlt fünfmal so viel lief wie Netzer.

In der Nationalmannschaft ist sogar Franz Beckenbauer für ihn gelaufen. Als sich Netzer über knallharte, tretende Manndecker beschwerte und aufheulte: „Ich schwebe in Lebensgefahr", rannte der Kaiser aus der Libero-Position ins Mittelfeld vor, und Netzer ließ sich nach hinten fallen. So entstand am 29. April 1972 eines der besten Länderspiele aller Zeiten, im Londoner Wembley-Stadion. Bei diesem 3:1-Sieg gegen die Engländer (Tore Hoeneß, Netzer, Müller) wurde das Ramba-

Der Lohn: Netzer mit seinem ersten und einzigen DFB-Pokal. Links hinter ihm: der damalige Stürmer Jupp Heynckes

Netzer gab stets die Richtung vor, nicht nur bei Gladbach, sondern auch in seinen 37 Länderspielen für Deutschland

Netzer trifft per Foulelfmeter 1972 gegen England zum 2:1 (Endstand: 3.1) – sein wohl bestes Länderspiel und der erste deutsche Sieg in Wembley

Zamba geboren. Mit diesem Wechselspiel gewann Deutschland mit der spielstärksten Mannschaft der Geschichte den EM-Titel.

Vogts spielte seit 1965 als Rechtsverteidiger hinter Netzer, bis der 1973 zu Real Madrid ging. Er sagt: „Günter gehört zu den zehn besten Spielern der Fußballgeschichte. Er hat Pässe gespielt, die es heute fast nur noch an der PlayStation gibt. Das diagonale Spiel hat er schon Anfang der 70er-Jahre beherrscht. Er konnte gar nicht anders, als mit seinen großen Füßen den Ball per rechtem Innenspann nach links zu spielen."

Weil er wusste, wie gut er war, nahm sich Netzer auch Freiheiten raus. Vogts: „Manchmal erschien er erst Mittwochnachmittag zum Training, doch wenn wir das Spiel in den freien Raum geübt haben, konnte das auch drei Stunden dauern. Weil Trainer Hennes Weisweiler und der Günter nicht damit zufrieden waren. Bis wir anderen sagten: ‚Ihr beiden könnt uns mal. Wir haben die Schnauze voll.' Da war nicht immer alles Friede, Freude, Eierkuchen."

Diese Sätze von Vogts widerlegen zweierlei. Zum einen, dass Netzer generell trainingsfaul war – und zum anderen, dass er mit Weisweiler nicht konnte. Das war erst

zum Ende in Gladbach der Fall und auch für alle ersichtlich – bei der unglaublichen Geschichte vom Pokalfinale 1973 gegen den 1. FC Köln, dem 349. und letzten Spiel Netzers für die Borussia, als ihn Weisweiler nicht aufstellte. Als er sich zur Halbzeit weigerte, eingewechselt zu werden. Als er

„Er hat Pässe gespielt, die es heute fast nur noch an der PlayStation gibt"
Teamkollege Berti Vogts

sich zur Verlängerung vor 69 600 Fans im Stadion mit dem Satz „Ich spiele dann jetzt" selbst einwechselte. Und bei seiner ersten Aktion mit seinem schwächeren linken Fuß mit ungeheurer Wucht aus 13 Metern das 2:1-Siegtor schoss – seinen 129. Treffer für die Fohlen. Es war das vielleicht schönste Abschiedsgeschenk der deutschen Fußball-Geschichte, nur 185 Sekunden nach der Einwechslung. Es wurde Tor des Jahres. „Ich habe den Ball völlig falsch getroffen. Es war das größte Glück, das einem Fußballer je passiert ist. So was wird in den nächsten hundert Jahren nicht mehr passieren", sagt Netzer.

Im EM-Viertelfinale 1972 schießt Netzer gegen England einen Freistoß. Deutschland gewann 3:1

Vogts erzählt, dass Weisweiler ihm Netzers Kapitänsbinde geben wollte. Er weigerte sich: „Nein, der Günter ist mein Freund. Wenn der nicht spielt, kann ich nicht Kapitän sein. Nehmen sie den Hacki Wimmer." Netzer stieg danach auf dem Weg zur Siegesfeier nicht in den Mannschaftsbus. „Er fuhr mit dem Ferrari hinterher", sagt Vogts und lacht.

Zwei Jahre später traute Vogts seinen Augen nicht, als sich Netzer und Weisweiler, mittlerweile Trainer des FC Barcelona, in Spanien bei einem Turnier trafen. „Da haben sich die beiden abgeküsst. Das war der Hammer", sagt Vogts, der von Netzer eingeladen war. „Zwei der größten Persönlichkeiten des deutschen Fußballs plötzlich eng vereint."

Netzer genoss auch das Leben neben dem Platz. Vor allem schnelle Autos. „Günter hatte immer einen Porsche. Als ich ein bisschen Geld hatte, habe ich mir auch einen Porsche geholt. Da hat er sich einen Jaguar gekauft, um schneller zu sein. Ich holte mir einen noch schnelleren Porsche, er konterte mit einem Ferrari. Da konnte ich nicht mehr mithalten", erzählt Vogts. Netzer, längst auch ein guter Geschäftsmann, privat auch gern das Image eines Playboys pflegend, parkte das rote Geschoss neben seiner Diskothek „Lovers' Lane", um Gäste anzulocken – auch wenn er längst im Bett lag. Sogar Sepp Herberger betrat in hohem Alter den Laden, aus reiner Neugier, wie ein Fußballer es wagen kann, auch Wirt zu sein. Ein Fußballer, der es gewagt hatte, seiner These „Elf Freunde müsst ihr sein" zu widersprechen. „Er tat mir leid, weil wir uns in dem Lärm anbrüllen mussten", sagt Netzer voller Respekt. „Er fand es jedoch toll, die jungen Leute da zu sehen."

In seiner Disco musste er Sepp Herberger anbrüllen, weil es so laut war

Netzer war auch nach der Karriere erfolgreich. Als HSV-Manager holte er die Trainer Branko Zebec und Ernst Happel, den 34-jährigen Franz Beckenbauer aus New York und Horst Hrubesch. Die Krönung war der Landesmeistercup-Finalsieg gegen Juventus Turin 1983. Im Bandenwerbungs-Geschäft mischte er mit, und als ARD-Experte war er selbst wieder ein Topstar.

Als wir telefonierten, einigten wir uns auf zwei Highlights seiner Karriere.

Das erste: Am 14. 4. 1971 schwebte Netzer gegen Bayern München mit Riesen-

Am 33. Spieltag feiert Gladbach 1970 die Meisterschaft nach einem 4:3 gegen den HSV. In der 55. Minute hatte es noch 4:0 gestanden. Weisweiler zeigt die Schale. Vorn in der Mitte: Netzer

1971: Netzer elegant am Ball gegen Dortmund (4:3) – auf dem Weg zur Meisterschaft

Seltener Anblick: Netzer mit kurzen (!) Haaren an der Eckfahne beim Spiel gegen Köln (2:0) im April 1970

Real Madrid gewann 1974 im Liga-Spiel gegen Elche 5:1. Netzer dreht nach seinem Treffer zum 1:0 eine Runde hinter dem Tor.

1974: Ein Jahr nach Netzer kam auch Paul Breitner zu Real Madrid. Gemeinsam holten sie das Double 1975 und die Meisterschaft 1976

Von 1978 bis '86 war er HSV-Manager. Hier freut sich Netzer (r.) mit Co-Trainer Aleksandar Ristic, Felix Magath und Trainer Ernst Happel (v. l.) über den Landesmeisterpokal 1983

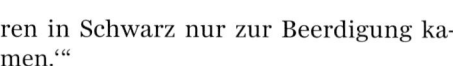

Nur gut 200 Meter von seinem Geburtshaus in der Gasthausstraße 31 eröffnete Netzer 1971 die Diskothek „Lovers' Lane". Zur Einweihung kamen auch Köln-Star Wolfgang Overath (l.) und Berti Vogts (r.)

1971 eröffnete Netzer in Mönchengladbachs Altstadt das Lokal „La Laque" – nach der Disco Lovers' Lane sein zweiter Laden. Hier präsentiert er an Neujahr 1972 einen ziemlich großen Cocktail

schritten über den Platz, an drei Gegnern vorbei. Ehe sich Franz Beckenbauer auf ihn stürzen konnte, zog er aus 18 Metern ab, der Ball schlug zum 1:0 ein, Gladbach gewann 3:1 und wurde später Meister. Netzer: „Ich kann mich immer noch an die Worte vom Franz erinnern. ,Sag mal, hast du sie noch alle? Wenn ich den Ball an den Kopf gekriegt hätte, wäre ich tot gewesen.' Der Ball hatte eine unheimliche Wucht, er zog Gott sei Dank den Kopf ein."

Und der zweite Höhepunkt, der in keinem Geschichtsbuch aufgeführt ist: Nach dem EM-Sieg 1972 wurde Mönchengladbach für ein hohes Honorar von der AS Rom eingeladen, natürlich nur, wenn Netzer mitspielt, der sich gerade die große Zehe gebrochen hatte. Trainer Weisweiler sagte ihm: „Flieg mit, Rom ist eine tolle Stadt." Erst mal dort, bekniete Weisweiler Netzer, er solle spielen, bekäme eine Spritze. „Meine Schmerzens-Schreie hat man bis in die Kabine der Römer gehört. Ich schoss zwei Tore, machte aus Groll gegen den Trainer eines der besten Spiele meines Lebens. Wollte allen beweisen, dass ich aufgrund meines Charakters zu besonderen Leistungen fähig bin."

Von wegen Weichei, von wegen „der Schlappe", so Netzers Spitzname. Im römischen „Corriere dello Sport" stand am nächsten Morgen: „Der weiße Pelé war in der Stadt."

Netzer hüllte damals als erster Fußballstar seine sensiblen Füße in hauchdünne, von Puma maßgeschneiderte Schuhe aus Känguru-Leder. „Größe 46 zwei Drittel", betont Netzer und tut, als wäre er beleidigt, wenn jemand 47 sagt. „Die Schuhe waren wie eine zweite Haut, damit ich die totale Kontrolle über den Ball hatte. Wenn mich jemand trat, zerrissen sie."

Also laufend. Dafür leuchteten sie in schrillem Grün. Netzer war natürlich auch da der Erste, der dem farbigen Fußballschuh zum Durchbruch verhalf. „Anfangs habe ich mich zu Tode geschämt."

Privat trug Netzer immer auffallend schwarze Klamotten. Auch das „Lovers' Lane" war schwarz ausgestattet. Netzer ist bis heute stolz, dass er ein Influencer der 60er und 70er war. „Als Schwarz zehn oder 15 Jahre später modern wurde, schrieb ein Journalist: ,Ach, was redet ihr? Der Netzer hat schon Schwarz getragen, wo die anderen in Schwarz nur zur Beerdigung kamen.'"

Es war auch die Zeit, als Netzer nach der grandiosen EM 1972 zwei Jahre später in ein Loch fiel. Nach einer Verletzungspause kam er bei der WM 1974 nur beim 0:1 gegen die DDR zu einem Kurzeinsatz. Es gibt heutzutage etliche Spieler, die sich Weltmeister nennen, obwohl sie keine Sekunde gespielt haben. Doch Netzer beharrt darauf: „Ich bin kein Weltmeister."

Obwohl er 1974 dabei war, sieht sich Netzer nicht als Weltmeister

Und begründet es so: „Das ist mein Charakter, mein Naturell, weil ich auf dem Spielfeld nichts geleistet habe. Meine Leistungen lagen auf einem ganz anderen Gebiet. Dass ich mich ruhig verhalten habe als abservierter Star. Dass ich nicht für Unruhe gesorgt habe innerhalb der Mannschaft. Journalisten aus der ganzen Welt waren da, warteten auf meine Abrechnung. Ich habe meinen Konkurrenten Wolfgang Overath sogar unterstützt, ihn aufgefordert, gute Leistungen zu bringen. Das, was ich beigetragen habe, war nicht sichtbar. Deshalb bin ich kein Weltmeister."

Seine vielleicht glücklichste Zeit verbrachte Netzer bei Real Madrid. Als es im ersten Jahr nicht lief, wünschte sich Trainer Miljan Miljanic nach der WM 1974

Unverzichtbar: Für sein Markenzeichen, die langen Haare, brauchte Netzer natürlich eine gute Bürste. Hier ein Foto aus dem Jahr 1972

An der Seite von Gerhard Delling war Netzer von 1998 bis 2010 Fußball-Experte für die ARD

100 Einsätze und vier Titel für Real Madrid

Günter Netzer wurde am 14. September 1944 in München Gladbach (heute Mönchengladbach) geboren. Dort fing er 1952 bei den Junioren des lokalen 1. FC an, wechselte 1963 zu den Profis von Borussia Mönchengladbach. Er blieb bis 1973 (349 Spiele, 129 Tore), wurde zweimal Meister und einmal Pokalsieger. Von 1973 bis 1976 spielte er für Real Madrid (100 Einsätze, 13 Treffer), holte je zwei Meistertitel und Pokalsiege. 1976/77 lief er für Grasshopper Club Zürich (30 Spiele, 3 Tore) auf, beendete dann seine Karriere. In der Nationalelf hatte Netzer 37 Einsätze (6 Tore), wurde 1972 Europa- und 1974 Weltmeister. Nach der Karriere übernahm er von 1978 bis 1986 den Managerposten beim HSV (u. a. Landesmeister-Europapokalsieg 1983). Von 1998 bis 2010 war Netzer TV-Experte in der ARD an der Seite von Gerhard Delling. Hierfür bekam er 2010 und 2019 den **SPORT BILD**-Award, 2015 erhielt er diese Auszeichnung für sein Lebenswerk.

Paul Breitner von den Bayern. Er verriet mir damals: „Paul wird der Chef von Netzer." Es funktionierte hervorragend. Real war 1974 mit 16 Punkten (es galt noch die Zweipunkte-Regel) Rückstand auf Meister Barcelona nur Achter, 1975 plötzlich mit zwölf Punkten Vorsprung Meister, 1976 mit fünf Punkten ebenfalls. Netzer spielte, befreit von Abwehraufgaben, groß auf.

„Ich habe keinen einzigen Spieler in meiner Laufbahn erlebt, der so brillant gespielt hat wie 1974/75 der Günter", sagt Breitner. „Obwohl ich zum besten Ausländer gewählt wurde, weil ich im Mittelfeld die Schrauben anzog und wieder lockerte, war ich vom Günter während des Spiels immer wieder begeistert, hätte am liebsten geklatscht, wenn er seinen Kunststückchen, seiner Kreativität freien Lauf ließ. Es war fantastisch. Ich sagte ihm, was ich später auch zu Karl-Heinz Rummenigge bei Bayern gesagt habe: ‚Wehe, ich sehe dich näher als zehn Meter vor unserem Strafraum. Außer wir brauchen dich für die Mauer. Suche dir gefälligst einen freien Raum, in dem ich dich dann anspielen kann. Dann machst du was.' Den Rest habe ich organisiert."

Breitners Aktionen gingen über das Spielfeld hinaus. Netzer hatte bis dahin in Hotels gewohnt, sich ein Haus gekauft, war wieder ins Hotel gezogen. Doch auf einmal verbrachte er immer mehr Tage und auch Nächte bei der Familie Breitner. „Er war Teil unserer Familie, zu unseren Töchtern Ines und Martina wie ein Onkel.

Hilde, meine Frau, sagte: ‚Günter, du kannst immer da sein, wenn du möchtest. Die einzige Aufgabe, die du übernehmen musst, ist mit Dino, unserem Hund, Gassi zu gehen.' Günter liebte Tiere. Es waren zwei wunderbare Jahre gemeinsam mit ihm. "

Netzer ist heute mit sich im Reinen. Er hat immer gemacht, was ihm gerade einfiel, und es war richtig. „Ich habe in meinem Leben nie etwas geplant." Er ist in der langjährigen Ehe mit seiner charmanten Elvira jung geblieben. Trotz der sechs Bypässe. „Manchmal rieselt leise der Kalk", spottet er über sich selbst. „Doch ich benehme mich heute immer noch wie ein kleiner Junge." Gibt's ein schöneres Schlusswort? ●

Seine Frau Elvira kennt Netzer seit 1979, 1987 heiratete er das ehemalige Fotomodell, gemeinsam haben sie eine Tochter (Alina)

PELÉ
Der größte Weltmeister aller Zeiten!

Drei WM-Titel als Spieler gewann nur der Brasilianer.
Beim FC Santos verdiente er 5000 Dollar im Monat. Für den Klub schoss er
über 1000 Tore. Trotz einer Sehschwäche und einer Nierenkrankheit

Von **Torsten Rumpf**

Noch heute bekommt Pelé Gänsehaut, wenn er die ergreifenden Bilder vom 29. Juni 1958 aus dem Råsunda-Stadion nahe Stockholm sieht. Der damals 17-Jährige lehnte sich an die Schulter von Mitspieler Gilmar († 83) und weinte. Brasilien wurde durch ein 5:2 gegen Gastgeber Schweden erstmals Weltmeister – und Pelé über Nacht ein Weltstar. An diesem Tag war der Fußball-Gott Pelé geboren.

„Ich erzielte zwei Treffer. Nach der Demütigung bei der Heim-WM acht Jahre zuvor machten wir endlich unser ganzes Land glücklich – und ich war dabei. Ich hatte nie vergessen, wie mein Vater vor dem Radio weinte, als Brasilien 1950 im Maracanã den WM-Sieg gegen Uruguay verspielte. Ich versprach ihm damals: Ich werde für dich eines Tages die Copa do Mundo gewinnen. Dass mir das acht Jahre später gelang, ist ein Märchen für mich. Deshalb konnte ich all meine Emotionen nicht zurückhalten", erklärte Pelé die Situation bei einem Termin mit SPORT BILD.

Spricht man mit ihm über seine ruhmreiche Karriere, strahlen seine dunkelbraunen Augen. „Ich hätte nie gedacht, dass ich einmal ein ganz Großer werden würde", gibt er zu. Ein ganz Großer? Er wurde der Allergrößte. Dreimal gewann Pelé die Weltmeisterschaft (1958, 1962, 1970) mit der Seleção – das gelang bis heu-

te keinem anderen Spieler. Er holte je zweimal den Weltpokal und den Libertadores-Cup sowie sechsmal die brasilianische Meisterschaft mit dem FC Santos, einmal wurde er NASL-Soccer-Bowl-Champion mit Cosmos New York. „Ich bin sozusagen fünfmal Weltmeister geworden. Dreimal mit der Seleção, zweimal mit Santos. Ich bin Gott für immer dankbar, dass dies alles nicht vergessen wird, wenn ich mal nicht mehr bin", sagt Pelé.

Das wird man nicht, betont Zico. Der ehemalige brasilianische Weltklasse-Mittelfeldspieler wurde in den 80er-Jahren als der weiße Pelé gefeiert. Was ihm immer peinlich war. Zico zu SPORT BILD: „Pelé ist der beste Spieler aller Zeiten – und das mit Abstand."

Doch was machte Edson Arantes do Nascimento, wie Pelés eigentlicher Name ist, so außergewöhnlich? Er war ein Stür-

Pelé (3. v. l.) vergießt Freudentränen an der Schulter von Torwart Gilmar (2. v. r.) nach dem 5:2-Triumph im WM-Finale 1958 gegen Gastgeber Schweden. Brasilien wurde zum ersten Mal Weltmeister – und der erst 17 Jahre alte Pelé zum Weltstar

Der Beste!
Jairzinho
(Rückennummer 7)
trägt Torschütze
Pelé auf Händen,
nachdem er im
WM-Finale 1970
gegen Italien zum 1:0
getroffen hatte.
Brasilien gewann 4:1.
Für Pelé und Brasilien
war es der dritte
WM-Titel

Perfekte Haltungsnoten: Am 2. Juni 1965 beim 5:0 der Brasilianer gegen Belgien liegt Pelé bei einem Fallrückzieher quer in der Luft

mer ohne Schwächen: Seine Technik und Tricks waren genial. Unvergessen, wie er im WM-Finale 1958 das zwischenzeitliche 3:1 erzielte. Pelé nahm eine Flanke von Nilton Santos († 88) mit der Brust an, hob den Ball mit der nächsten Bewegung über einen Verteidiger und schoss ihn dann volley ins Tor.

Er war unglaublich schnell und beweglich. Wenn er an den Gegenspielern vorbeidribbelte, klebte der Ball an seinem Fuß. Dank seiner Robustheit und Fitness ließ er sich von üblen Attacken nur selten stoppen. Dazu war er beidfüßig und trotz seiner nur 1,73 Meter Körperlänge unglaublich kopfballstark. Der Beleg für seine Torgefährlichkeit: 1281 Treffer erzielte Pelé in 1363 Spielen.

Welches Tor ihm besonders in Erinnerung geblieben ist? „Kein Zweifel, die Treffer bei der WM 1958 werde ich nie vergessen. Und dann natürlich mein 1000. Tor. Sicher, es war keine WM, eigentlich war es gar nichts, aber ich habe so gezittert, obwohl ich ein erfahrener Spieler war", sagt Pelé.

Pelé zeigt 1962 stolz den WM-Pokal. Der Superstar fehlte verletzt im Finale gegen die CSSR, das Brasilien in Santiago de Chile 3:1 gewann

Von 1958 bis 1966 ein Traumpaar in Brasiliens Nationalmannschaft: Pelé und Garrincha (r.)

Pelé gab 1956 als 15-Jähriger sein Debüt bei den Profis des FC Santos

Pelé wird nach dem 4:1 im Finale gegen Italien und dem dritten WM-Titel mit Brasilien vor 107 000 Zuschauern im Aztekenstadion in Mexiko-Stadt auf Händen getragen

Das war am 19. November 1969. Über 80 000 Zuschauer kamen ins Maracanã-Stadion zu der Partie Vasco da Gama gegen den FC Santos (1:2). Die Partie hatte keinen Einfluss auf den Ausgang der brasilianischen Meisterschaft. Doch die Fans wollten Zeitzeugen eines historischen Moments sein, sollte Pelé seinen Jubiläums-Treffer erzielen – was ihm per Elfmeter gelang. Pelé rannte ins Tor, küsste den Ball, und Sekunden später standen die Fotografen und Kameraleute schon vor ihm. Die Menschen ließen den Jubilar hochleben, trugen ihn mit dem Ball in der Hand auf den Schultern über die Ehrenrunde.

Zwölf Jahre zuvor hatte Pelés große Karriere beim FC Santos begonnen. Nachdem er bereits mit 16 Jahren 30 Spiele für die erste Mannschaft absolviert hatte, unterschrieb Pelé am 25. Juni 1957 seinen ersten Profi-Vertrag. Das Monats-Gehalt betrug 6000 Cruzeiros. Das waren damals noch nicht einmal zwei gesetzlich festgelegte Mindestlöhne in Brasilien.

Als Pelé 1972 seinen letzten Kontrakt beim FC Santos unterzeichnete, lag das Monatsgehalt bei 30 000 Cruzeiros, damals etwa 5000 US-Dollar, mit heute berücksichtigter Inflationsrate waren es sogar rund 30 000 US-Dollar. Dazu gab es eine Bonuszahlung von 2,193 Millionen Cruzeiros (etwa 360 000 US-Dollar) für zwei Jahre, wovon 986 000 Cruzeiros (rund 160 000 US-Dollar) direkt auf sein Konto überwiesen wurden und der Rest in drei Raten. Zum Vergleich: Der in Brasilien 1972 gesetzlich festgelegte Monats-Mindestlohn lag bei rund 268 Cruzeiros (44 US-Dollar).

„Kein Zweifel, die Treffer bei der WM 1958 werde ich nie vergessen"
Pelé über besondere Tore

Pelé verdiente darüber hinaus an den Gastspiel-Gagen des FC Santos mit, wenn der Klub auf Welt-Tournee ging. Auch in Deutschland trat Brasiliens Traditionsklub

mit seinem Mega-Star an, zum Beispiel am 20. Oktober 1962 im Volksparkstadion gegen den Hamburger SV (3:3) oder am 2. Juni 1963 an der Essener Hafenstraße gegen den FC Schalke (2:1). 30 Prozent des Antrittsgelds gingen in der Zeit von 1959 bis Ende der 60er-Jahre auf das Konto von Pelé. Unvergessen bei diesen Reisen mit seinem Klub: Beim 4:2 am 17. Juni 1968 in Bogotá gegen die kolumbianische Jugendauswahl sah Pelé eine Rote Karte. Diese wurde jedoch zurückgenommen – weil das Publikum den Schiedsrichter so lautstark auspfiff, dass dieser seine Pfeife abgab und Pelé zurück auf den Platz kommen durfte. 1969 wurde der Bürgerkrieg im Kongo sogar unterbrochen, damit Santos von Kinshasa nach Brazzaville mit seinem phänomenalen Offensivspieler mit der legendären 10 gelangen konnte.

Diese Nummer bekam Pelé in der Nationalmannschaft per Zufall zugeteilt. Die brasilianische Föderation hatte der Fifa vor der WM 1958 keine Rückennummer genannt. Deshalb verteilte der Weltverband diese frei Schnauze – und Pelé bekam zufällig die 10. Seit der WM sein Markenzeichen. Und weltweit die Nummer, die für Genialität auf dem Rasen steht. „Bis zu dieser WM hatte die Rückennummer für uns keine Bedeutung. Aber nachdem wir Weltmeister wurden und ich dabei als jüngster Spieler die 10 trug, bekam das Trikot die Wichtigkeit, die es bis heute hat." Sein letztes Tor für Brasilien erzielte Pelé am 11. Juli 1971 in einem Freundschaftsspiel gegen Österreich (1:1). Insgesamt waren es 77 Treffer in 92 Länderspielen.

Pelé räumt ein, sehr oft von seinen Mitspielern profitiert zu haben – wie seinem Landsmann Garrincha († 49): „Ich habe nie an der Seite eines Besseren gespielt." Garrincha war ein Edeltechniker, bekannt durch seine Tricks wie die Garrincha-Doppelschere. Ihr erstes gemeinsames Länderspiel war am 18. Mai 1958 gegen Bulgarien (3:1), das letzte am 12. Juli 1966 bei der WM in England im Gruppenspiel erneut gegen Bulgarien (2:0). Insgesamt waren es 40 gemeinsame Partien für die Seleção, 36 Siege, vier Unentschieden, keine Niederlage.

Als „König" wird Pelé, der im Kindesalter als Schuhputzer zum Lebensunterhalt der Familie mit beigetragen hat, in seiner Heimat verehrt. Pelé: „Wenn mich einer auf diesen Titel anspricht, antworte ich im Spaß: Ich war aber immer ein König ohne Krone."

Erst vor der WM 1970 kam heraus, dass Pelé an einer Sehschwäche litt

Selbst seine Augenprobleme konnten ihm nichts anhaben. Jahrelang spielte er mit einer Sehschwäche, Pelé war kurzsichtig. Erst vor der WM 1970 kam heraus, dass er auf dem linken Auge eine Korrektur von 2,5 Dioptrien, auf dem rechten 1,5 Dioptrien benötigt. Trotzdem hatte er immer den Durchblick.

Eine Freigabe für einen Wechsel ins europäische Ausland während seiner Glanzzeit bekam er nie – dabei wollten der AC sowie Inter Mailand und Real Madrid ihn unbedingt. Auch deutsche Klubs hatten Interesse, darunter der FC Bayern München Anfang der 60er-Jahre. Pelé: „Der damalige Präsident Roland Endler hatte mich direkt angesprochen." Selbst Hannover 96 dachte intensiv über eine Verpflichtung nach. Das war 1964. Die Niedersachsen stiegen in die Bundesliga auf. „Ein Mann aus dem Verwaltungsrat, ein Eismaschinenverkäufer, wollte Pelé holen," sagt der damalige 96-Spieler Friedel Schicks.

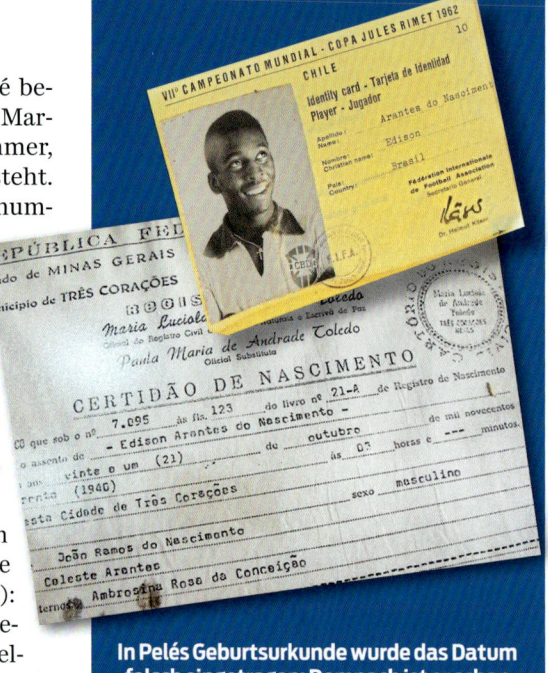

In Pelés Geburtsurkunde wurde das Datum falsch eingetragen: Demnach ist er schon am 21. Oktober 1940 – also zwei Tage früher – zur Welt gekommen. Auch der Vorname ist falsch: Statt Edson steht in der Urkunde Edison. Foto oben: Pelés Fifa-Identitätskarte für die WM 1962, die sich an der Geburtsurkunde orientierte

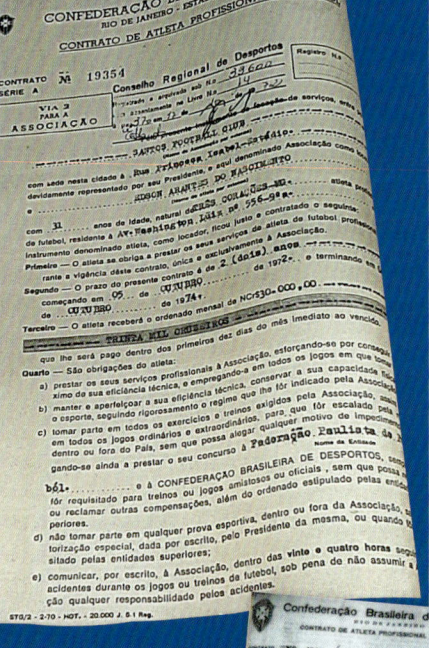

SPORT BILD zeigt Pelés ersten (l.) und letzten Vertrag (r.) beim FC Santos. Sein erstes Gehalt lag 1957 bei 6000 Cruzeiros im Monat. Als er 1972 seinen letzten Kontrakt unterschrieb, kassierte er 30 000 Cruzeiros an Grundgehalt im Monat

Pelé am 1. Oktober 1977 während seiner Zeit bei Cosmos New York mit Franz Beckenbauer (r.) und Giorgio Chinaglia (l.)

Das gelang nicht, weil Pelé sich in seiner Heimat wohlfühlte – und die brasilianische Regierung ihr Veto gegen ein Verkauf ins Ausland einlegte. Der berühmteste Mann des Landes, der aus einfachen Verhältnissen stammt, war für die Bevölkerung ein Hoffnungsträger. Für die Politik ein idealer Repräsentant der heilen Welt in einem kriselnden Brasilien.

Erst nach der großen Karriere ließ ihn die Regierung ziehen. 1975 wechselte Pelé in die USA zu Cosmos New York. Kurios: Dort eröffnete ihm der Mannschaftsarzt, dass eine seiner Nieren nicht mehr funktionieren würde. Daraufhin ließ sich Pelé operieren. Umso erstaunlicher, dass der Weltstar seine genialen Leistungen bei Santos zuvor trotz dieser Funktionsstörung stets abrufen konnte.

Pelé ist unendlich dankbar für alles, was ihm widerfahren ist. Auch deshalb hat er die Menschlichkeit und Bodenhaftung nie verloren. Bei Treffen und Auftritten in der Öffentlichkeit ist er demütig, herzlich und bescheiden, aber dennoch mit einer klaren Meinung. Er gibt zu, dass es mit seiner Spielweise im heutigen, schnellen Profifußball für ihn schwieriger wäre, derart zu brillieren wie zu seiner Zeit: „Weil wir zu meiner Zeit mehr Freiraum hatten, den Ball mal stoppen konnten. Früher haben wir Fußball gespielt. Heute wollen viele Jungs nur zerstören. Wer Eintritt bezahlt, will Spektakel und nicht nur Manndeckung und Pressing. Wir haben mehr Show geliefert."

Pelé verbringt seinen Lebensabend im Nobelort Guaruja, nur rund 10 Kilometer von der Hafenstadt Santos entfernt – wo seine ruhmreiche Karriere mit 15 Jahren begann.

Pelé im Duell mit HSV-Verteidiger Jürgen Werner. 1962 gastierte der Superstar mit Santos im Hamburger Volksparkstadion. Das Freundschaftsspiel endete 3:3

Königin Elisabeth II. schlug ihn zum Ritter. Bei der UN war er Sonderbotschafter

Pelé wurde am 23. Oktober 1940 mit dem bürgerlichen Namen Edson Arantes do Nascimento geboren. Anfang 2020 gab es Meldungen, nach denen die Legende unter Depressionen leiden würde. Das dementierte Pelé. Allerdings bereitete ihm seine operierte Hüfte Probleme, sodass er nur mit Gehhilfe laufen konnte. Der Brasilianer lebt seit seinem Karriereende 1977 von seinem Legenden-Status. Er war als UN-Sonderbotschafter weltweit für zahlreiche Entwicklungsprojekte tätig. Er verdiente Millionen durch Werbung für Unternehmen wie Mastercard, Pepsi, Viagra oder VW.

Pelé versuchte sich auch als Sänger und Schauspieler – ohne großen Erfolg. Der frühere Staatspräsident Fernando Henrique Cardoso (89) ernannte Pelé von 1995 bis 1998 zum außerordentlichen Sportminister. Der dreimalige Weltmeister (1958, 1962, 1970) erhielt zahlreiche Ehrungen: Königin Elisabeth II. schlug ihn 1997 zum Ritter des britischen Königreiches. Von der Fifa wurde er 1999 zum besten Spieler des 20. Jahrhunderts gekürt. Und wie wurde aus Edson Pelé? Weil er als kleiner Junge den Namen seines Vorbildes, Torwart Bilé von Vasco da Gama aus São Lourenço, nicht aussprechen konnte, hänselten ihn seine Spielkameraden mit dem Spitznamen Pelé.

Pelé lebt heute in der Küstenstadt Guaruja in der Nähe von Santos

Sein größter Triumph!
Michel Platini hält den EM-Pokal hoch. 1984 war er der überragende Spieler des Turniers im eigenen Land und erzielte neun der 14 französischen Tore in fünf Spielen – damit wurde Platini Torschützenkönig der EM. Der Franzose war Spielmacher und Torjäger in einem

MICHEL PLATINI

„Ich habe wie beim Schach immer zwei Züge vorausgedacht!"

Von **Torsten Rumpf**, **Rainer Kalb** und **Raimund Hinko**

Der Franzose war dreimal Europas Fußballer des Jahres. Ein Genie am Ball! Als er 17 war, urteilten Ärzte, er sei ungeeignet für Leistungssport. Danach begann seine Weltkarriere

Jœuf, der Geburtsort von Michel Platini, liegt 35 Kilometer von Metz entfernt. Wenn es die Zeit nach der Schule erlaubte, traf sich der Sohn italienischer Vorfahren mit Freunden zum Kicken auf der Straße oder auf dem Bolzplatz. Eines der beliebten Spiele der Kinder: Lattenkreuz-Treffen. Platini lief an, zirkelte den Ball aus 16 Metern in Richtung Tor – und hatte Erfolg. Nicht einmal, immer wieder.

Noch heute denkt Platini gern an seine Kindheit im Kohle- und Stahlbaurevier in Lothringen zurück. „Der kleine Junge, der seine Schuhe in der Rue Antoine de Saint-Exupéry abnutzte, blieb immer in mir. Trotz aller Erfolge, Niederlagen, Funktionen", sagt er zu SPORT BILD.

Beim Spielen mit seinen Kumpels brachte sich Platini vor allem eine geniale Schusstechnik bei, die ihn später zum Freistoß-König machte – und zu einem der besten Spielmacher aller Zeiten. Er führte Frankreich 1984 mit neun Toren zum EM-Triumph im eigenen Land, im Finale gegen Spanien (2:0) traf er zum 1:0 mit einem Freistoß. Seine größten Erfolge im Verein feierte er mit Juventus Turin.

Mit der „Alten Dame" wurde er 1984 und 1986 italienischer Meister, 1984 ge-

Freistöße waren eine der großen Stärken von Platini. So leitete er auch den 2:0-Sieg im EM-Finale 1984 gegen Spanien ein. In der 57. Minute erzielt er den 1:0-Führungstreffer, allerdings begünstigt durch einen Fehler des spanischen Torwarts Arconada. Bellone erhöhte in der 90. Minute auf 2:0

wann er den Europapokal der Pokalsieger und ein Jahr später den Europapokal der Landesmeister sowie den Weltpokal. Dreimal (1983, 1984 und 1985) wurde er zu Europas Fußballer des Jahres gekürt.

Fragt man Platini nach seinem persönlich größten Erfolg, dann antwortet er heute: „41 Tore in 72 Länderspielen und dreimal Torschützenkönig Italiens. Für einen Mittelfeldspieler nicht schlecht, oder?" 426 Liga-Begegnungen bestritt er für AS Nancy, St-Étienne und Turin, 224 Treffer erzielte er. Eine überragende Quote, die ihn zu einem Superstar machte – insbesondere in seiner Heimat Frankreich.

Der Radiosender „Europe 1" sicherte sich in den 80er-Jahren die Rechte für Platini-Interviews. Private TV-Sender gab es damals nicht, die privaten Radioanstalten waren auf der Jagd nach Exklusivität. Der Hype um Platini ging so weit, dass er nach Länderspielen sogar splitternackt unter der Dusche von Reporter-Legende Eugène Saccomano, dem Rolf Töpperwien Frankreichs, regelmäßig interviewt wurde – während die anderen Journalisten in der Kabine warten mussten.

Platinis großes Idol war Johan Cruyff († 68). „Er schwebte über das Spielfeld und über allen anderen Spielern", sagt er über Hollands Ausnahme-Könner. Ein Künstler war auch Platini. Das Magazin „France Football" kürte ihn sogar zum besten Fußballer Frankreichs des 20. Jahrhunderts, vor dem späteren Welt- und Europameister Zinédine Zidane. Weil Platini ein echter Dirigent war, der Traumpässe und Flanken fast aus dem Stand schlug, zwei, drei Gegenspieler elegant ausdribbelte und gefährliche Freistöße schoss. „Als Fußballer habe ich wie beim Schach immer zwei Züge vorausgedacht", sagt er.

Dabei wurde Platinis Weltkarriere im

Platini beugt sich besorgt zu Patrick Battiston hinunter, während dieser vom Platz getragen wird. Toni Schumacher hatte den Franzosen umgerannt, dieser blieb bewusstlos am Boden liegen. Er erlitt eine Gehirnerschütterung, Halswirbelverletzungen und verlor zwei Zähne

Jugendalter fast ausgebremst. Als 17-Jähriger wollte er von seinem Heimatverein AS Jœuf zum FC Metz wechseln, er wurde aber abgelehnt, weil er durch einen Leistungstest fiel. Bei der Lungenvolumen-Messung wurde er nach zehn Versu-

Platinis großes Vorbild war der Holländer Johan Cruyff

chen ohnmächtig. Der Vereinsarzt entschied: Platini ist für den Leistungssport nicht geeignet. Welch eine Fehleinschätzung.

Platini ging zum AS Nancy, etwa 85 Kilometer von Jœuf entfernt. Dort schaffte er es zum Profi, gab am 2. Mai 1973 gegen Olympique Nîmes sein Debüt, sein erstes Gehalt betrug 6400 Francs, aktuell wären das rund 1000 Euro. 1979 folgte der Wechsel zu St-Étienne, damals der beste Klub in Frankreich. Dort gab es Ärger mit der Justiz, weil Platini – wie andere Spieler auch – 880 000 Francs (aktuell ca. 134 000 Euro) schwarz kassiert hatte. Er wurde auf Bewährung verurteilt, später aber begnadigt.

Drei Jahre später verpflichtete Juventus Turin Platini, wo er pro Jahr umgerechnet rund eine Million Euro verdiente.

Im WM-Halbfinale gegen Deutschland 1982 verwandelt Platini in der 26. Minute einen Elfmeter zum 1:1-Ausgleich. Frankreich verlor das Spiel nach Elfmeterschießen 7:8 – eine der bittersten Niederlagen in Platinis Karriere

Erneute Pleite gegen Deutschland: Platini im Luftduell mit Wolfgang Rolff. Frankreich verlor das WM-Halbfinale 1986 mit 0:2

Bitterer Triumph: Platini 1985 mit dem Landesmeister-Cup. Er schoss für Juventus Turin den 1:0-Siegtreffer gegen den FC Liverpool. Überschattet wurde das Spiel von Zuschauerkrawallen

Duell der Spielmacher: Platini gegen Felix Magath (r.). Der Hamburger entschied mit seinem 1:0 gegen Juve das Finale im Europapokal der Landesmeister 1983

Ein Mega-Gehalt für damalige Verhältnisse. Juve-Trainer Giovanni Trapattoni sagte über Platini: „Er ist ein Genie. Ein Mensch, der für den Fußball geboren wurde." In Italien nannten sie den Franzosen ehrfurchtsvoll „König Michel". Juventus-Eigentümer und Fiat-Patron Gianni Agnelli († 82) schenkte ihm 1987 zum Abschied aus Dankbarkeit für herausragende Dienste einen Ferrari Testarossa.

Fünf Jahre spielte Platini für Juventus, mit dem Klub feierte er nicht nur Erfolge – er erlebte als Juve-Spieler auch eine der schlimmsten Tragödien im Weltfußball. 29. Mai 1985, Brüsseler Heysel-Stadion. Vor dem Europapokal-Finale der Landesmeister zwischen Turin und dem FC Liverpool kam es zu Ausschreitungen zwischen englischen und italienischen Anhängern, eine Massenpanik brach aus, 39 Menschen starben. Trotz des schrecklichen Ereignisses hielt die Uefa an der Austragung des Endspiels fest. Turin gewann 1:0 durch ein Tor von Platini. Das Bild, wie er traurig den Henkelpott in den Händen trägt, ging um die Welt. Er sagte später: „Dieses Stadion werde ich nie mehr betreten."

Niemals vergessen wird Platini auch den 8. Juli 1982. „Das Spiel in Sevilla

Sein erster Titel: Mit AS Nancy gewann Platini 1978 den französischen Pokal

Katastrophe: Vor dem Europapokal-Finale 1985 im Brüsseler Heysel-Stadion kommt es zu Ausschreitungen, 39 Menschen starben

bleibt für mich die größte Erinnerung in meiner Karriere", sagt er. Er meint das nach Elfmeterschießen (7:8) verlorene WM-Halbfinale gegen Deutschland trotz einer 3:1-Führung in der Verlängerung. Zuvor hatte es das Brutalo-Foul von Torhüter Toni Schumacher an Platinis Mitspieler Patrick Battiston gegeben, der bewusstlos auf einer Trage vom Platz gebracht werden musste. Damals hatte Frankreich ein magisches Viereck im Mittelfeld bestehend aus Platini, Jean Tigana, Alain Giresse und Luis Fernández – und war fußballerisch klar besser als Deutschland.

Karl-Heinz Rummenigge, damals Kapitän der DFB-Auswahl und aufgrund einer Verletzung erst in der Verlängerung eingewechselt, sagt zu SPORT BILD: „Das Spiel war historisch. Wir lagen 1:3 hinten, ich hatte ein Muskelproblem, Jupp Derwall (Bundestrainer bei der WM '82; d. Red.) schaute mich an und sagte: ‚Du musst auf den Platz. Dein Muskel? Egal, wir müssen die letzten Kräfte mobilisieren.' Mit meinem zweiten Ballkontakt fiel das Tor, und das Spiel drehte sich. Michel Platini war danach völlig fertig. Er war der Kapitän, das Ding mit Battiston saß sehr tief. Als Battiston abtransportiert wurde und Michel mit ihm da händchen-

Funktionärskarriere: Michel Platini auf Wahlkampftour in der Republik Moldau. Von 2007 bis 2015 war er Uefa-Präsident

haltend vom Platz ging, da wusste ich: Mamma mia, da ist etwas Schlimmeres passiert. Eine großartige Geste von ihm. Michel war immer ein sehr empathischer Mensch."

Auf dem Platz war Platini ein Genie, ein guter Geschäftsmann war er nie. Während Diego Maradona (†60) oder Rummenigge zu ihrer Zeit lukrative Ausrüsterverträge mit Puma bzw. Adidas hatten, spielte Platini in Schuhen von Patrick. Auch seine Mode-Linie (Freizeitbekleidung) „10Platini" war nicht wirklich ein Erfolg. Darum heißt es in Frankreich, dass er aus finanziellen Gründen bereits ein Jahr nach seiner aktiven Zeit das Amt des Nationaltrainers übernahm – obwohl er erst einmal einige Jahre Abstand vom Fußball hatte nehmen wollen.

Dennoch: Platini ist für die „Grande Nation" eine Lichtgestalt. Nach seiner Spielerkarriere betreute er vier Jahre die Équipe Tricolore, war Fackelträger bei den Olympischen Winterspielen 1992 in Albertville, danach Co-Präsident des Organisationskomitees und somit das Gesicht der WM '98 im eigenen Land. Am 26. Januar 2007 folgte der vierte Abschnitt in seinem Leben mit dem Fußball: Er wurde auf dem Kongress in Düsseldorf zum Uefa-Präsidenten gewählt. Von diesem Amt trat er 2016 zurück, nachdem er ein Berater-Honorar über 1,8 Millionen Euro vom damaligen Fifa-Präsidenten Sepp Blatter erhalten hatte und ihn die Ethikkommission des Weltverbands sperrte.

Später lebt Platini in der Nähe von Nyon in der Schweiz und erinnert sich an ein Gespräch mit einem seiner besten Freunde, der ein französischer Journalist und Fernsehmanager war: „Ich habe mal eines Tages Pierre Lescure gesagt, dass ich mich nicht sonderlich für Literatur interessiere. Der antwortete trocken: ‚Aber Michel, du brauchst doch nichts zu lesen. Dein Leben ist doch schon ein Roman!'" ◆

Uefa-Präsident Platini überreicht 2015 den Spielern des FC Barcelona den Supercup

Platini (r.) 2006 mit seinem Vater Aldo

Als Fußballer versprühte er Glanz!
Als Funktionär wurde er gesperrt

Geboren am 21. Juni 1955 in Jœuf (Frankreich). Vereine: AS Nancy, AS Saint-Étienne und Juventus Turin. In Nancy wurde er französischer Pokalsieger (1978), in Saint-Étienne französischer Meister (1981). Mit Juve zweimal Meister (1984, 1986), einmal Pokalsieger (1983) und dreimal Torschützenkönig (1983 bis 1985) in Italien. Dazu holte der Spielmacher 1984 den Europapokal der Pokalsieger, 1985 den Europapokal der Landesmeister und den Weltpokal. Europas Fußballer des Jahres 1983, 1984 und 1985. Mit Frankreich wurde er Europameister 1984, erzielte 41 Tore in 72 Länderspielen.
Von 2007 bis Ende 2015 Uefa-Präsident. Im Oktober 2015 von der Fifa-Ethikkommission acht Jahre für alle Fußballämter gesperrt. Der Grund: dubiose Geldzahlungen des Fifa-Präsidenten Sepp Blatter an ihn.

WM-Finale 1954: Gegen Deutschland und Horst Eckel (l.) verlor Puskas 2:3. In der 6. Minute hatte er Ungarn noch mit 1:0 in Führung gebracht

FERENC PUSKAS

„Du Faulpelz wirst nie ein Großer"

So beschimpfte der Vater den kleinen Ferenc. Der Ungar machte dennoch eine Weltkarriere. Nur um ihn zu sehen, ging Beckenbauer ins Kino, spricht von einer Sensation

—— Von **Raimund Hinko**

Wenn die Stars von Real Madrid vom Parkplatz auf die Trainingsplätze schlendern, schauen sie automatisch auf Ferenc Puskas. Das ungarische Stürmer- und Spielmacher-Genie ist die einzige von zahlreichen Real-Legenden, deren Büste dort steht. Und da ist auch bei der heutigen Spielergeneration immer noch die Ehrfurcht vor diesem großartigen Fußballer, den sie nie haben spielen sehen. Von dem aber bis heute Wunderdinge erzählt werden ...

Bei Franz Beckenbauer war das anders. Zu den Hochzeiten von Puskas wuchs der Kaiser in München schon als Talent heran. „Die Informationen flossen spärlich", erinnert er sich im Gespräch mit SPORT BILD. „Wenn ich mit meiner Mutter ins

Kino gehen durfte, gab es die ‚FOX tönende Wochenschau'. Eine halbe Minute Fußball, 30 Sekunden Puskas, das war eine Sensation. Er hat seine halblinke Position

Puskas und Fritz Walter (r.) führen ihre Mannschaften zum WM-Finale '54 ins Berner Wankdorfstadion

perfektioniert, von der ist er nicht weggegangen, ähnlich wie Fritz Walter."

Eines Tages, Franz Beckenbauer war gerade 18, wunderte er sich, wie Bayern-Schuster Sepp Renn, der Beichtvater der Spieler, an einem Schuh rumflickte. Beckenbauer verrät: „Hey Sepp, was machst du denn da?', fragte ich. ‚Maßschuhe für Ferenc Puskas, sagte er."

Beckenbauer starrte ihn mit offenem Mund an und flehte: „Sepp, die will ich auch.' Ich hab dann in schwarzen Schuhen gespielt, wie der große Puskas. Das sorgte für Riesenwirbel. Adidas reagierte. Bald gab es Maßschuhe mit den drei Streifen."

Was machte die Magie dieses Ferenc Puskas aus?

Die Taktikfüchse von „spielverlagerung. de" werfen im Fall von Puskas ihr Fachchinesisch über Bord, schwärmen einfach

Im November 1953 geschah Historisches: England verlor erstmals ein Heimspiel gegen die seit drei Jahren ungeschlagenen Ungarn. Puskas erzielte beim 6:3-Sieg zwei Tore

drauflos: „Mit seinem Schuss konnte er einen Büffel töten. Mit seinem Herzen ganze Mannschaften niederringen. Mit seinem Spielwitz gegnerische Trainer in den Wahnsinn treiben."

So richtig glücklich wurde Puskas nur am Ball. Bis zu seinem Lebensende war er ein Getriebener, ein Zerrissener zwischen den Welten. Am 17. November 2006 erlag er nach langem Demenzleiden einer Lungenentzündung.

Ein kompliziertes Leben. Geboren ist er zu seinem Leidwesen am 1. April 1927 in Budapest, lässt das Geburtsdatum später in den 2. April ändern, um nicht als Aprilscherz verspottet zu werden. Er kommt unter dem Namen Franz Purczeld als Sohn eines Donauschwaben zur Welt, eines eingewanderten Deutschen, wächst zweisprachig auf. Die Regierung erzwingt, dass er den Namen „magyarisiert", daher Ferenc Puskas. Der

Die ungarische Regierung erzwang eine Namensänderung

wird schon in jungen Jahren als Fußballer verehrt, deshalb bleibt ihm das Militär erspart.

Sein Vater ist auch sein Trainer. Der schimpft, weil Ferenc selbst vor wichtigen Punktspielen bis kurz vor Anpfiff auf den Wiesen neben dem Stadion Fußball spielt. Und kritisiert ihn: „Mit deinem linken Fuß allein wirst du Faulpelz nie ein Großer." Puskas denkt sein Lebtag lang nicht dran, das zu ändern. Ein Fanklub baut von seiner Wohnung zum Stadion extra eine Brücke (!), damit der Junge pünktlich ist. Er diktiert den Trainern die Aufstellung.

Nach dem Krieg wird aus seinem Verein Kispesti der Militärklub Honved Budapest, er wird zum Major befördert. Dementsprechend zackig-stolz marschiert Puskas über den Rasen. Als er den Abwehrchef Gyula Lorant, später Trainer u. a. von Frankfurt, Bayern und Schalke, anherrscht, härter zu spielen, befördert der gehor-

Das schönste Tor seiner Karriere

Das zwischenzeitliche 3:1 durch Puskas ging als eines der Tore des Jahrhunderts in die Geschichte ein. Nachdem Puskas den Ball mit der Sohle nach hinten gezogen hat, grätscht Verteidiger Wright ins Leere. Puskas dreht sich um die eigene Achse ...

... und lässt seinen Gegenspieler geschlagen zurück. Er jagt den Ball von der linken Strafraumkante aus mit seinem linken Fuß Richtung Tor ...

... und lässt England-Keeper Gil Merrick keine Chance. Der Ball zappelt im Netz. Puskas bezeichnete diesen Treffer später als seinen Lieblingstreffer

samst den Italiener Carlo Galli mit einem fiesen Ellenbogen-Check in die Kabine. Ja, wenn der Major befiehlt ...

Honved gilt bei Insidern als stärkste Elf der Welt. Europapokale bleiben dem Klub verwehrt, die gibt es erst ab 1956. 1952 wird Puskas mit der goldenen Elf der Ungarn Olympiasieger, 1953 Europameister (offiziell Europacup der Nationalmannschaften). Am 25. November 1953 erobert Ungarn das Wembley-Stadion in London und besiegt als erste nicht-britische Mannschaft die Engländer auf deren Insel, und das gleich mit 6:3. Das zwischenzeitliche 3:1 nennt Puskas das schönste Tor seiner Karriere. Ungarn ist in 31 Spielen seit fast vier Jahren ungeschla-

Gold! Puskas 1952 bei der Siegerehrung der Olympischen Spielen in Helsinki. Im Finale traf er für Ungarn gegen Jugoslawien zum 1:0 (Endstand 2:0)

November 1960: Im Europapokal der Landesmeister traf Gento (l.) zum 2:1 gegen Barcelona. Puskas schießt den Ball erneut ins Netz (Endstand 2:2)

Im Mai 1960 nahm Real Madrid Eintracht Frankfu[rt] 7:3 auseinander, gewann den Europapokal der Landesmeister in Glasgow. Puskas erzielte vier Tore, trifft hier per Elfmeter zum 4:1

Traum-Trio: Alfredo Di Stéfano, Francisco Gento und Ferenc Puskas (v. l.) 1963 im Trikot von Real Madrid

gen, als man 1954 als XXL-Favorit zur WM in die Schweiz fährt.

Ja, wir sind beim Wunder von Bern. Im Vorrundenspiel gegen Deutschland siegt Ungarn standesgemäß 8:3, da Bundestrainer Sepp Herberger eine Art B-Elf ins Rennen schickt. Dabei tritt Werner Liebrich dem Superstar der Ungarn so ungestüm gegen das Sprunggelenk, dass Puskas bis zum Finale gegen die Deutschen ausfällt. Obwohl geschwächt, schießt er im Endspiel das 1:0. Zoltan Czibor macht das 2:0, Ungarn sieht wie der sichere Sieger aus.

Der Rest ist bekannt, die Deutschen gleichen die Führung der Ungarn durch Tore von Max Morlock und Helmut Rahn aus – ehe Rahn dann legendär aus dem Hintergrund schießt und Deutschland mit dem 3:2 zum Weltmeister macht.

Dennoch ist Puskas in Ungarn ein Held

geblieben. Vielleicht auch deshalb, weil ihm ja sogar noch der Ausgleich zum 3:3 gelang, Schiedsrichter William Ling das Tor jedoch wegen Abseits nicht anerkann-

> ## „Er hat seine halblinke Position perfektioniert, von der ist er nicht weggegangen, ähnlich wie Fritz Walter"
> **Beckenbauer über Puskas**

te. Später sagte Puskas: „Ich habe 1000 Tore geschossen. Ich hätte sie alle abgegeben für das eine, das ich nicht gemacht habe."

Es folgen turbulente Jahre. 1956 schlägt die russische Armee den Volksaufstand in Ungarn nieder. Puskas nutzt ein Spiel in

Seine größten Erfolge hatte er mit Real Madrid

Geboren am 1. April 1927 in Budapest. Zwischen 1945 und 1956 für Ungarn 85 Spiele (84 Tore). 1952 Olympiasieg in Helsinki (2:0 gegen Jugoslawien), 1953 im „Jahrhundertspiel" in England das 6:3 im Wembley-Stadion. Zwischen 1942 und 1956 spielte der Stürmer für Honved Budapest (hieß bis 1949 Kispesti), sechs Meistertitel. 1956 kehrte er von einer Spanien-Reise nicht ins kommunistische Ungarn zurück, zwei Jahre Fifa-Sperre. Von 1958 bis 1966 bei Real Madrid: sechs Meistertitel, Pokal, Weltpokal, drei Euro-

papokale der Landesmeister. 1961 Einbürgerung in Spanien, vier Länderspiele. Zwischen 1967 und 1993 umfasste seine Trainerlaufbahn 14 Stationen (u. a. Panathinaikos Athen, Nationaltrainer Saudi-Arabien und Ungarn). Am 17. November 2006 verstarb er nach einer Lungenentzündung in Budapest.

Puskas 1991 als Trainer beim australischen Erstligisten South Melbourne Hellas

Puskas als Gast beim 50. Geburtstag von Franz Beckenbauer 1995. 2006 verstarb er im Alter von 79 Jahren

aller Zeiten. Auch dank der wie entfesselt aufspielenden Eintracht, obwohl Bundestrainer Sepp Herberger zugibt: „Real hätte auch 15 Tore machen können."

Bewegend ist dieser Abend für Egon Loy, den Klassetorwart der Frankfurter. Zu SPORT BILD sagt er: „Ich hatte ein gutes Stellungsspiel und Stärken im Eins-gegeneins. Doch als Puskas kurz vor dem Pausenpfiff sieben, acht Meter vor mir stand, hatte ich gegen seinen Schuss (*das vorentscheidende 3:1; d. Red.*) keine Chance. So schnell hat man seine Arme gar nicht hochreißen können gegen diesen gedrungenen Spieler mit den strammen Beinen."

Fast demütig wird Puskas nach einem schmeichelhaften Elfmeter, den er zum 4:1 verwandelt: „Das wäre in Spanien niemals Elfmeter gewesen. Doch was sollte ich machen? Fußball ist mein Beruf. Und so hatte ich die Pflicht, den Ball ins Tor zu schießen." Später spricht er von „der glücklichsten Stunde meines Lebens". Die gelungene Revanche für das 2:3 gegen Deutschland im WM-Finale 1954.

Bilbao zur Republikflucht, wird in Abwesenheit zu 15 Jahren Zuchthaus verurteilt. Das kommunistische Regime sieht von Attentats-Aufforderungen ab. Zu groß ist die Beliebtheit des Majors.

Da ihn die Fifa daraufhin für zwei Jahre sperrt, wird aus dem Bäuchlein ein Bierbauch, Puskas bricht in Tränen aus. „Ich sehe aus wie ein aufgeblasener Ballon", zitiert ihn der Journalist Constantin Eckner. Dennoch will der legendäre Präsident Santiago Bernabéu diesen Puskas für Real Madrid. „Ich habe mindestens 18 Kilo Übergewicht", sagt Puskas zu Bernabéu. Der zwingt die skeptischen Trainer, ihn unter Spaniens Sommersonne so lange zu jagen, bis die Kilos purzeln. Die zweite Karriere beginnt.

Puskas ist 31, als er 1958 zum „weißen Ballett" mit Di Stéfano, Gento und Santamaría stößt. Di Stéfano, ein Tyrann auf dem Feld, wird vom Puskas-Skeptiker zum Freund. Fünfmal in Folge gewinnt Real zwischen 1956 und 1960 den Europacup der Landesmeister, 1959 und 1960 mit Puskas.

Der Ungar schränkt seinen lockeren Lebenswandel ein, verzichtet auf Wein und Bier. Den Höhepunkt seiner Laufbahn erlebt er am 18. Mai 1960 beim 7:3 im Europacup-Finale gegen Eintracht Frankfurt vor über 130 000 Zuschauern im Hampden Park von Glasgow. Erst im letzten Moment erhält Puskas die Spielgenehmigung. Er muss sich beim DFB schriftlich entschuldigen, weil er im Frust des verlorenen WM-Finales behauptet hat, die Deutschen seien gedopt gewesen.

Puskas ist hoch motiviert, schießt vier Tore (Di Stéfano drei). Die Schotten stürmen das Feld, um ihn zu feiern. Das Spiel gilt bis heute als bestes Europacup-Finale

Für Real änderte Puskas seinen lockeren Lebensstil

2002 sitzen die Veteranen beider Mannschaften in Glasgow vereint in einem Bus, eingeladen von der Uefa zum Champions-League-Finale Bayer Leverkusen gegen Real Madrid (1:2). „Puskas war gesundheitlich schon angeschlagen, er hatte einen Pfleger dabei", erzählt Loy. „Keine Spur mehr von früher, als er selbstbewusst und stolz aufgetreten ist. Ein gebrochener Mann."

Nach dem Sieg gegen Frankfurt 1960 nimmt Puskas sogar die spanische Staatsbürgerschaft an und fliegt mit Spanien zur WM 1962 in Chile. Es endet im Desaster, Spanien scheidet vorzeitig aus. Auch nach seiner Spielerkarriere bleibt Puskas ein Getriebener. Ab 1966 durchwandert er als Trainer weltweit 14 Stationen, es verschlägt ihn nach Südamerika, Saudi-Arabien, Australien. An die großen Erfolge als Spieler kann er nicht anknüpfen. ◆

Puskas zeigt 1960 die fünf Europapokale der Landesmeister, die Real Madrid zwischen 1956 und 1960 holte. In der Hand hält er den Weltpokal

2013: Real-Präsident Pérez (r.) bei der Einweihung der Puskas-Büste mit dessen Witwe Elisabeth

Völlig beseelt!
Raúl feiert 2013
seinen Treffer zum
1:0 für Real gegen
Al-Sadd Doha im
madrilenischen
Abschiedsspiel
(Endstand: 5:0).
Die Kapitänsbinde
hatte ihm vor
Spielbeginn
Amtsinhaber und
Torwart Iker Casillas
übergestreift

RAÚL
Señor
Schlitzohr

So nennt sein ehemaliger Trainer Jupp Heynckes den Spanier. Der Torjäger wurde bei Real Madrid zur Legende, verzauberte auf Schalke die Bundesliga

—— Von **Raimund Hinko**

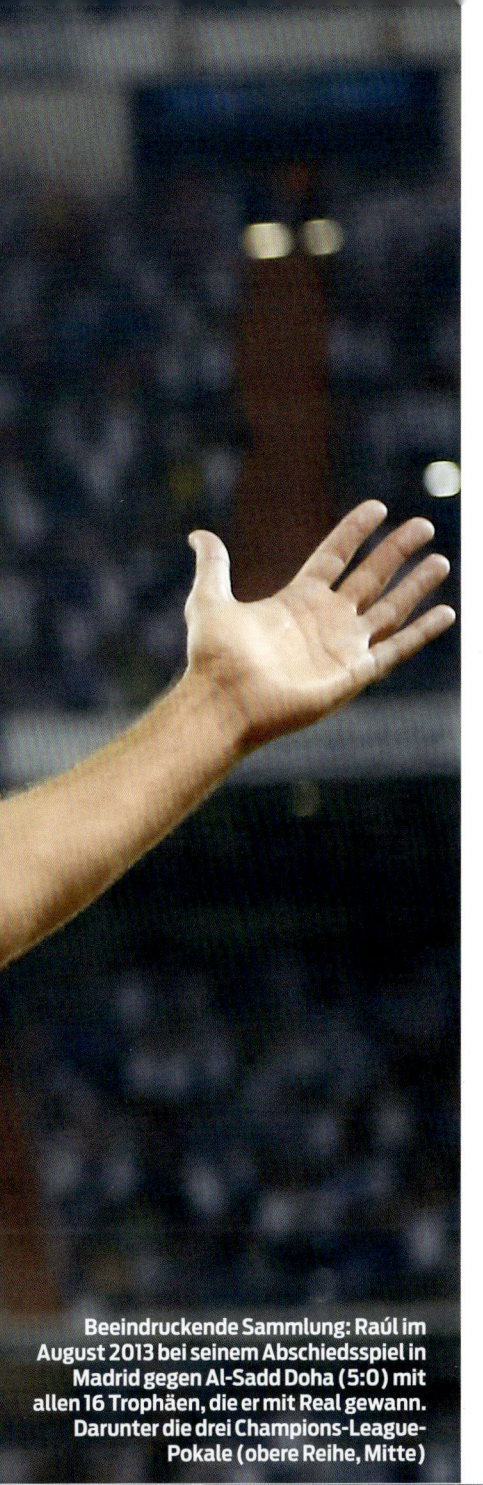

Er malochte längst schon im Kohlenpott für Schalke 04, da kamen die Fans von Real Madrid an Raúl González Blanco noch immer nicht vorbei. Die Händler rund ums Bernabéu-Stadion boten auch nach seinem Abgang im Jahr 2010 Trikots mit seiner Nummer 7 an, die reißenden Absatz fanden. Seine Nachfolger wie Cristiano Ronaldo oder Karim Benzema waren damals viel weniger gefragt. Bis heute verehren sie Raúl, „ein Schlitzohr, das Tore aus dem Nichts macht", wie Trainer-Ikone Jupp Heynckes sagt. 323 Treffer erzielte er in 741 Pflichtspielen.

Die Leistung des damaligen Trainer-Managers Felix Magath kann im Nachhinein nicht hoch genug bewertet werden. Er hatte es geschafft, Raúl im Alter von 33 Jahren aus der Traumstadt Madrid in den Pott zu locken. Auch wenn der Torjäger

damals auf der Zielgeraden seiner grandiosen Karriere – drei Champions-League-Titel und sechs spanische Meisterschaften – nach der Verpflichtung von Ronaldo, Benzema und Kaká auf der Ersatzbank gelandet war.

Magath erzählt SPORT BILD, wie der Deal ablief. „Ich traf mich mit Raúl und seinem Berater in einem historischen Altstadt-Restaurant, das Ruhetag hatte, wir waren also alleine." Raúl in einem vollen Restaurant, da hätten sogar die Köche die Löffel fallen gelassen, um sich ein Autogramm zu holen. „Ich konnte ihm vermitteln, dass er bei uns die vollste Rückendeckung hat. Top war, dass ihn das Gehalt gar nicht interessierte. Ihm war wichtig, dass sich Schalke für die Champions League qualifiziert. Das hat er zwar nicht wörtlich in den Mund genommen, das habe ich jedoch deutlich raushören können." Raúl wartete also, bis die Champions-League-Teilnahme feststand – und sagte dann final zu. Der Grund: Ihm fehlten nur zwei Tore, um alleiniger Rekordtorjäger in der Geschichte der Königsklasse zu werden. Diesen Traum hat er sich erfüllt, als Schalke tatsächlich noch in der Champions League begeisterte.

Bis heute weiß Magath nicht, wie viel der Torjäger in zwei Jahren bei Schalke verdiente, nur, dass er „erschwinglich war. Raúl sagte: ‚Keine Sorge, ich regele den Rest.'" Dann sorgte er bei Reals Präsident Florentino Pérez dafür, dass er ein Jahr vor Vertragsablauf ablösefrei wechseln durfte. Und dass ihm Real die Differenz zum Schalke-Gehalt bezahlte. „Zwischen uns beiden genügte zur Besiegelung ein Handschlag", sagt Magath. „Seine Arbeitsmoral war dann außergewöhnlich. Kein Wunder,

Beeindruckende Sammlung: Raúl im August 2013 bei seinem Abschiedsspiel in Madrid gegen Al-Sadd Doha (5:0) mit allen 16 Trophäen, die er mit Real gewann. Darunter die drei Champions-League-Pokale (obere Reihe, Mitte)

145

dass sie ihn in Madrid so liebten. Er war von der Popularität her der Franz Beckenbauer Spaniens." Kaiser Franz lobt: „Ein Spieler, wie ihn jeder Verein braucht." Und ausgerechnet der Katalane Pep Guardiola schwärmt: „Der beste spanische Fußballer aller Zeiten."

Das Liebesverhältnis zu den Fans nahm auch in Gelsenkirchen Fahrt auf. Schalke siegte 2011 im Halbfinale des DFB-Pokals bei Bayern 1:0, dank eines Kopfballs des mit 1,78 Metern eher kleinen Raúl. Im Finale folgte ein 5:0 gegen Duisburg. Raúl

„Er konnte aus dem Nichts Tore machen"
Heynckes über Raúl

zusammen mit Neuer, Höwedes, Metzelder, Huntelaar, Draxler. In der Champions League siegte Schalke im Viertelfinale bei Titelverteidiger Inter Mailand 5:2 (ein Tor von Raúl). Die Bilder, wie er mit den Fans nach dem 2:1-Sieg im Rückspiel in der Nordkurve feierte, werden Schalke-Fans nie vergessen – und er selbst auch nicht. „Man hatte mir gesagt, dass Schalkes Fangemeinde mit die beste in Deutschland ist. Ich muss sagen, sie ist mit das Beste, was ich in Europa je erlebt habe. Es war fantastisch", betonte Raúl danach.

Im Halbfinale schied Schalke zwar gegen Manchester United aus – große Momente gab es jedoch weiterhin. In Raúls zweiter Saison gleich am 2. Spieltag, beim 5:1 gegen den 1. FC Köln, als Raúl mit einem genialen Lupfer das Tor des Jahres schoss. Mit links. Dem Fuß, den er in jungen Jahren nur zum Stehen hatte, bis ihn

Raúl 1998 im Alter von 20 Jahren mit Real-Trainer Jupp Heynckes

eine Verletzung am rechten Bein zur Umschulung zwang. Fortan war der Linke von Raúl bei den Königlichen der Königs-Fuß.

Der spanische Journalist Miguel Gutiérrez fand heraus, dass Raúl am linken Fuß einen genetischen Defekt hatte, eine Zehe zu viel, eine Polydaktylie. Raúl hat das nie an die große Glocke gehängt. Er hat vieles, typisch Sternzeichen Krebs, für sich behalten. Wenn der Schuh drückte, biss Raúl auf die Zähne – nur keine Blöße zeigen.

Raúls Heldenverehrung in Madrid wurzelt in der Geschichte des Jungen, der im ärmlichen Süden Madrids im Stadtteil Colonia Marconi in einem baufälligen Haus groß wurde. In Madrid sagt man „Cueva vivienda", was so viel wie „Höhlenwohnung" heißt, wo er mit seinen zwei älteren

Geschwistern aufwuchs. Trotz aller Widrigkeiten schaffte er das Abitur und die Aufnahmeprüfung für die Universität. Als Elfjähriger trickste er bei seinem ersten Verein San Cristóbal Trainer und Schiedsrichter aus. Damit er spielen durfte, fälschte er seinen Pass, gab an, 13 zu sein, nannte sich Dani. „Auf dem Spielerpass trug ich eine Brille. Mir blieb keine andere Wahl, als mein Geburtsdatum zu fälschen", gibt er heute zu.

Mit 13 war er längst beim Arbeiterverein Atlético Madrid gelandet. Und nach der C-Jugend-Meisterschaft mit seinen 58 Saisontoren wurde ihm vom staatlichen Fernsehsender TVE die Ehre zuteil, in der Kabine den deutschen Star Bernd Schuster, zuvor Barcelona und Real, zu interviewen. Als Präsident Jesús Gil y Gil die Jugendabteilung zu teuer wurde, löste er sie auf. Raúl wechselte also mit 15 – zum Leidwesen seines Vaters, einem eingefleischten Atlético-Fan – zu Real Madrid, wo ihn sein Förderer Jorge Valdano, der intellektuellste aller Fußballtrainer, mit 17 zu einem der jüngsten Spieler der Primera División machte. Da war sogar Raúls Vater, ein Elektriker, stolz auf seinen Sohn und wurde Anhänger von Real.

Raúl kam mit sechs Zehen am linken Fuß zur Welt

Wenn ich in Spanien mit Heynckes über Raúl sprach, lächelte er geheimnisvoll und sagte: „Ein Schlitzohr eben." Heynckes vollbrachte als Real-Trainer 1998 ein Wunder, holte nach qualvollen 32 Jahren Pause den Henkelpott des Champions-League-

Spiel seines Lebens: Real-Star Raúl setzt sich 2000 gegen Jaap Stam durch. Er traf zweimal beim 3:2 bei Manchester United und zog ins CL-Halbfinale ein

Raúl 2004 im Duell mit Bayern-Torwart Kahn. Real Madrid gewann 1:0 und zog ins Viertelfinale der Champions League ein

2011: Raúl beim Vorsingen mit den Hardcore-Fans in der Kurve.
Schalke hatte Inter im Viertelfinal-Rückspiel der Champions League 2:1 besiegt, er zum 1:0 getroffen

Bienvenido! Schalke-Boss Clemens Tönnies (l.) und Trainer Magath begrüßen Raúl 2010

Raúl wirft den DFB-Pokal nach dem 5:0 im Finale gegen den MSV Duisburg in die Luft

Raúls Tor zum 1:0 gegen Inter (Endstand: 2:1) im Viertelfinal-Rückspiel der Champions League 2011

Tor des Jahres 2013: Draxler (2. v. r.) legt per Hacke für Raúls Treffer zum 8:0 gegen Al-Sadd Doha auf

Nach dem letzten Heimspiel 2011/12 gegen Hertha (4:0) dreht Raúl mit seinen fünf Kindern eine Ehrenrunde

Pokal total: Die Schalker Spieler werfen sich per Diver nach dem Pokal-Triumph auf den Rasen. Allen voran Raúl, der im Finale torlos geblieben war

Traumtor: In seiner zweiten Saison für Schalke lupft Raúl 2011 beim 5:1 gegen Köln aus dem Stand den Ball über Rensing hinweg zum 4:1

Siegers zurück ins Fußball-Mekka. Dennoch hält sich bis heute das Gerücht, Raúl wäre mit Libero Hierro bei Präsident Lorenzo Sanz gewesen, um Heynckes zu stürzen. „Das stimmt nicht, die haben nicht gegen mich gearbeitet", sagt Heynckes.

Heynckes äußert sich im Gespräch mit SPORT BILD erstmals zu seinem Verhältnis zu Raúl. „Er war zu der Zeit ein sehr junger Spieler, aus dem Nichts nach oben geschossen. Er war eine eigenwillige Persönlichkeit, ein introvertierter Mensch, der sich nicht so sehr öffnet. Dennoch habe ich mit ihm nie Probleme gehabt, er war diszipliniert, hat wirklich gut trainiert, war danach immer noch im Fitnessraum, hat sich von den Physios behandeln lassen. Ein hundertprozentig professioneller Spieler, so wie ich ihn mir vorstelle. Nur deshalb hat er so große Erfolge gehabt, auch auf Schalke, das natürlich nicht Real Madrid ist. Er hat dort malocht, gekämpft, hatte einfach Spaß am Fußball. Das zeigt, welch guten Charakter er hat."

Für diese Einschätzung spricht, dass ihn Raúl besuchte, als er 2013 dort mit Bayern ein Trainingslager abhielt. Beide hielten auf der Hotelterrasse einen vertrauten Plausch. „Das war ein freundschaftliches, angenehmes, freudiges Wie-

dersehen", sagt Heynckes. „Der erste Champions-League-Sieg nach der Durststrecke von Real verbindet uns beide. Raúl hat immer alles gegeben. Wenn er zuletzt

Für seinen Kumpel Morientes legte er sich mit Reals Boss an

nur noch eingewechselt wurde, glich das im Bernabéu-Stadion einer Eruption. Die Spanier gingen voll mit, weil er aus dem Nichts Tore machen konnte."

Liga-Alltag in Katar 2013: Raúl (r./Al-Sadd) im Duell mit Hamid Ismail (Al-Rayyan)

Das haben sie bei Manchester United schmerzlich erlebt. Auf dem Weg zu seinem zweiten Champions-League-Sieg machte Raúl im April 2000 im Old Trafford das Spiel seines Lebens. Schlitzohrigkeit war gefragt nach dem 0:0 im Viertelfinal-Hinspiel in Madrid. Erst schoss Raúl Roy Keane an, als wäre der Ire eine Billardkugel – von dessen Bein sprang der Ball zum 1:0 ins Tor. Dann machte es Raúl im Stile von Arjen Robben, zog von rechts nach innen, zirkelte den Ball samt seiner sechs Zehen mit links ins Tor. Nach Raúls Abstauber zum 3:0 kamen die Tore von David Beckham und Paul Scholes zu spät. Real war weiter, schaltete im Halbfinale Bayern München aus, besiegte im Finale den FC Valencia 3:0. 2002 folgte der dritte Champions-League-Streich mit einem 2:1 gegen Leverkusen. Tore: Raúl und Zinédine Zidane.

Im Herbst 2002 wurde ich anlässlich des Supercups in Monaco Zeuge eines Zwischenfalls, bei dem Gläser zerbarsten. Raúl und Hierro gingen auf Präsident Pérez los, weil der den Brasilianer Ronaldo verpflichtet hatte und Fernando Morientes abschieben wollte. „Morientes und ich sind unzertrennbar", argumentierte Raúl. „Dank ihm habe ich die besten fünf Jahre

Beim Tennis-Masters-Turnier in Madrid mit Ehefrau Maria del Carmen Redondo Sanz und Sohn Jorge

2015 im Einsatz für New York Cosmos, hier bei einer Turnier-Partie gegen South China Football Club in Hongkong

Raúl (M.) feiert mit den Real-Junioren den Gewinn der Uefa Youth League 2020. Madrid gewann das Finale gegen Benfica Lissabon 3:2

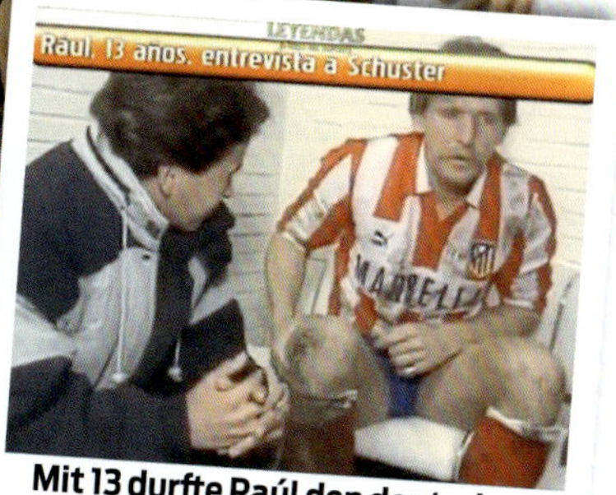

Mit 13 durfte Raúl den deutschen Atlético-Star Bernd Schuster für den Sender TVE interviewen

meines Lebens erlebt." Das war auf dem Spielfeld so wie heute bei Bayern zwischen Robert Lewandowski und Thomas Müller. Einer ließ sich fallen, der andere ging in die Spitze. Auch privat waren sie beste Freunde. Als Victoria Morientes mit Tochter Lucia, ihrem zweiten Kind, in den Wehen lag, ging Raúl mit ins Krankenhaus. „Ich bin daneben eingeschlafen, während Raúl sie bei den Wehen unterstütze und stöhnte, als wäre es sein eigenes Kind", erzählte Morientes hinterher. Raúl protestierte mit einem T-Shirt unter dem Trikot gegen den Verkauf des Freundes, der ein Jahr später abgeschoben wurde, in Monaco und in Liverpool nicht glücklich wurde. Auch Raúls Leistungen stagnierten ohne Morientes fünf Jahre lang, bis Ronaldo zum AC Mailand verkauft wurde.

Nach 102 Länderspielen mit 44 Toren wurde er nicht mehr ins Nationalteam berufen, erlebte die EM-Titel 2008 und 2012 sowie den WM-Triumph 2010 nur als Beobachter. Nach einer Station in Katar (Meister mit Al-Sadd) beendete Raúl seine Karriere 2015 bei Cosmos New York mit der US-Meisterschaft. Er blickt zufrieden zurück und sagt: „Ich will erst mal Vater sein und Mensch." ●

In 932 Spielen flog Raúl nicht einmal vom Platz

Raúl González Blanco wurde am 27. Juni 1977 in Madrid (Spanien) geboren. Noch als Jugendspieler wechselte er von Atlético Madrid zu Stadtrivale Real, debütierte 1994 bei den Profis. Er bestritt 741 Pflichtspiele und erzielte 323 Tore für die Königlichen bis 2010. Sechsmal spanischer Meister (1995, 1997, 2001, 2003, 2007, 2008), dreimal Champions-League-Sieger (1998, 2000, 2002), dazu Weltpokalsieger 1998 und 2002. Torschützenkönig 1999 und 2001, Spaniens Fußballer des Jahres 1997, 1999, 2000, 2001 und 2002.

Von 2010 bis 2012 98 Spiele und 40 Tore für Schalke 04, DFB-Pokalsieger 2011. Katarischer Meister 2013 mit Al-Sadd und US-Zweitligameister 2015 mit New York Cosmos. Bis zum Karriereende 2015 flog Raúl in insgesamt 932 Klub-Spielen nicht einmal vom Platz.

102 Einsätze für die spanische Nationalmannschaft zwischen 1996 und 2006 (44 Tore). 2017 Rückkehr zu Real als Berater von Präsident Pérez. 2018 wurde er Trainer im Real-Nachwuchs, gewann mit der U19 die Youth League 2020.

Raúl übernahm 2019 als Trainer die zweite Mannschaft von Real Madrid

RIVALDO
Mit diesem Schuss stürzte er Titan Kahn

Er drohte bei der WM 2002 mit Abreise, dann führte er Brasilien gegen Deutschland zum Titel. Dabei war er als Jugendspieler schon aussortiert worden

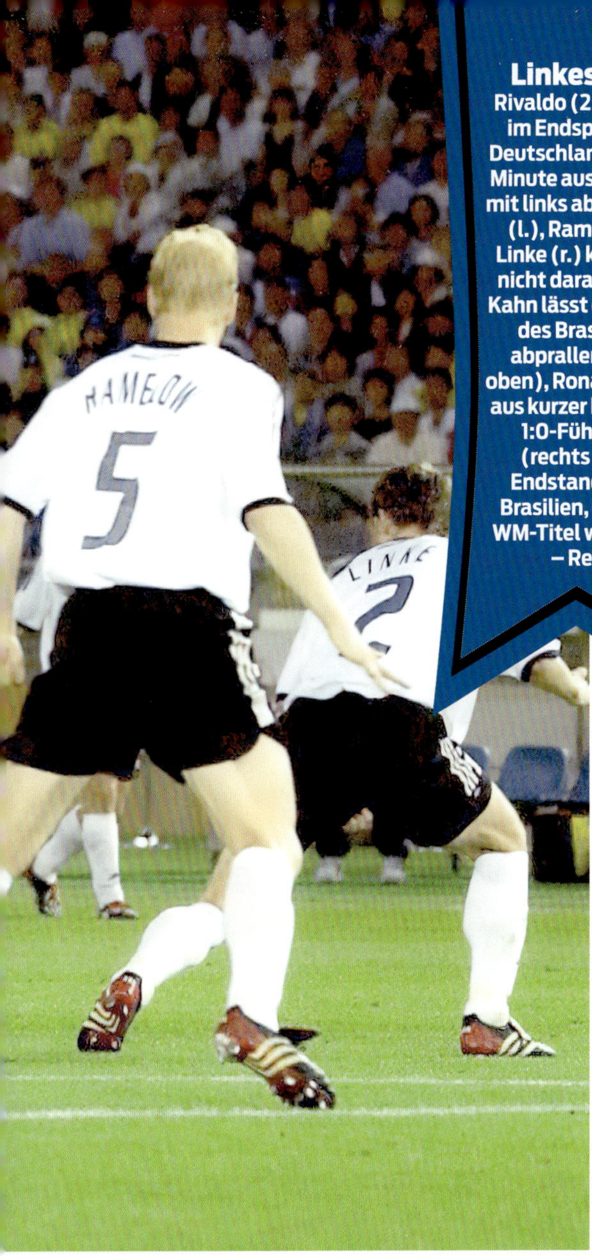

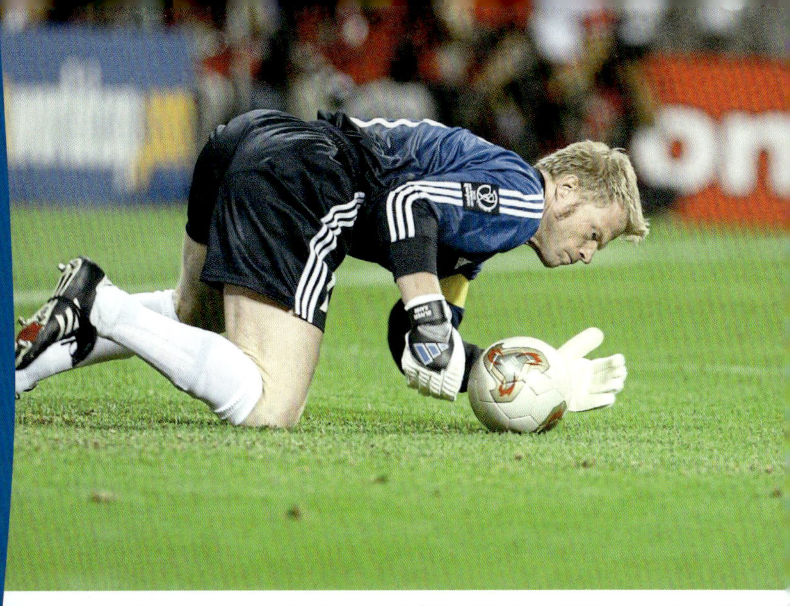

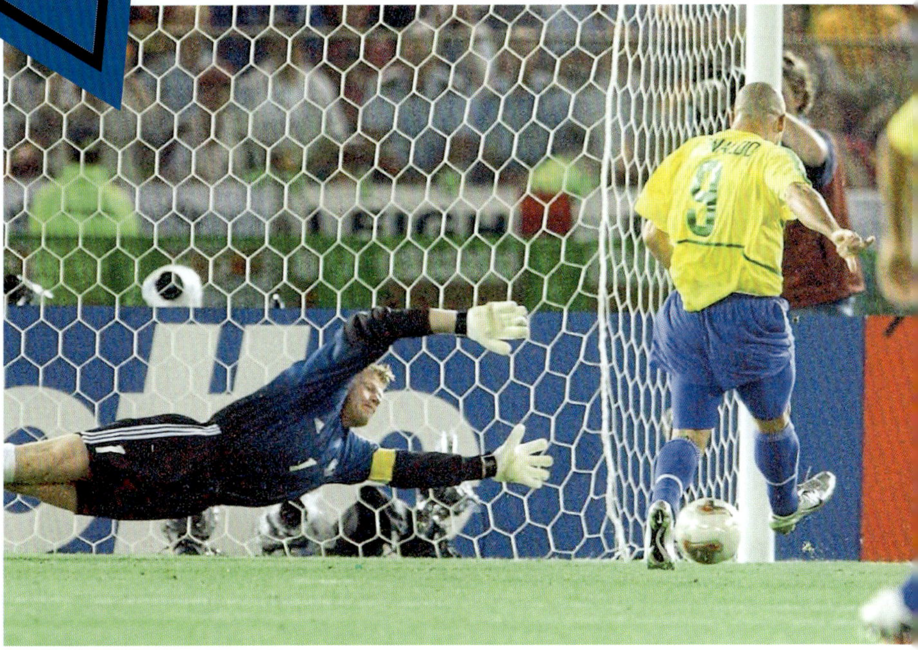

Linkes Ding!
Rivaldo (2. v. l.) zieht im Endspiel gegen Deutschland in der 67. Minute aus 20 Metern mit links ab, Metzelder (l.), Ramelow und Linke (r.) können ihn nicht daran hindern. Kahn lässt den Schuss des Brasilianers abprallen (rechts oben), Ronaldo staubt aus kurzer Distanz zur 1:0-Führung ab (rechts unten). Endstand: 2:0 für Brasilien, der fünfte WM-Titel war perfekt – Rekord

Von ***Torsten Rumpf***

Rivaldo erinnerte auf Twitter an Brasiliens letzten WM-Titelgewinn von 2002. Er postete Jubel-Fotos, die Überschrift lautete: „Wenn die Sehnsucht aufkommt!" Für den Offensiv-Künstler war der 2:0-Finalsieg im japanischen Yokohama gegen Deutschland der größte Triumph in seiner Laufbahn – den er sich fünf Wochen zuvor beinahe selbst zerstört hätte. Aus Eitelkeit und Sturheit!

Rivaldo litt wenige Wochen vor dem Turnier in Asien an einer Knöchel- und Bänderverletzung im Knie. Dennoch hatte der damalige Nationaltrainer Luiz Felipe Scolari den Superstar vom FC Barcelona für die WM nominiert – allerdings ohne Stammplatz-Garantie. Das passte Rivaldo gar nicht, weshalb er seinem Ärger Luft machte. Er telefonierte mit Freunden und drohte mit Abreise. „Ich sagte ihnen: Wenn er mich nicht in der Anfangs-Elf aufstellt, nehme ich den nächsten Flieger und bin weg", verrät Rivaldo SPORT BILD.

Scolari entschied sich am Ende gegen Konkurrent Denílson, setzte auf Rivaldo

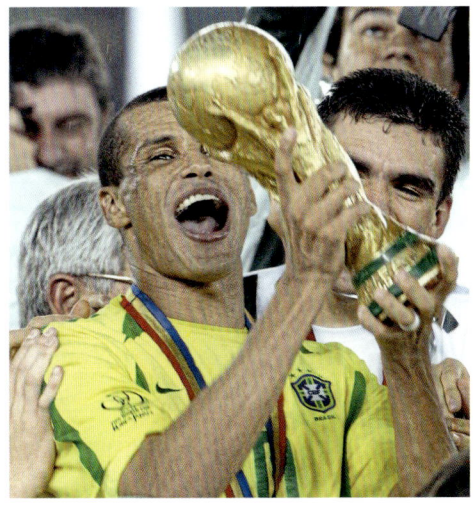

Rivaldo nach dem 2:0-Final-Triumph bei der WM 2002 gegen Deutschland bei der Siegerehrung mit dem Weltmeister-Pokal

– und der rechtfertigte das Vertrauen. „Wer der wichtigste Spieler bei der WM 2002 war? Rivaldo, mit Abstand. Ronaldo war spektakulär, hat entscheidende Tore geschossen. Aber wer für uns immer den Unterschied ausgemacht hat, war Rivaldo", sagt Scolari heute.

Selbst den Torwart-Titan Oliver Kahn stürzte Rivaldo, als er im Endspiel in der 67. Minute aus 20 Metern abzog, Deutschlands Nummer eins den Ball überraschend nicht festhalten konnte und Ronaldo zur 1:0-Führung für die Seleçao abstaubte. Der Grundstein für den fünften WM-Triumph der Brasilianer an jenem 30. Juni 2002 war gelegt.

Rivaldo zählte zwischen 1995 und 2002 zu den besten und torgefährlichsten Mittelfeldspielern der Welt. Er vereinte Eleganz und Effizienz in Perfektion. Der groß gewachsene Linksfuß (1,86 m) war mit einer herausragenden Technik und Ballkontrolle ausgestattet. Mit seinen Distanzschüssen und Standards war er gefährlich, dazu brillierte er als Vorbereiter.

Für sein Heimatland machte Rivaldo ab Ende 1993 insgesamt 74 Länderspiele (35 Tore), wurde zudem 1998 Vize-Weltmeister, 1999 Südamerikameister. „Wer war die Nummer 10 mit den meisten Toren nach Pelé? Rivaldo. Rivaldo war seitdem die einzige Nummer 10, die acht Tore bei WM-Turnieren erzielte. Ich habe immer den Fokus auf den Rasen gelegt", sagt Rivaldo.

Davon profitierten auch seine Klubs. Mit dem AC Mailand wurde er 2003 Champions-League-Sieger, seine beste Zeit hatte er aber beim FC Barcelona. In der ersten Saison 1997/98 gewann er dort das Double, ein Jahr später die spanische Meisterschaft. Im selben Jahr wurde er zu Europas Fußballer und zum Welt-Fußballer des Jahres gekürt. „Der beste Spieler der Welt zu sein, mit so vielen Stars auf dem Planeten, und da bin ich ausgerechnet der Auserwählte. Das ist eine Ehre; etwas, was ich nie vergessen werde", sagt Rivaldo.

„Der beste Spieler der Welt zu sein, das ist eine Ehre"

Rivaldo

Das Spiel seiner Karriere machte Rivaldo am 17. Juni 2001. Barcelona und der FC Valencia standen sich zum Saisonfinale gegenüber. Barça brauchte einen Sieg, um die Gäste noch

Rivaldo im Duell mit Deschamps (l.) im WM-Finale 1998. Frankreich siegte 3:0 – die bitterste Niederlage für den Brasilianer

Rivaldo küsst im Barça-Trikot den Goldenen Ball. Er wurde 1999 Europas Fußballer des Jahres und Weltfußballer

Per Fallrückzieher trifft Rivaldo 2001 am letzten Spieltag der Saison in letzter Sekunde gegen Valencia zum 3:2 und sicherte Barça die Teilnahme an der Champions League. Für Rivaldo war es das Spiel seines Lebens. Er traf dreimal, danach titelte die Presse: „St. Rivaldo, der du bist im Himmel!"

ainer van Gaal l.) und Rivaldo während ihrer gemeinsamen Zeit von 1997 bis 2000 in Barcelona

Nach dem Gewinn der spanischen Meisterschaft 1998 mit Barça: Rivaldo in der La Merced Kirche von Barcelona. Er hatte sich die Haare in den rot-blauen Klubfarben einfärben lassen

Rivaldo mit dem Champions-League-Pokal, den er mit dem AC Mailand 2003 gewann

Rivaldo (r.) als Barça-Star im Champions-League-Spiel gegen AC Mailand (3:3) in der Saison 2000/01 im Duell mit Kapitän Maldini

von Platz vier zu stoßen und die Champions League zu erreichen. Rivaldo spielte an jenem Tag wie von einem anderen Stern, erzielte nach nur drei Minuten mit einem genialen Freistoß das 1:0 aus rund 30 Metern. Später brachte er die Katalanen mit einem 25-Meter-Kracher 2:1 in Führung, die Valencia egalisieren konnte. Doch zwei Minuten vor Schluss traf Rivaldo zum dritten Mal: per Fallrückzieher aus 16 Metern zum 3:2-Endstand. Im Stadion schwenkten die Fans zur Huldigung ihres Helden weiße Taschentücher, skandierten immer wieder Rivaldos Namen.

Rivaldos erstes Gehalt lag bei 89 US-Dollar im Monat

Viele Jahre zuvor wäre das noch undenkbar gewesen. Denn Rivaldo hatte schwierige Voraussetzungen, um Berufs-Fußballer zu werden. Er wuchs in Paulista in der Nähe von Recife in ärmlichen Verhältnissen auf. Er spielte wie fast alle Jungs in seinem Alter auf Bolzplätzen, später auch für den Kleinstadt-Verein Paulistano FC. Doch er musste als Kind helfen, den Lebensunterhalt der Familie zu sichern. Rivaldo arbeitete als Eis- oder Hähnchen-Verkäufer, schnitt den Rasen in den Vorgärten reicher Familien – es fehlte Zeit zum Kicken. Dazu litt er an Unterernährung, verlor dadurch Zähne, bekam O-Beine.

Dennoch schloss er sich als Jugendlicher dem Profi-Klub FC Santa Cruz aus Recife an, vorerst aber ohne Erfolg. Der frühere Talent-Scout und Ex-Profi Roberto Madeira erinnert sich: „Rivaldo war ein intelligenter Spieler, aber wegen seiner Herkunft, weil er Not durchlebte, fehlte ihm die Kraft. Seine Schüsse waren schwach."

Rivaldo wurde Ende der 80er-Jahre aussortiert. „Sie haben mich aus dem Team gestrichen mit der Begründung: Ich sollte besser zur Schule gehen. Das war ein trauriger Moment für mich." Weil sein Vater Romildo großer Fan von Santa Cruz war, erzählte Rivaldo ihm nichts von seiner Abschiebung. „Ich schämte mich", sagt Rivaldo. Er ging zu Paulistano FC zurück. Einige Zeit später kam es zum Spiel gegen Santa Cruz, Rivaldo erzielte zwei Tore und erhielt 1992 beim auf nationalem Niveau spielenden Verein Santa Cruz eine zweite Chance – sowie 89 US-Dollar monatlich als Lohn.

Rivaldos Vater erlebte das nicht mehr, er wurde 1989 auf dem Weg zur Arbeit von einem Bus überfahren. Die Familie erhielt die traurige Nachricht erst einen Tag später von Nachbarn, die in einem lokalen Radioprogramm die Polizeimeldung von dem tragischen Unfall hörten. Die Trauer bei Rivaldo, damals 16, war groß. Und er versprach am Grab seines Vaters, Profi-Fußballer zu werden. „Denn er hat immer an mich geglaubt, dass ich eines Tages mal ein ganz Großer werden würde."

Anfang der 90er-Jahre sorgte er landesweit bei einem Jugendturnier für Aufsehen, der damalige Regionalligist Mogi Mirim entdeckte und verpflichtete Rivaldo. Nationale Bekanntheit erlangte er aber erst beim Spitzenklub SE Palmeiras. 1994 gewann er mit dem Klub aus São Paulo die brasilianische Meisterschaft und wurde Zweiter in der Torschützenliste.

Spätestens jetzt wurden Klubs aus Europa aufmerksam auf das große Talent aus Brasilien. La Coruña machte 1996 per Zufall das Rennen. Der damalige Sportdirektor Ricardo Moar, von 2002 bis 2004 in gleicher Funktion für Hannover 96 tätig, verrät: „Eigentlich wollten wir einen richtigen Mittelstürmer verpflichten, Giovanni vom FC Santos. Dann fiel uns Rivaldo auf, ich beobachtete ihn bei Palmeiras auch im Training." La Coruña zahlte zwölf Millionen Euro Ablöse und gewährte Rivaldo laut Moar eine Ausstiegsklausel von knapp 24 Millionen Euro. Diese zog der Offensivspieler am Ende der Sommer-Transferperiode 1997, als Barcelona ihn unbedingt wollte. Für die Katalanen ein Schnäpp-

Im WM-Eröffnungsspiel 1998 in Frankreich ist Brasiliens Rivaldo (M.) in der Partie gegen Schottland (2:1) nicht zu stoppen

Rivaldos Jugendspieler-Pass bei Santa Cruz

chen, für La Coruña eine Katastrophe – denn Rivaldo war auf dem Weg zum absoluten Top-Spieler und viel mehr Geld wert. Moar: „Nach diesem Transfer sind in Spanien die Ausstiegsklauseln, die in die Verträge geschrieben wurden, deutlich erhöht worden. Auf bis zu dreistellige Millionen-Beträge – um keinen zweiten Fall Rivaldo zu erleben."

Rivaldo 2003 im Dress des AC Mailand im Zweikampf mit Landsmann Roberto Carlos (l.) von Real Madrid

Rivaldo wird 2008 als Spieler von AEK Athen von Fans und Mitspielern nach dem zweiten Platz in der Liga auf Schultern getragen

Bei Barça stieg Rivaldo zum Weltstar auf. Aber auch dort hatte er Probleme mit dem Trainer: Louis van Gaal. Beide hatten unterschiedliche Auffassungen von

Rivaldo und van Gaal hatten unterschiedliche Sichtweisen in Barcelona

der Spielweise Rivaldos. „Wir haben einfach nicht die gleiche Mentalität gehabt. Er sagte mir, ich halte den Ball zu lange,

ich soll schneller abspielen. Aber ich sagte zu ihm, dass ich immer so gespielt habe und dass ich mich nicht ändern will", erzählt Rivaldo. Nach drei Jahren musste van Gaal gehen, Rivaldo blieb bei Barça – bis der Niederländer 2002 als Coach nach Barcelona zurückkehrte. Das war für den Brasilianer das Ende bei den Katalanen.

Rivaldo ging zum AC Mailand, zwar gewann er mit den Italienern Europas Königsklasse, glücklich wurde er dort indes nicht. Bevor er seine Laufbahn 2015 bei Mogi Mirim in der Heimat beendete, spielte er noch in Griechenland für Olym-

piakos Piräus, AEK Athen, Bunyodkor Tashkent in Usbekistan oder in Angola für Kabuscorp SC.

Rivaldo sagt über seine Karriere: „Mein Traum war damals, für Santa Cruz zu spielen, dort ein Idol zu werden. Heute bin ich es weltweit. Wenn ich wissen will, wer ich wirklich war, gehe ich in den Raum, wo meine Trophäen aufgestellt sind. Da sehe ich dann, was ich für den Fußball gemacht habe." Dieser Raum befindet sich in der Villa in Florida, in die Rivaldo zog. Von allen Andenken sticht eine Kopie ganz besonders hervor: der WM-Pokal von 2002. ●

Rivaldo mit der griechischen Meister-Trophäe. 2006 holte er mit Olympiakos Piräus den Titel

Weltmeister und Weltfußballer

Rivaldo wurde am 19. April 1972 im brasilianischen Paulista geboren. Seine Profi-Karriere begann er 1989 beim FC Paulistano, 1994 landete er beim nationalen Spitzenklub SE Palmeiras. Dort entwickelte er sich zum Top-Offensiv-Spieler, 1996 verpflichtete ihn La Coruña (Spanien) für umgerechnet zwölf Millionen Euro Ablöse. Ein Jahr später wechselte Rivaldo für die doppelte Summe zum FC Barcelona, von 2002 bis 2003 spielte er für den AC Mailand, es folgten u. a. Stationen in Griechenland bei Olympiakos Piräus und AEK Athen. 2015 beendete Rivaldo in seiner Heimat beim damaligen Zweitligisten Mogi Mirim EC seine aktive Laufbahn. Für Brasilien absolvierte er 74 Länderspiele (35 Tore). 2002 wurde er Weltmeister, vier Jahre zuvor Vize-Weltmeister. Mit dem AC Mailand gewann Rivaldo 2003 die Champions League, mit Barça 1998 das Double. Ein Jahr später wurde er mit den Katalanen nochmals spanischer Meister, und er wurde zudem mit dem Ballon d'Or als Europas Fußballer des Jahres und zum Fifa-Welt-Fußballer des Jahres ausgezeichnet.

Rivaldo begann nach der Karriere u.a. als Repräsentant des Wettanbieters Betfair zu arbeiten. Er ist ein Nachfahre von deutschen Auswanderern aus dem münsterländischen Südlohn

Ronaldinho streckt den
Henkelpott in die Höhe.
2006 gewann der Brasilianer
mit dem FC Barcelona die
Champions League. Im
Finale in Paris besiegten
die Katalanen den
FC Arsenal 2:1

RONALDINHO

Ein Genie, das für viel Ärger sorgte

Der Brasilianer sprach mit SPORT BILD über seine große Karriere. Er begeisterte mit unglaublichen Tricks und No-Look-Pässen. Aber es gab auch immer wieder Zoff

—— Von **Torsten Rumpf**

Besser als in seinem Musikclip „Rolê Aleatório" ist die Karriere von Ronaldinho nicht zu beschreiben. Er demonstriert mit genialen Tricks sein Können am Ball, bevor er dann zwischen leicht bekleideten Frauen tanzt, rappt und sich auch für alkoholhaltige Getränke empfänglich zeigt. Der geniale Ballartist war einst der beste Spieler der Welt – doch oft hat der brasilianische Megastar das süße Leben außerhalb des Platzes genauso genossen wie den Übersteiger beim Austanzen des Gegners auf dem Fußballplatz.

„Mein Traum war es, in die Fußstapfen von Pelé, Maradona oder Beckenbauer zu treten, so viele Titel wie möglich zu gewinnen und als ein Spieler in Erinnerung zu bleiben, der Großartiges für den Fußball geleistet hat", sagte Ronaldinho bei einem Termin mit SPORT BILD. Was ihm gelang. Der Offensivkünstler wurde mit Brasilien 2002 Weltmeister, er gewann mit dem FC Barcelona 2006 die Champions League und wurde 2004 und 2005 zum besten Spieler der Welt gekürt.

Aber es gibt auch den anderen Ronaldinho, der ständig für Ärger und Skandale sorgte. Weil er feuchtfröhliche Partys liebte. Und die Frauen. Und weil er seinem Bruder Roberto de Assis blind vertraute. Er war nach dem Tod seines Vaters João Moreira, der 1989 leblos im hauseigenen Pool gefunden worden war, eine Art Überfigur für Ronaldinho. „Es ist wunderbar, als Privileg ihn als meinen Bruder, meinen Vater, meinen Berater, mein Alles zu haben", sagt er.

Roberto de Assis war einst ebenfalls Fußballer, mit dem FC Sion wurde er 1997 Schweizer Meister. Vor allem aber als gewiefter Agent seines jüngeren Bruders machte er sich im Fußball-Business einen Namen – und sorgte zum Leidwesen von Ronaldinho für reichlich Ärger bei Grêmio Porto Alegre. Dort begann der spätere 97-malige Nationalspieler als Siebenjähriger im Verein mit dem Fußball und debütierte 1997 im Profi-Team. Und dort sind sie heute noch sauer auf Roberto de Assis. Weil er knapp 14 Monate nach der Jahrtausendwende nicht nur ein Mega-Angebot ausschlug, sondern beim Wechsel nach Europa zu Paris St-Germain den südbrasilianischen Traditionsklub austrickste.

SPORT BILD liegt das Vertragsangebot vom 16. Februar 2001 vor, mit dem Porto Alegre Ronaldinho zwei weitere Jahre binden wollte.

▶ Monatsgehalt im ersten Jahr: 300 000 Real – damals waren das 150 000 US-Dollar.
▶ Monatsgehalt im zweiten Jahr: 400 000 Real – 200 000 Dollar.
▶ Handgeld über 19,6 Millionen Real (in drei Raten) – also 9,785 Millionen US-Dollar.

Fifa-Trophäen für die Barça-Stars im Jahr 2005: Ronaldinho (l.) wurde als Weltfußballer ausgezeichnet, Samuel Eto'o landete auf Platz 3, Lionel Messi (M.) war bester Nachwuchskicker

Trickser Ronaldinho

Ronaldinho trickst als Kind mit dem Ball im Trikot von Grêmio Porto Alegre

Ronaldinho mit Kurzhaar-Frisur im PSG-Trikot 2001. Er tritt mit dem rechten Fuß auf den Ball, setzt zum Richtungswechsel an

Ronaldinho 2006 im Barça-Trikot bei der Ball-Mitnahme mit dem Außenrist im hohen Tempo

Ronaldinho im Milan-Trikot. Der Brasilianer liebte die Übersteiger-Finte

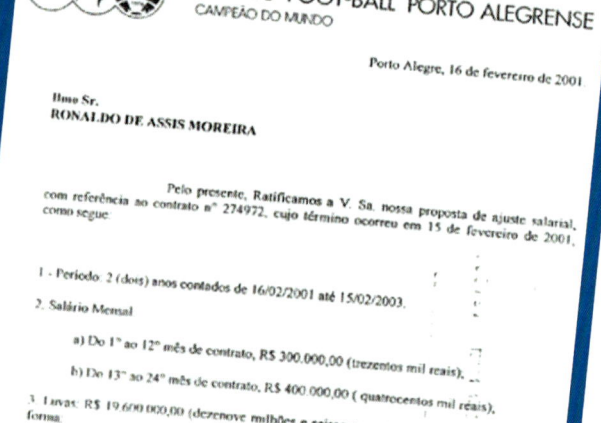

Grêmio wollte 2001 laut diesem Dokument mit Ronaldinho verlängern, bot u. a. ein Handgeld von über 19,6 Millionen Real – damals waren das 9,785 Mio. US-Dollar

Die Offerte war vergebens, denn Ronaldinho war sich bereits mit PSG einig – weil sein Bruder den Deal nach Frankreich schon Ende 2000 eingefädelt hatte. In Paris verdiente Ronaldinho das Doppelte. Er verkündete den Wechsel aber erst nach Auslaufen seines bestehenden Vertrags bei Porto Alegre im Februar 2001, um ablösefrei gehen zu können.

Grêmio zog vor Gericht, ließ Ronaldinho sperren und forderte 20 Millionen englische Pfund, die zuvor Leeds United für Ronaldinho geboten hatte. Nach einigen Monaten gab ihn Grêmio für PSG frei, im Gegenzug bezahlten die Pariser 4,2 Millionen US-Dollar als Entschädigung – und Ronaldinho konnte in Europa richtig durchstarten. Bevor er 2011 zurück in die Heimat zu Flamengo Rio de Janeiro wechselte, stand er zwei Spielzeiten in Paris unter Vertrag, fünf Jahre beim FC Barcelona und von 2008 bis Ende 2010 beim AC Mailand.

Trotz Grêmio-Mega-Angebots: Ronaldinho ging zu Paris St-Germain

Seine beste Zeit hatte Ronaldinho in Spanien. Er spielte dort mit Superstars wie Samuel Eto'o, Carles Puyol, Xavi oder Andrés Iniesta zusammen. Während seiner Zeit schaffte auch der spätere sechsmalige Weltfußballer Lionel Messi den Sprung zu den Profis. „Ich denke, Barcelona müsste ihm ewig dankbar sein, für alles, was er für den Klub gemacht hat", sagt der heutige Barça-Megastar aus Argentinien. Ronaldinho führte die Katalanen unter anderem 2006 auf den Thron des europäischen Vereins-Fußballs. Dabei brillierte er durch seine leichtfüßige Spielweise mit No-Look-Pässen, Tempodribblings, Lupfern – und in seinem Gesicht war immer diese Freude am Spiel zu sehen. Pelé, der wohl größte Fußballer aller Zeiten, sagt über seinen Landsmann: „Jedes Mal, wenn ich Ronaldinho auf dem Rasen sah, hatte er dieses Lächeln im Gesicht." Und seine hervorstehenden Zähne, bis zum Richten 2013 eines seiner äußerlichen Markenzeichen, waren immer präsent.

Stets im Bewusstsein hatte Ronaldinho den Rat seines Vaters. „Er sagte immer,

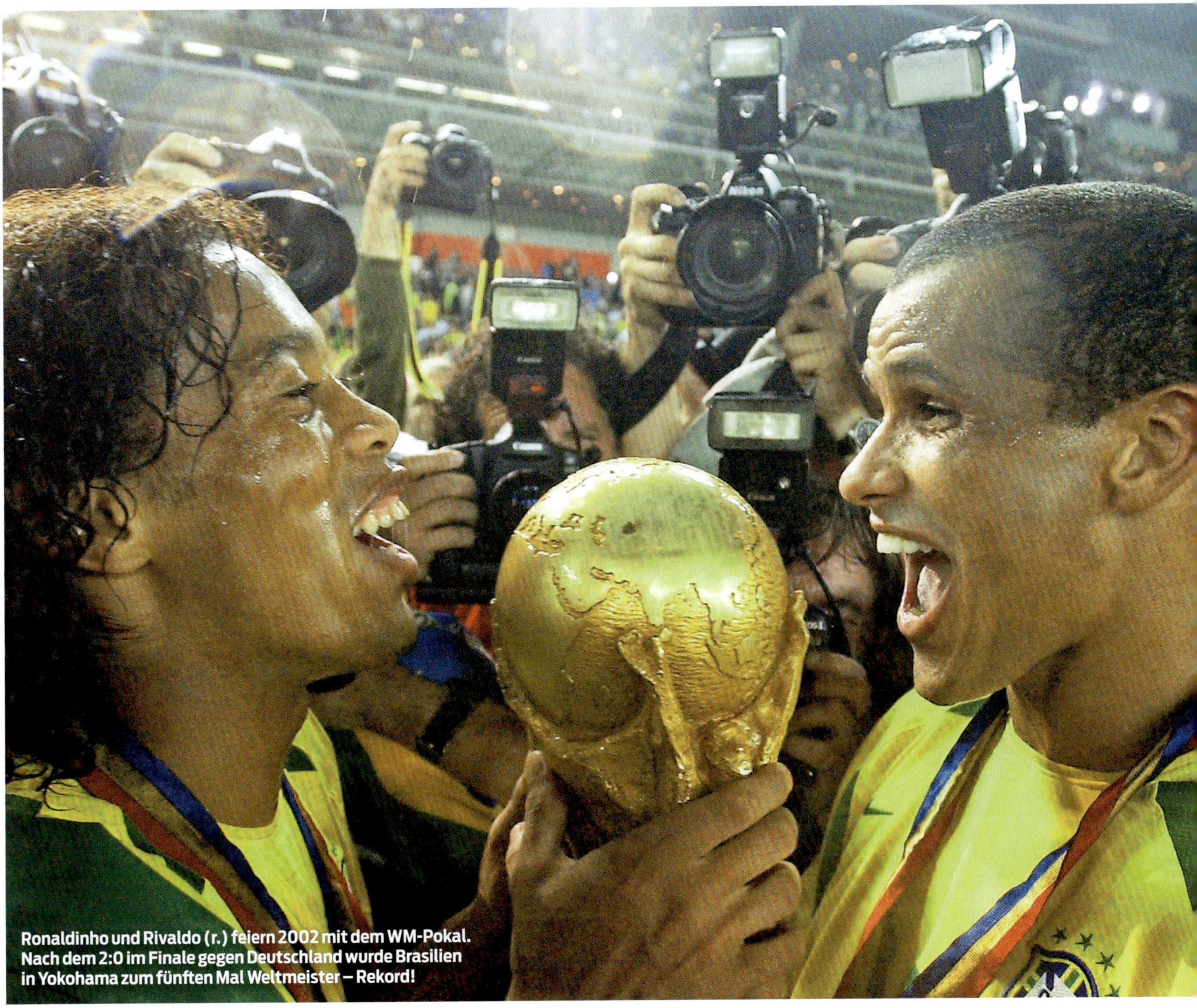

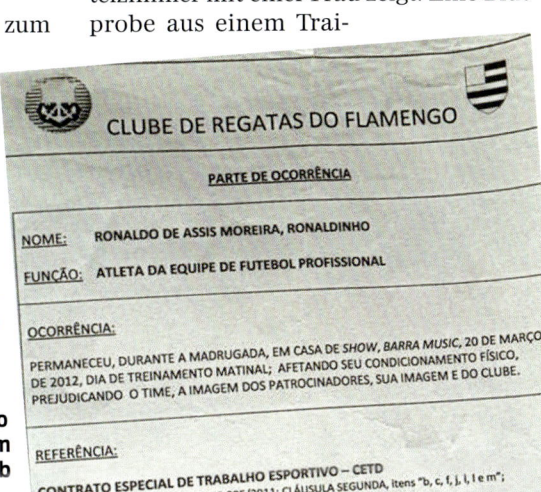

Ronaldinho und Rivaldo (r.) feiern 2002 mit dem WM-Pokal. Nach dem 2:0 im Finale gegen Deutschland wurde Brasilien in Yokohama zum fünften Mal Weltmeister – Rekord!

übertreib es mit der Kreativität auf dem Platz. Spiel schön, spiel einfach mit dem Ball", sagt Ronaldinho und verrät, was ihn noch angetrieben hat: „Ich habe mir immer die aberwitzigsten Dinge vorgestellt. Ich war ein großer Träumer. Bei der WM 1994 habe ich Romário gesehen und gedacht: Ich will wie dieser Typ sein. Danach wurde Ronaldo zum Weltfußballer gewählt. Und ich habe wieder gedacht, so wie er zu werden."

„Jedes Mal, wenn ich ihn auf dem Platz sah, hatte er dieses Lächeln im Gesicht"

Pelé über Ronaldinho

Mit Erfolg. Wie die beiden brasilianischen Fußball-Idole Romário und Ronaldo wurde Ronaldinho Weltmeister – und zu einem der besten Spieler aller Zeiten. Was ihn noch mit beiden früheren Weltklasse-Stürmern verbindet: die Lust am Feiern.

Während seiner Zeit bei Flamengo zum Beispiel erhielt Ronaldinho am 20. März 2012 eine Abmahnung des Vereins, weil er an diesem Tag vor dem morgendlichen Training noch in der Diskothek „Barra Music" gesichtet worden war. Der Klub aus Rio wappnete sich da schon für eine Trennung im Streit, weil Ronaldinho immer mehr mit seinem ausschweifenden Lebenswandel als mit Fußball auffiel.

Flamengo hatte eine Akte mit Beweisen angelegt. Unter anderem darin zu finden: ein Video, das Ronaldinho während des Sommertrainingslagers 2012 im Hotelzimmer mit einer Frau zeigt. Eine Blutprobe aus einem Trai-

CLUBE DE REGATAS DO FLAMENGO

PARTE DE OCORRÊNCIA

NOME: RONALDO DE ASSIS MOREIRA, RONALDINHO

FUNÇÃO: ATLETA DA EQUIPE DE FUTEBOL PROFISSIONAL

OCORRÊNCIA:

PERMANECEU, DURANTE A MADRUGADA, EM CASA DE *SHOW*, *BARRA MUSIC*, 20 DE MARÇO DE 2012, DIA DE TREINAMENTO MATINAL; AFETANDO SEU CONDICIONAMENTO FÍSICO, PREJUDICANDO O TIME, A IMAGEM DOS PATROCINADORES, SUA IMAGEM E DO CLUBE.

REFERÊNCIA:

CONTRATO ESPECIAL DE TRABALHO ESPORTIVO – CETD
LEI 9615/98, ALTERADA PELA LEI 12.395/2011: CLÁUSULA SEGUNDA, itens "b, c, f, j, l, l e m"; CLÁUSULA QUARTA e CLÁUSULA SEXTA.

Mit diesem Dokument mahnte Flamengo 2012 Ronaldinho nach dessen nächtlichem Disco-Besuch ab

Frings und Jeremies (r.) können Ronaldinho (l.)
im WM-Finale 2002 nicht stoppen

ning, die bei ihm Alkohol nachwies. Im Streit verließ Ronaldinho Flamengo im Mai 2012 und forderte 50 Millionen Real (damals 25 Mio. US-Dollar) an ausstehenden Gehältern und Marketing-Bildrechten. Wenige Tage zuvor hatte sein Bruder Roberto de Assis wegen ausstehender Zahlungen den offiziellen Fanshop des Vereins geplündert und 40 Trikots mitgenommen – ohne zu zahlen. Fast vier Jahre ging der Zoff, bis sich beide Parteien 2016 einigten und Ronaldinho eine Zahlung von zwölf Millionen Real (damals drei Mio. US-Dollar) bekam.

Der Fall Flamengo ist nur einer von vielen Skandalen um Ronaldinho.

Und es ging schon früh los. 2001 wurde bei dem damals 21-Jährigen ein gefälschter Führerschein auf seinen Namen gefunden, für damals 400 Real in Joinville im benachbarten Bundesland Santa Catarina

gekauft. Im gleichen Jahr wurde er bei einer Polizeikontrolle mit abgelaufenen Kfz-Papieren und ohne Führerschein erwischt. Geldstrafe.

Skandale haben Ronaldinhos Ansehen kaum geschadet

2018 nahm man Ronaldinho und seinem Bruder die Reisepässe ab, weil sie drei Jahre lang eine Geldstrafe ignorierten. Die Buße für den Bau eines Bootstegs an ihrer Ferienvilla inmitten eines Naturschutzgebietes war bis dahin schon auf umgerechnet 2,2 Mio. Euro angewachsen.

Anfang März 2020, kurz nach der Einreise in Paraguay, wurde Ronaldinho zusammen mit seinem Bruder von den dortigen Behörden verhaftet, und sie verbrachten 32 Tage im Gefängnis. Der

Grund: Beide seien mit gefälschten Pässen, die ihm und seinem Bruder nach eigenen Angaben von Geschäftspartnern geschenkt worden waren, eingereist. In dem Nachbarland wollten sie unter anderem an der Eröffnung eines Casinos teilnehmen. Zunächst sah es so aus, als wäre die Posse von Asunción schnell vorbei. Doch der Fall zog weitreichende Ermittlungen mit zahlreichen Festnahmen nach sich. Gegen die Zahlung einer Kaution in Höhe von 1,6 Millionen US-Dollar konnten Ronaldinho und sein Bruder Anfang April das Gefängnis verlassen, das weitere Verfahren mussten sie in einem Hotel in der Hauptstadt Asunción unter polizeilicher Aufsicht abwarten. Erst im August 2020 wurden sie gegen Zahlung eines Bußgeldes in Höhe von umgerechnet rund 160 000 Euro in Freiheit gelassen.

Doch selbst die Haft in Paraguay hat Ronaldinhos Ansehen in Brasilien kaum geschadet: Nach seiner Rückkehr war er in Belo Horizonte Werbelokomotive beim Baustart der neuen Atlético-Arena, brachte seine eigene Gin-Marke (R-ONE) auf den Markt, trat in Werbespots für eine Reise-App (Buser) und eine Sportwettenfirma (Betcris) auf. Alles eingefädelt von seinem Bruder Roberto de Assis.

Und auch in der Musikbranche machte Ronaldinho Karriere, als Teil des Projekts „Tropa do Bruxo". das den Hit „Rolê Aleatório" auf den Markt brachte. Frei übersetzt heißt er: „Immer irgendwo auf der Rolle."

Kein Motto passt besser zu Ronaldinho. ●

Ronaldinho (2. v. l.) und sein Bruder Roberto de Assis (2. v. r.) werden am 7. März 2020 in Handschellen von Polizeibeamten zur Anhörung in Asunción (Paraguay) gebracht

Ronaldinho als kleiner Junge mit seinem Vater João Moreira (l.), Bruder Roberto de Assis (2. v. r.) und einem Verwandten

Immer locker drauf: Ronaldinho hat auch als Musiker Talent

Weltmeister mit Brasilien, Champions-League-Sieger mit Barcelona

Ronaldinho, dessen bürgerlicher Name Ronaldo de Assis Moreira lautet, wurde am 21. März 1980 in Porto Alegre geboren. In seiner Jugend spielte er zunächst bei Grêmio Porto Alegre. Während eines Sprachaufenthaltes in der Schweiz absolvierte er von April 1993 bis Oktober 1994 zahlreiche Meisterschaftsspiele für die U14-Mannschaft des FC Sion. Sein neun Jahre älterer Bruder Roberto war zu dieser Zeit dort Erstliga-Spieler.

Profi wurde Ronaldinho 1997 bei Grêmio, 2001 wechselte er nach Europa zu Paris St-Germain.

Es folgten die Stationen FC Barcelona (2003 – 2008), AC Mailand (2008 – 2010), Flamengo Rio de Janeiro (2011 – 2012), Atletico Mineiro (2012 – 2014), Querétaro Fútbol Club (2014 – 2015) und Fluminense Rio de Janeiro (2015).

Seine größten Erfolge als Spieler: Weltmeister mit Brasilien 2002, Champions-League-Sieger mit Barça 2006, dazu spanischer Meister 2005, 2006, italienischer Meister in der Serie A 2010/11. Zweimal wurde er zum Fifa-Weltfußballer (2004, 2005) gewählt.

RONALDO
Vom Hilfsarbeiter zum Weltstar!

WM-Finale 2002: Ronaldo schießt
Brasilien mit seinem Treffer zum
2:0-Endstand (links: Rivaldo)
gegen Deutschland (rechts:
Gerald Asamoah) zum
fünften WM-Titel

Der Stürmer wurde zweimal Weltmeister. Der FC São Paulo wollte anfangs keine 15 000 US-Dollar für ihn zahlen. Hier sprechen der Star und seine Teamkollegen auch über den Krampfanfall vor dem WM-Finale 1998

— Von **Torsten Rumpf**

Diesen Fehler mit Ronaldo haben sich die Verantwortlichen des FC São Paulo bis heute nicht verziehen. Der Klub aus Brasiliens Zwölf-Millionen-Metropole zählte Anfang der 90er-Jahre zu den besten im Welt-Fußball, als ihm 1992 ein 16

Jahre altes Talent empfohlen wurde. In einem Schreiben an den damaligen Vereinspräsidenten José Pimenta (siehe Ausriss auf Seite 158) stand unter anderem: „Junge in Rio, von dem man sich Wunderdinge erzählt. Sie wollen 15 000 US-Dollar. Bitte um Stellungnahme." Es handelte sich um Ronaldo Luís Nazário de Lima. Ohne ihn beobachten zu lassen, lehnte Pimenta, der

Boss des amtierenden Südamerika-Meisters und späteren Weltpokalsiegers, mit einer handschriftlichen Notiz kurzerhand ab – und dem FC São Paulo ging später eine Mega-Ablöse durch die Lappen.

Das damalige aufstrebende Talent wechselte kurze Zeit später für den Spottpreis von 50 000 US-Dollar vom No-Name-Klub São Cristóvão zu Cruzeiro Belo Hori-

zonte. Am 4. Januar 1993 unterschrieb Ronaldo dort seinen ersten Vertrag – als Amateur. Kurios dabei: Um vom brasilianischen Verband als Seniorenspieler aufgenommen zu werden, musste er einen Beruf nachweisen. Ronaldo, der in armen Verhältnissen in der Nordzone von Rio de Janeiro, weit ab von den berühmten Stränden, aufwuchs und als Teenager die Schu-

FMF
FEDERAÇÃO MINEIRA DE FUTEBOL
IDENTIDADE DE ATLETA
PROFISSIONAL
NOME
Ronaldo Luiz Nazário Lima
Cruzeiro Esporte Clube
ASSINATURA DO ATLETA

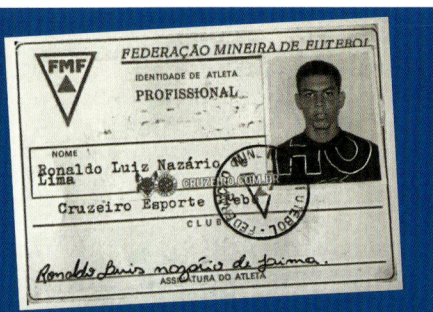

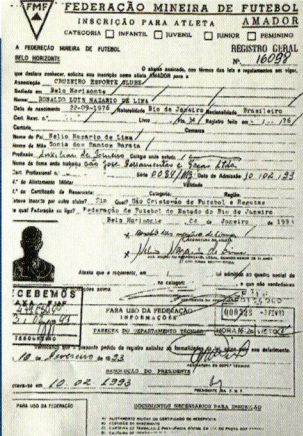

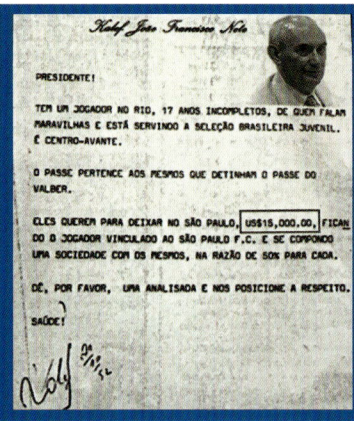

Ronaldos Spielerpass aus seiner Zeit bei EC Cruzeiro Belo Horizonte 1993/94

FEDERAÇÃO MINEIRA DE FUTEBOL
INSCRIÇÃO PARA ATLETA AMADOR
REGISTRO GERAL Nº 16098

Ronaldos erster Vertrag bei Cruzeiro – als Amateur. Um am 4. Januar 1993 vom Verband aufgenommen zu werden, musste er einen Beruf nachweisen: Hilfsarbeiter als Dreher

PRESIDENTE!

TEM UM JOGADOR NO RIO, 17 ANOS INCOMPLETOS, DE QUEM FALAM MARAVILHAS E ESTÁ SERVINDO A SELEÇÃO BRASILEIRA JUVENIL. É CENTRO-AVANTE.

O PASSE PERTENCE AOS MESMOS QUE DETINHAM O PASSE DO VALBER.

ELES QUEREM PARA DEIXAR NO SÃO PAULO, US$15.000,00, FICANDO O JOGADOR VINCULADO AO SÃO PAULO F.C. E SE COMPONDO UMA SOCIEDADE COM OS MESMOS, NA RAZÃO DE 50% PARA CADA.

DÊ, POR FAVOR, UMA ANALISADA E NOS POSICIONE A RESPEITO.

SAÚDE!

Das Dokument zeigt, dass Ronaldo dem FC São Paulo für 15 000 US-Dollar Ablöse angeboten wurde – bevor er später zu Cruzeiro ging

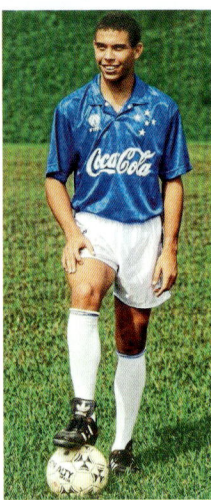

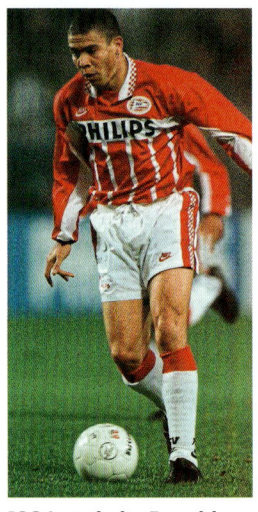

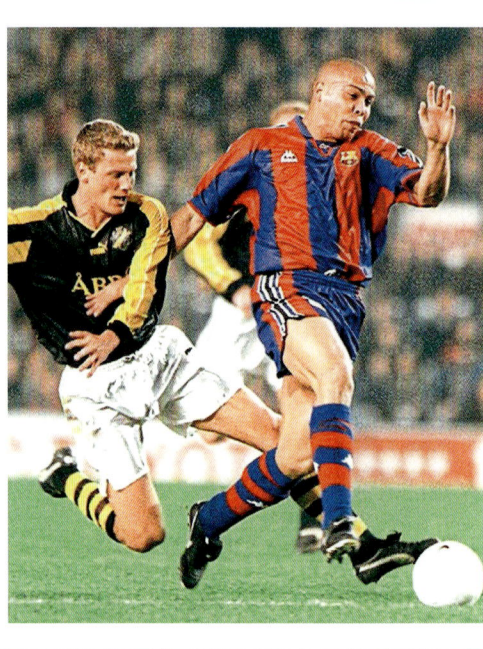

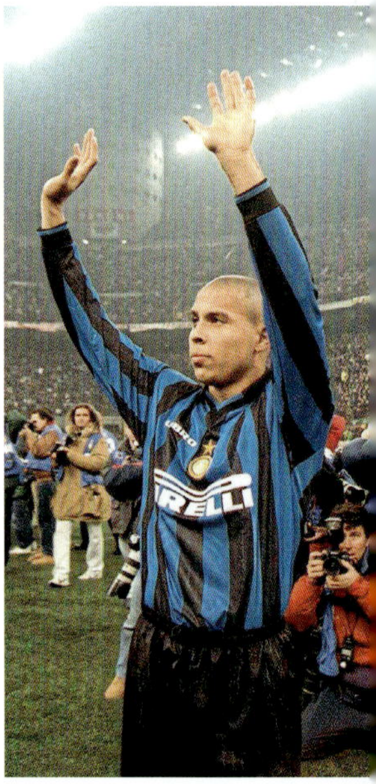

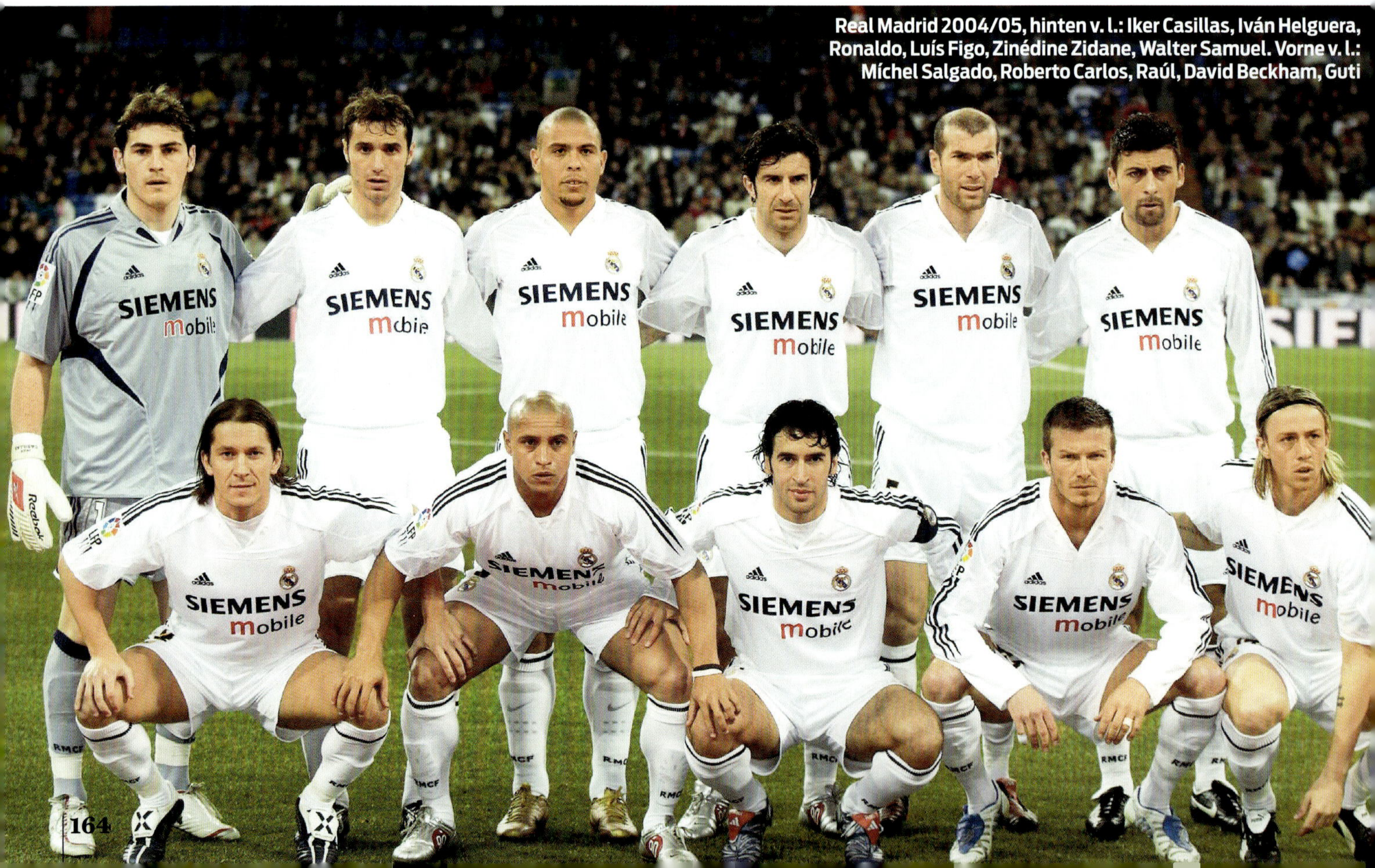

Ronaldo begann seine Profikarriere 1993 im Trikot von Belo Horizonte

1994 wechelte Ronaldo als 17-Jähriger zur PSV Eindhoven, wo er in 57 Spielen 54 Tore erzielte

Ronaldo (r.) 1997 im Trikot des FC Barcelona, für den er in 49 Spielen 47 Tore schoss

1997: Ronaldo winkt den Fans vor dem Derby gegen AC Mailand zu. Er traf für Inter zum 2:1 (Endstand 2:2)

Real Madrid 2004/05, hinten v. l.: Iker Casillas, Iván Helguera, Ronaldo, Luís Figo, Zinédine Zidane, Walter Samuel. Vorne v. l.: Míchel Salgado, Roberto Carlos, Raúl, David Beckham, Guti

le beendete, gab in der schriftlichen Vereinbarung mit Cruzeiro „Hilfsarbeiter als Dreher" (auf Portugiesisch: „auxiliar de torneiro") an.

Am 1. Juli 1993 erhielt Ronaldo schließlich seinen ersten Profivertrag, nach 60 Toren in 60 Spielen und der Berufung in die Nationalmannschaft. 1994 verkaufte ihn Cruzeiro für 9,5 Millionen D-Mark an PSV Eindhoven. Das war damals die höchste Ablösesumme für einen brasilianischen Spieler – und Ronaldo legte in Europa fortan eine Weltkarriere hin.

„Ich bin stolz auf alles, was ich erreicht und gewonnen habe", sagt Ronaldo zu SPORT BILD. Nach zwei Jahren in den Niederlanden bei PSV trug er das Trikot des FC Barcelona, der beiden Mailänder Klubs Inter und AC sowie von Real Madrid und war ein Teil der „Galaktischen". „Ich hätte gern noch in Deutschland und in England gespielt", verrät Ronaldo. Aber auch ohne diese Erfahrungen gewann er Titel, unter anderem den Weltpokal, den Europacup der Pokalsieger, den Uefa-Cup und die spanische Meisterschaft. Dreimal wurde er zum Weltfußballer des Jahres gekürt.

„Der allergrößte Moment war aber der WM-Triumph 2002 mit Brasilien, nachdem wir im Finale gegen Deutschland 2:0 gewannen und ich beide Treffer erzielte", sagt Ronaldo. In eindrucksvoller Manier spielte der Stürmer beim Turnier in Japan und Südkorea auf. Mit insgesamt acht Treffern wurde er Torschützenkönig.

Ronaldo glänzte – wie während seiner gesamten Karriere – als Vollstrecker. Er galt als kompletter Angreifer, schnell, dynamisch, robust. Er erzielte seine Tore auf jede erdenkliche Weise: aus der Distanz, im Eins-gegen-eins-Duell mit dem gegnerischen Torhüter, mit rechts, mit links. Er besaß Fertigkeiten, die er sich durch viel Fleiß erarbeitete.

Dabei kam Brasiliens Spielmacher-Ikone Zico aus den 80er-Jahren eine zentrale Rolle als großes Vorbild zu. „Mit zehn Jahren sah ich ein Interview mit ihm im Fernsehen. Zico schoss in dem Gespräch nur mit dem linken Fuß gegen eine Wand. Er be-

In Brasilien gilt er hinter Pelé als bester Spieler aller Zeiten

richtete, dass er das früher stundenlang gemacht habe. Das ist mir im Kopf hängen geblieben", sagt Ronaldo. „Ich dachte immer: Mein linkes Bein ist taub, taugt zu nichts. Nicht einmal dazu, in den Bus einzusteigen. Doch ich wiederholte immer wieder das, was Zico im Fernsehen zeigte: mit dem linken Fuß den Ball gegen eine Wand schießen. Das half mir. Ich machte rund 500 Tore in meiner Karriere, etwa 200 davon mit dem linken Fuß. Die Spieler heute versuchen immer, das zu verbessern, was sie schon können. Nur wenige bemühen sich, ihre Schwächen auszumerzen."

Wie Ronaldo – was ihn zu „Il fenomeno" (das Phänomen) machte. So taufte ihn Italiens Presse während seiner großen Zeit in Mailand und in der Seleção, für die er in 98 Länderspielen 62-mal erfolgreich war. Bis zur WM 2014 in Brasilien hielt er sogar den WM-Torschützen-Rekord mit 15 Treffern, ehe er vom deutschen Weltmeister Miroslav Klose (16 Tore) abgelöst wurde. „Das hat keine Wunde hinterlassen. Herausragend, was ich gemacht habe. Herausragend, was Klose geschafft hat. Wir beide haben unseren Platz in der Fußball-Geschichte", sagt Ronaldo.

In Brasilien wird er sogar als zweitbester Fußballer aller Zeiten eingestuft – nach dem legendären Pelé. Eine Einordnung, die Ronaldo sofort akzeptiert: „Weil man meine Karriere nicht mit der von Pelé vergleichen kann, die ist nicht in Worte zu fassen. Er wurde mit Brasilien dreimal Weltmeister. Das erste Mal mit 17 Jahren, als er 1958 in Schweden zum Superstar wurde. Ich wurde zweimal Weltmeister, beim ersten Titelgewinn 1994 in den USA war ich ebenfalls erst 17 Jahre alt – aber ich spielte keine Minute. Außerdem hatte ich auch zwei schwere Knieverletzungen, die eine noch größere Karriere verhinderten."

Tatsächlich warfen ihn gesundheitliche Rückschläge häufig zurück. Allerdings lebte Ronaldo auch nicht immer wie ein Musterprofi. Er genoss das süße Leben außerhalb des Platzes. Sein früherer Nationalmannschafts-Kumpel und ehemaliger Le-

Zwischen 2007 und 2008 war Ronaldo oft verletzt, weshalb er nur 20-mal für AC Mailand spielte

Am 31. Spieltag der Saison 2004/05 spielte Ronaldo mit Real Madrid gegen Barcelona (rechts: Carles Puyol). Real siegte 4:2, Barça wurde dennoch Meister

Ronaldo im Trikot von Corinthians São Paulo, wo er von 2009 bis zu seinem Karriereende 2011 spielte

verkusen-, Bayern- und HSV-Star Zé Roberto verrät: „Ronaldo war ein Partylöwe. Er kehrte oft erst am nächsten Tag zum Training zurück, hatte kaum geschlafen. Unglaublich. Er hat seine Gläschen getrunken, aber am nächsten Tag hat er wie ein Tier trainiert."

Dennoch war Ronaldos Lebenswandel nicht immer leistungsfördernd – und er sorgte dadurch ab und an außerhalb des Platzes für Aufsehen. Wie 2008: Während einer Reha in Rio de Janeiro wurde er mit Prostituierten gesichtet. Es stellte sich heraus, dass es Transvestiten waren, die ihm angeblich auch Drogen angeboten haben sollen. Es kam zum Streit, die Polizei schaltete sich ein, die Geschichte wurde öffentlich – und Ronaldo stand in den Schlagzeilen.

Die Beidfüßigkeit lernte er von seinem Idol Zico

Viel größeren Wirbel um Ronaldo hatte es zehn Jahre zuvor gegeben: am Final-Tag bei der WM 1998 in Frankreich. Bis heute ist noch nicht das letzte Geheimnis über seine rätselhafte Krankheit vor dem Duell gegen den Gastgeber in Paris gelüftet, das Brasilien 0:3 verlor. „Ich hatte mich entschieden, nach dem Mittagessen eine Runde zu schlafen. Und das Letzte, an das ich mich erinnern kann, ist, dass ich mich aufs Bett gelegt habe und mir schlecht wurde", sagt Ronaldo.

Dramatischer beschreiben das heute frühere Teamgefährten. Júnior Baiano, der von 1995 bis 1997 für Werder Bremen spielte, sagt: „Es war eine hässliche Szene in Ronaldos Hotelzimmer. Ich hatte noch nie zuvor so etwas gesehen. Vielen anderen ging es ebenso. Das hatte uns erschüttert." Und Cafú ergänzt: „Wer gesehen hat, was mit Ronaldo passiert ist, hätte nie geglaubt, dass er spielen könnte. Keine Ahnung, ob es ein epileptischer Anfall oder ein Krampf war. Er lag auf dem Bett. César Sampaio *(Mitspieler; d. Red.)* hielt seine Zunge, bis die Ärzte kamen. Für mich war damit sein Einsatz im Finale passé."

Nicht aber für Ronaldo. Während Trainer Mário Zagallo die Mannschaft bereits in der Kabine auf das Finale vorbereitet und auf der offiziellen Aufstellung Edmundo als Ersatz auserwählt hatte, traf Ronaldo mit Teamarzt Lídio Toledo nach der Untersuchung in einem Pariser Krankenhaus im Stade de France ein. „Ich hatte die Ergebnisse in der Hand. Unser Arzt hatte mir grünes Licht gegeben. Und da bin ich auf Zagallo zugegangen und habe ihm gesagt: ‚Ich bin okay, ich fühle nichts. Hier sind

Am 30. Juni 2002 feiert Ronaldo den Finalsieg gegen Deutschland und streckt überglücklich den WM-Pokal in den Himmel von Yokohama

Oliver Kahn wird von Ronaldo hochgezogen. Der bis dahin überragende Kahn patzte vor dem 1:0 der Brasilianer

Ronaldo 2002 mit dem Goldenen Ball für den „Fußballer des Jahres" (l.), der vom „France Football Magazine" verliehen wurde, und der Fifa-Auszeichnung als bester Spieler des Jahres

die Ergebnisse. Ich will spielen.' Ich habe Zagallo keine Alternative gelassen. Er hatte keine Wahl", sagt Ronaldo.

Während er über die Vorkommnisse spricht, wird seine Stimme leiser. Weil er viele Jahre später gemerkt hat, dass er 1998 als damals erst 21 Jahre alter amtierender Welt-Fußballer zu viel wollte? „Vielleicht habe ich damit das komplette Team beeinflusst, mein Krampfanfall war sicher etwas Beängstigendes. Ich stand aber auch meinem Land gegenüber in der Schuld, ich wollte dieses Spiel nicht verpassen. Natürlich war es nicht eine der besten Partien meiner Karriere. Aber ich hatte meine Ehre, wollte meine Pflicht erfüllen", sagt Ronaldo.

„Er war ein Partylöwe. Er hat seine Gläschen getrunken, aber am nächsten Tag wie ein Tier trainiert"
Zé Roberto über Ronaldo

Oder musste Ronaldo wegen anderer Interessen unbedingt spielen? Nach wie vor halten sich die Gerüchte, dass der einflussreiche Ausrüster Nike Druck auf den brasilianischen Verband ausgeübt haben soll. Denn Ronaldo, der seit 1994 einen lebenslangen Sponsoren-Vertrag mit dem Sportartikelhersteller aus den USA besitzt, war neben der Seleção dessen großes Zugpferd bei der WM in Frankreich. Für ihn wurde im Firmen-Labor eigens ein Schuh namens „Mercurial" entwickelt, der bei schnellen Drehungen und Antritten einen noch besseren Halt geben sollte. Ronaldo als Weltmeister in den hochmodernen Fußball-Schuhen – das hätte wohl einen noch größeren Werbeeffekt gehabt. Das verlorene WM-Finale blieb seine größte Enttäuschung in seiner bis 2011 andauernden Profi-Karriere, die bei Corinthians São Paulo endete. In der Stadt, wo sie 1992 hätte starten können. ●

2011: In São Paulo gab Ronaldo fünf Jahre nach seinem letzten Länderspiel bei einem Testspiel gegen Rumänien seinen Abschied. Bei Brasiliens 1:0-Sieg gelang ihm in 14 Minuten kein Tor

2002 wechselte Ronaldo für 45 Mio. Euro zu Real

Ronaldo als Gast beim Spiel seines spanischen Vereins Valladolid gegen Alavés 2018

Ronaldo Luís Nazário de Lima wurde am 22. September 1976 in Rio de Janeiro geboren. Mit der Nationalelf (98 Länderspiele/62 Tore) gewann er zweimal die WM (1994 und 2002). 1996 Weltfußballer, 1997 und 2002 erhielt er den Ballon d'Or. 1994 wechselte er zur PSV Eindhoven. 54 Tore in 57 Spielen, holländischer Pokalsieger. 1996 ging Ronaldo für 15 Mio. Euro zum FC Barcelona, wo er im Europapokal-Finale der Pokalsieger das entscheidende 1:0 schoss und den nationalen Pokal holte. Nach einem Jahr ging er zu Inter Mailand, wurde 1998 Uefa-Cup-Sieger. 2002 Wechsel für 45 Mio. Euro zu Real Madrid, zwei Meistertitel und 2002 der Weltpokal-Sieg. 2007 Wechsel zum AC Mailand. 2009 sein letzter Titel: der brasilianische Pokal mit Corinthians São Paulo. 2011 beendete er seine Karriere. Im September 2018 wurde Ronaldo Präsident und Mehrheitseigner des spanischen Erstligisten Real Valladolid.

Fünfmal wurde Cristiano Ronaldo Weltfußballer. Bei seiner letzten Auszeichnung 2017 sitzt er für einen Fototermin auf einem Thron

CRISTIANO RONALDO

Der Torminator!

Er schuftete mehr als jeder andere, trainierte bei Finten sogar mit Gewichten. So brach „CR7" einen Rekord nach dem anderen. Idole hatte er nie

— Von **Lukas Dombrowski**

Allen bei Sporting Lissabon war schon zur Halbzeit klar: Dieses 18 Jahre alte Supertalent werden wir nicht länger halten können. Der Junge mit den silberfarbenen Schuhen war an diesem Augustabend des Jahres 2003 gerade dabei, die Stars von Manchester United wie Rio Ferdinand und vor allem Rechtsverteidiger John O'Shea lächerlich zu machen. Er zeigte freche Finten, Übersteiger, Hackentricks. Nur ein Jahr zuvor hatte Cristiano Ronaldo bei den Profis von Sporting debütiert. Topklubs standen Schlange für den Flügelstürmer. Arsenal-Trainer Arsène Wenger fragte an, Arrigo Sacchi war im Auftrag der AC Florenz mehrfach nach Lissabon gereist.

Das Spiel, eine Vorbereitungspartie zur Eröffnung des neu gebauten EM-Stadions von Sporting, endete 3:1. Dass Ronaldo ohne Tor blieb, spielte keine Rolle. „Das Spiel war wie die Kirsche auf der Torte. Nach dem Spiel fühlte ich, dass ich niemandem mehr etwas beweisen musste. Jeder Verein wusste danach, dass er gewinnen würde, wenn er auf mich setzt", erinnert sich Ronaldo. Noch im Kabinengang kam United-Trainer Alex Ferguson auf ihn zu. Er machte ihm klar, dass er ihn gern als Ersatz für David Beckham haben wolle, der England-Star war gerade zu Real Madrid gewechselt. Auf der Rückreise beknieten die United-Profis Ferguson, schnellstmöglich diesen Jungen zu holen, der sie gerade schwindelig gespielt hatte. Sechs Tage spä-

Sein wohl bester Freistoß: Beim 2:0 gegen Portsmouth 2008 senkte sich der Ball hinter der Mauer perfekt in den Winkel

ter wechselte Ronaldo für 19 Millionen Ablöse von Sporting zu United.

Es war der Startschuss zur Weltkarriere eines Mannes, den unbändiger Ehrgeiz zu fünf Champions-League-Siegen führte, vier davon mit Real Madrid. Der zusammen mit Lionel Messi den Fußball in diesem Jahrtausend dominiert hat – und das über bald zwei Jahrzehnte. Der allein nach seinem 30. Geburtstag weit über 300 Tore erzielte und 2021 mit 36 Jahren wieder einer der Superstars der EM war. Und der sich als fünfmaliger Weltfußballer auch den persönlichen Ruhm abholte, von dem er schon als Kind geträumt hatte.

„Der speziellste Titel war für ihn der erste Weltfußballer-Titel 2008", erklärt sein enger Freund José Semedo gegenüber SPORT BILD: „Den wollte er schon mit zwölf Jahren."

In diesem Alter kam Ronaldo nach Lissabon in die Akademie von Sporting. Er verließ seine Heimat, die Atlantikinsel Madeira, um der Beste aller Zeiten zu werden. Dabei trug er damals noch kindliche Hosenträger und wurde für seinen Akzent in Portugals Hauptstadt verspottet. Semedo, der im Jugendinternat Ronaldos Zimmernachbar war und bis heute mit ihm in den Urlaub fährt, erzählt: „Alle in der Sporting-Akademie hatten Fotos ihrer Idole über den Betten. Ich hatte Marcel Desailly, andere hatten Rui Costa oder Luís Figo. Er hatte nie eins." Ronaldo brauchte keine Idole, er wollte eh alle übertrumpfen. Und keiner arbeitete härter als er.

Früh merkte Cristiano, dass andere Spieler noch schneller waren als er. Also fragte er, wann die Leichtathletikabteilung von Sporting trainierte, schaute sich am Abend das Training an und fragte hinterher die Sprinter, wie er schneller laufen könne. Jemand sagte ihm, Suppen würden den Muskelaufbau fördern. Also löffelte Ronaldo wochenlang zwei Suppen am Tag. Semedo: „Einmal wurde er für den Kader der ersten Mannschaft berufen, aber saß nur auf der Bank. Als wir uns hinterher trafen, war ich stolz, dass mein Kumpel bei den Profis war. Er war aber richtig sauer. Ich fragte ihn: Was ist los? Und er sagte: Ich habe nicht gespielt. Ich kann nicht froh sein."

Damals ließ ihn der Ehrgeiz sogar flunkern. „Er machte mit seinen Trainern Sondereinheiten ab", erzählt sein damaliger U19-Coach Fernando Couto, „zwei mit mir und zwei mit Laszlo Bölöni, dem Trainer der Herren. Aber er erzählte dem jeweils anderen nichts davon. So vielem Extra-Training hätten wir gar nicht zugestimmt."

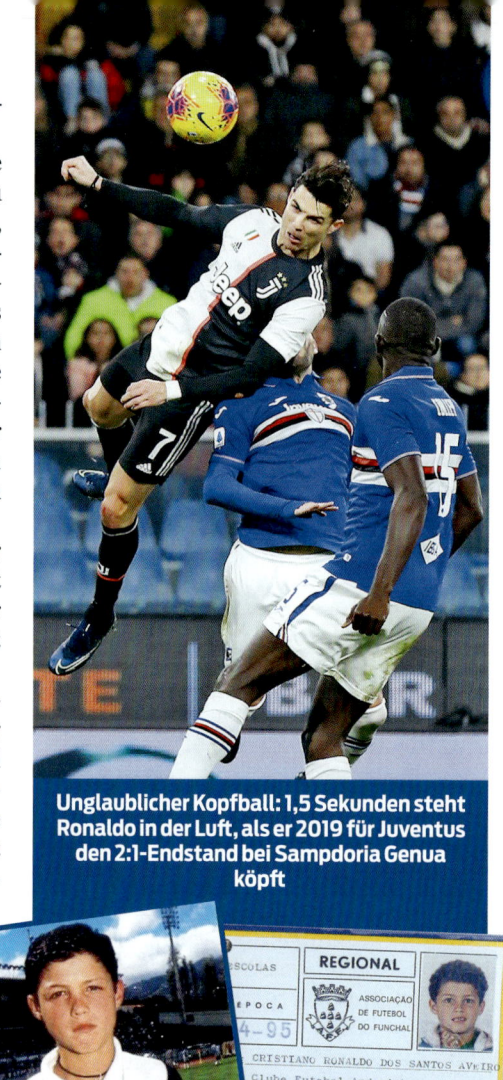

Unglaublicher Kopfball: 1,5 Sekunden steht Ronaldo in der Luft, als er 2019 für Juventus den 2:1-Endstand bei Sampdoria Genua köpft

Ronaldos Spielerpass bei seinem ersten Klub Andorinha (r.) und 1995 im Trikot von Nacional Funchal

Bei Real Madrid entwickelte Ronaldo einen Jubel bestehend aus einem Sprung, einer halben Drehung, breitbeiniger Landung und einem tiefen „Siiii"-Schrei

Mit 17 Jahren hatte Ronaldo keinen Plan B mehr für das Leben, einzig die Weltklasse als Fußballer zählte. Und die Jugendtrainer ließen ihn machen, weil sie wussten, dass sie ihn sowieso nicht stoppen konnten. Mit den Jahren wurde er ein noch größeres Aushängeschild für Sportings Akademie als Luís Figo, immerhin Weltfußballer 2001. Das Vereinszentrum mit Jugendinternat ist inzwischen nach Ronaldo benannt.

„Wir Nationalspieler dachten uns: Das hat die Welt noch nicht gesehen. Seine Geschwindigkeit am Ball und seine Kraft. Er war anders als alle Spieler, die wir bis dahin gesehen hatten", erinnert sich Nuno Gomes, der mit dem 19-jährigen Ronaldo 2004 Vize-Europameister wurde. Die Tränen, die Ronaldo nach der Pleite gegen Otto Rehhagels Griechen vergoss, waren erst nach dem EM-Titel 2016 vergessen.

Der Gegenwind, den Ronaldo in seiner Karriere spürte, machte ihn nur besser. „Ich erinnere mich, dass man in England viel über ihn diskutiert hat", sagt Ex-Spanien-Star Gaizka Mendieta, damals Profi bei Liga-Konkurrent Middlesbrough: „Er machte Fallrückzieher, Übersteiger und spielte mit Hacke, ohne dass er etwas damit gewann. Dazu hat ihm der harte Kör-

Dass sein verstorbener Vater seine Siege nicht sieht, schmerzt ihn bis heute

perkontakt nicht gefallen. Ich hab ihm ein paar Mal einen Schubser gegeben, damit er sich aufregt. Aber Ronaldo wusste so etwas in Motivation umzuwandeln."

Das gilt auch für die Anfeindungen, denen er 2006 durch die englische Presse ausgesetzt war. Im WM-Viertelfinale in Gelsenkirchen hatte er für Teamkollege und England-Star Wayne Rooney vehement eine Rote Karte gefordert. Mit Erfolg. England schied zu zehnt aus (1:3 i. E.). Und Rooney wurde in der Tageszeitung „The Sun" zitiert mit der Drohung: „Wenn ich Ronaldo das nächste Mal sehe, breche ich ihn in zwei Teile."

Es schmerzt den portugiesischen Superstar, dass er seine größten Erfolge mit einer Person nicht mehr teilen konnte: mit José Diniz Pereira de Aveiro († 52), seinem alkoholkranken Vater. Der starb schon 2005 an Leberversagen. Noch heute muss Ronaldo weinen, wenn er darauf angesprochen wird. Seine Trauer begründete Ronaldo 2019 so: „Es ist, dass ich die

2018 versenkt Ronaldo (damals 33 Jahre alt) für Real Madrid einen Fallrückzieher in 2,30 Meter Höhe! Sogar die Fans von Gegner Juventus applaudierten, Real gewann 3:0

Nummer eins bin, und er bekommt nichts davon mit. Dass er nicht sehen kann, wie ich Auszeichnungen bekomme. Mein Vater hat nichts davon gesehen." Ronaldo hat nie auch nur einen Tropfen Alkohol getrunken.

Inzwischen ist er selbst vierfacher Vater, sein ältester Sohn Cristiano junior spielt in der Jugend von Juventus Turin.

Auch in der Familienplanung verfolgt Ronaldo feste Ziele. Sieben Kinder hätte er gerne. Sieben, seine Rückennummer, seine Lieblingszahl.

Seinem Nachwuchs wird er eines Tages ein gigantisches Imperium hinterlassen. Zu seiner Marke „CR7" gehören Sonnenbrillen, Unterhosen und Parfüms. Dazu be-

sitzt „Cris", wie Freunde ihn nennen, unter anderem eine Hotelkette und ist Teilhaber einer Haartransplantations-Klinik. Sein Nettovermögen soll gut 400 Millionen Euro betragen. Kein Mensch auf dieser Welt hat mehr Follower auf Facebook (148 Mio.) und Instagram (290 Mio.). Seinen Jubel, ein Sprung mit halber Drehung und einem tiefen „Siiiiii"-Schrei, machen Millionen

Um im EM-Camp beim Karaoke zu gewinnen, verstellte Ronaldo die Stimme

Kinder nach. Auf Madeira steht ein Ronaldo-Museum, der Inselflughafen trägt seinen Namen.

Ronaldos Gier nach Erfolg ist manchmal so groß, dass seine Mitspieler sich vor Lachen biegen. So geschehen 2008 im EM-Camp der Portugiesen. Die Nationalspieler spielten Karaoke an der Playstation. Ronaldo kann nicht singen, tat aber alles, um trotzdem die meisten Punkte zu holen. Also verstellte er seine Stimme. Das Ziel: Er wollte die Spielprogrammierung, die den

Wichtiger Kopfball: Ronaldo erzielt im Champions-League-Finale 2008 gegen Chelsea (7:6 n. E.) das Führungstor für Manchester United

Seine Heimat führte Ronaldo als Kapitän zum EM-Triumph 2016. Für das Land war es der erste Titel. Im Finale schlug Portugal Gastgeber Frankreich mit 1:0 (n.V.)

Gesang nach getroffenen Tönen analysiert, linken. Ergebnis: Ronaldo gewann. Mal wieder.

Teamkollege Nuno Gomes: „Wenn du ihn einmal im Teamhotel im Tischtennis schlägst, will er sofort ein Rematch, um wieder zu gewinnen. Selbst Tanzschritte will er bis zur Perfektion lernen." Schon in den Pausenräumen des Sporting-Internats war Ronaldo als bester Tischfußball- und

Sein Motto „Als Erster kommen, als Letzter gehen" bezeugen Mitspieler seit Jahren

Tischtennisspieler bekannt. „Er ist der beste Freund, den du haben kannst, und der schlimmste Feind, wenn du gegen ihn antrittst", fasst sein Vertrauter Semedo zusammen.

Auf Ronaldo ist vor allem in den wichtigen Fußball-Momenten Verlass. Er ist der einzige Spieler, der in drei Champions-

League-Finals getroffen hat. Er traf für Real Madrid in sechs Clásicos nacheinander, gewann 23 seiner 32 Endspiele. 67 von insgesamt 134 Champions-League-Toren erzielte er in K.o.-Spielen – beides Rekord.

Für mehr Torgefahr stellte er auch sein Spiel um. Spielte er in der Jugend und in Manchester meist auf dem Flügel, rückte er im Laufe seiner Karriere ins Sturmzentrum. Auch das machte ihn zum Rekord-Torschützen von Real Madrid – unfassbare 450 Tore in 438 Spielen.

Seine Arbeitsweise nach dem Motto „Morgens als Erster kommen und abends als Letzter gehen" bezeugen Mitspieler seit Jahren, zuletzt Ex-Juventus-Trainer Andrea Pirlo. Einst trainierte er Übersteiger

Das verlorene Finale der Heim-EM 2004 (0:1 gegen Griechenland) war Ronaldos erste große Niederlage

mit Gewichtsmanschetten, damit sie ihm im Spiel leichter fallen. Tricks von Mitspielern schaute er sich ab, um sie nur Tage später noch besser zu beherrschen. Für seinen Adonis-Körper baute er in seine Häuser in Madrid und Turin jeweils ein privates Fitnessstudio, das er jeden Abend nutzt. Seine Personal-Trainerin ist die ehemalige 200-Meter-Sprinterin Samantha Clayton. Er ließ Schlaf und Ernährung analysieren. Ergebnis: Mit sechs kleinen Mahlzeiten am Tag und einem Schläfchen jeden Nachmittag kann er noch mehr leisten.

Den heutigen Ronaldo erlebte Jens Stryger Larsen, Verteidiger bei Udinese Calcio, aus nächster Nähe. In fünf Duellen gegen Juve kassierte der Däne sieben Ronaldo-Tore. „Man kann so viele Spiele anschauen, seine Bewegungen stu-

Ronaldos Frau Georgina und seine Kinder Alana, Eva, Cristiano jr. und Mateo (v. l.)

José Semedo (r.) kennt Ronaldo seit der Jugend. 2017 wechselte er zu Setúbal in die 3. portugiesische Liga, er fährt regelmäßig mit CR7 in den Urlaub

Weil er im EM-Finale 2016 in der 25. Minute mit einer Innenbandzerrung vom Platz musste, dirigiert Ronaldo sein Team gemeinsam mit Nationaltrainer Fernando Santos (l.)

dieren. Aber auf dem Feld ist er so ein Weltklassespieler, dass die Vorbereitung umsonst ist", sagt Stryger Larsen zu SPORT BILD: „Wenn der Ball in der Gefahrenzone ist, ist er so fixiert darauf, an den Ball zu kommen. Dafür macht er schon Sekunden vor einem Pass oder einer Flanke Bewegungen, um die Verteidiger zu linken."

Ronaldo spielt längst nur noch für die Geschichtsbücher. Er sagt: „Nichts ist vergleichbar mit dem Gefühl zu wissen, dass ich in den Ländern, in denen ich gespielt habe, meine Spuren hinterlassen habe." Und dann fasst er zusammen: „Ich jage keine Rekorde, sondern sie jagen mich." Damit es alle noch einmal nachlesen können, führt er sie dann auf:

„Champion in England, Spanien und Italien; Pokalsieger in England, Spanien und Italien; Superpokalsieger in England, Spanien und Italien; Bester Spieler in England, Spanien und Italien; Bester Torschütze in England, Spanien und Italien; Über 100 Tore für einen Verein in England, Spanien und Italien." Eine einzigartige Karriere… ●

Nach zwölf Jahren kehrte Ronaldo überraschend zu Man United zurück

Cristiano Ronaldo dos Santos Aveiro wurde am 5. Februar 1985 in Funchal auf Madeira (Portugal) geboren. Mit zwölf Jahren wechselte er in die Jugend von Sporting Lissabon, bestritt 31 Profispiele (fünf Tore) für den Klub. 2003 erfolgte der Wechsel zu Manchester United, 2009 für 94 Mio. zu Real. 2018 zahlte Juventus 117 Mio. für ihn. Ende August 2021 kehrte Ronaldo überraschend nach zwölf Jahren zu Man United zurück und unterschrieb bei den Engländern einen Zweijahresvertrag mit Option auf eine weitere Saison.

Die Ablöse betrug 15 Mio. Euro plus acht Mio. Bonus. Der Portugiese gewann fünfmal die Champions League (2008, 2014, 2016 bis 2018) und wurde fünfmal Weltfußballer (2008, 2013, 2014, 2016, 2017). Dazu gewann er drei englische, zwei spanische und zwei italienische Meisterschaften. Vom Nationalmannschafts-Debüt 2003 bis einschließlich der EM 2021 erzielte der Stürmer 109 Tore in 179 Spielen. 2016 wurde er mit Portugal Europameister, 2019 Nations-League-Sieger und 2021 Torschützenkönig bei der EM.

Ronaldo spielte schon von 2003 bis 2009 für Manchester United

Legendär!
Per Hinterkopf gleicht Uwe Seeler im WM-Viertelfinale 1970 gegen England zum 2:2 aus, erzwang die Verlängerung. Dort siegte Deutschland dank Gerd Müller 3:2

UWE
SEELER
Er sollte schon mit zur WM 1954

Wie Bundestrainer Sepp Herberger mit „Uns Uwe" plante und warum ein Brief den HSV beinahe um seine Ikone gebracht hätte

— Von **Torsten Rumpf**

Dieser Brief hätte den Hamburger SV beinahe um seine größte Legende gebracht. Das Dokument stammt vom 3. Mai 1954. Absender ist der Schweizer Fußballverein Lausanne-Sports. Der Empfänger: ein Hamburger Geschäftsmann der Firma „Frumentum GmbH" namens Biedermann, der die spätere HSV-Ikone Uwe Seeler als 17-Jährigen abwerben sollte.

„Wir wären Ihnen zu Dank verpflichtet, wenn Sie sich der unten stehenden Angelegenheit annehmen könnten. Es würde sich darum handeln, den Kontakt mit einem jungen deutschen Spieler, den wir wenn möglich nach Lausanne kommen lassen möchten, herzustellen. Es handelt sich um Uwe Seeler. Der Mann spielte kürzlich in der deutschen Junioren-Nationalmannschaft, die den FIFA-Final gegen Spanien bestritt", lautet der Inhalt.

Und weiter: „Er ist Mittelstürmer und Mitglied des Hamburger Sportvereins. Es dürfte sich zweifelsohne um einen talentierten Spieler handeln. Es wäre nun abzuklären, ob der junge Mann sich für einen Schweizer Aufenthalt entschließen und in die Reihen des Lausanne-Sports treten könnte. Es wäre vielleicht tunlich, sich mit den Eltern des jungen Mannes in Verbindung zu setzen und zu sondieren. Es wäre für uns auch interessant zu wissen, ob der Mann berufstätig ist, was er für ein Handwerk betreibt oder ob er Student ist. (...)"

67 Jahre später konfrontiert SPORT BILD Seeler mit dem Schreiben, und er betont: „Für mich wäre ein Wechsel niemals infrage gekommen. Der HSV ist mein Verein, Hamburg mein Zuhause."

Typisch Seeler, er blieb seiner Heimatstadt treu. Dafür schlug er selbst ein wirtschaftlich unmoralisches Angebot von Inter Mailand 1961 aus. Dreimal hat er mit den Verantwortlichen des Welt-Klubs in einer

Im WM-Halbfinale 1970 stürmt Seeler am Italiener Mario Bertini (liegend) vorbei. Im Hintergrund: Gerd Müller (r.). Deutschland verlor im legendären „Jahrhundertspiel" nach Verlängerung 3:4

Suite im Atlantic-Hotel an der Hamburger Außenalster verhandelt. „Die boten mir 900 000 Mark. Als ich ablehnte, erhöhten sie auf eine Million, dann auf 1,2 Millionen. Dazu hätte es Nebengeräusche gegeben: internationale Schule für die Kinder, Prämien, Handgeld, freies Wohnen. Es stimmte alles. Als ich ihnen absagte, verstanden sie die Welt nicht mehr. Sie sagten: ,So viel Geld hat noch niemand weggeschmissen.' Aber ich war damals schon ein Sicherheitsfanatiker", erzählt Seeler.

„Hätte es das Wembley-Tor nicht gegeben, wären wir wohl Weltmeister geworden"
Uwe Seeler

Er hätte von jetzt auf gleich Millionär werden können. Aber Seeler spielte für 420 Mark Monatsgehalt plus Siegprämien weiter für den HSV. Statt mit Inter die italienische Meisterschaft und den Europapokal der Landesmeister zu gewinnen, holte er mit dem HSV nach der Mailänder Offerte nur noch einen Titel: den DFB-Pokal 1963, nachdem er 1960 mit den Rothosen Meister geworden war. Das Einzigartige damals: In der Erfolgs-Elf standen elf echte Hamburger.

Gleichwohl wurde Seeler einer der Größten im Weltfußball, auch wenn er mit Deutschland keinen Titel gewann. Weil er als Stürmer einmalig war, ein Torgarant. Seeler erzielte 404 Treffer in 476 Pflichtspielen für den HSV, er war in der Saison 1963/64 der erste Bundesliga-Torschützenkönig mit 30 Treffern. In 72 Länderspielen traf er 43-mal.

Eines seiner schönsten Tore erzielte er am 4. Juni 1960 im Endrunden-Spiel zur Deutschen Meisterschaft gegen Westfalia Herne und Nationaltorwart Hans Tilkowski († 84) per Sitzrückzieher, das als Jahrhunderttor bezeichnet wurde. Legendär auch sein Treffer im WM-Viertelfinale 1970 in Mexiko gegen England, als er beim 3:2-Sieg zum zwischenzeitlichen 2:2 per Hinterkopf traf.

Seelers Credo lautete immer: „Wenn du nicht weißt, wohin mit dem Ball, dann mach ihn rein." Beim Hamburger SV klappte es

WM 1970: Nach dem 3:1 im Gruppenspiel gegen Peru gönnt sich Seeler im Pool ein Bier

Sportfoto des Jahrhunderts: Sven Simon, Sohn von Verlagsgründer Axel Springer, fotografierte den zerknirschten Seeler 1966 nach dem gegen England verlorenen WM-Finale (2:4 n.V.) in Wembley

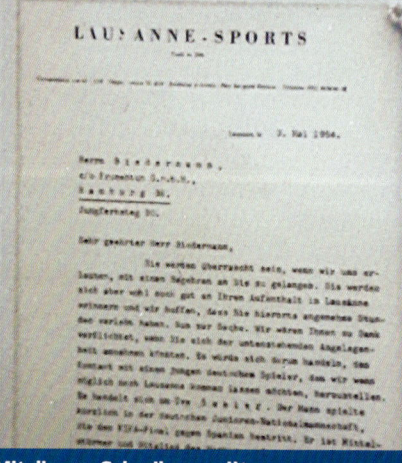

Mit diesem Schreiben wollte Lausanne-Sport den damals 17-jährigen Uwe Seeler verpflichten

Die deutschen Nationalspieler beim Einkleiden für die WM 1962 in Chile

Der Anre... plan zur ... 1962 in C... Für die D... Auswahl... standen ... insgesamt... sechs Flü... auf dem ... Program...

Diese Ausrüstu... stellte der ... DFB sein... National... spielern ... die WM 1... in Chile

Der einzige Meistertitel der Seeler-Ära mit dem HSV: Drei Endspiele hatte das Team in vier Jahren verloren, neben den Titel-Finals 1957 und 1958 auch das Pokalendspiel 1956. Am 25. Juni 1960 in Frankfurt besiegte der HSV den 1. FC Köln mit 3:2. Seeler, der zweimal traf, wird von den Fans gefeiert

besonders gut, weil er als Mittelstürmer einzigartig war, beidfüßig, trotz seiner Größe von nur 1,70 Metern ein Gigant im Kopfballspiel aufgrund stundenlangen Sondertrainings am Pendel – und diesen berühmten „Riecher", wie Seeler selbst sagt, den man nicht erlernen könne, hatte er auch.

Das fiel auch Bundestrainer Sepp Herberger († 80) frühzeitig auf, als er von Seelers großem Auftritt bei jenem Fifa-Junioren-Turnier hörte, bei dem Lausanne-Sports auf Seeler aufmerksam wurde. „Sepp Herberger wollte mich daraufhin noch mit zur WM 1954 in die Schweiz nehmen. Doch dazu kam es leider nicht, weil die Meldepflicht abgelaufen war", verrät Seeler.

Seeler musste in der Jugend die abgelegte Kleidung seines Bruders auftragen

Bitter für ihn. Herberger führte Deutschland zum ersten WM-Triumph durch ein 3:2 gegen Ungarn, Seeler erlebte das „Wunder von Bern" daheim vor dem Fernseher in Hamburg-Eppendorf.

Kopfball-Torpedo im Nord-Derby: Der HSV besiegte 1960 Werder Bremen mit 5:2, Seeler traf zweimal

In der Schnelsener Straße, die heute Winzeldorfer Weg heißt, wuchs er auf. Sechs Personen groß war der Haushalt, der auf knapp 50 Quadratmetern im dritten Stock der Hausnummer 16 lebte. Es gab eine Ofenheizung, aber kein fließend warmes Wasser in der Wohnung. „Es waren sehr einfache Verhältnisse, ich schlief mit meinem Bruder Dieter im Wohnzimmer", erinnert sich Seeler. „Die Küche war so klein, dass meine Mutter nicht aufstehen musste, um den Kochtopf auf den Tisch zu balancieren." Seeler musste in der Jugend immer die ab-

gelegte Kleidung seines Bruders Dieter († 47) auftragen.

Dennoch schwärmt Seeler von seiner Kindheit, weil er sehr behütet erzogen wurde – und ständig seiner großen Leidenschaft nachgehen durfte: dem Fußball. „Flugkopfbälle und Fallrückzieher haben wir auf Trümmer-Grundstücken und Kopfsteinpflaster geübt", sagt er. „Ich lernte auf der Straße Rücksichtnahme und Ehrlichkeit und die direkte, klare Ansprache. Zudem verinnerlichte ich, dass man den Wert einer Familie zu schätzen weiß. Das war

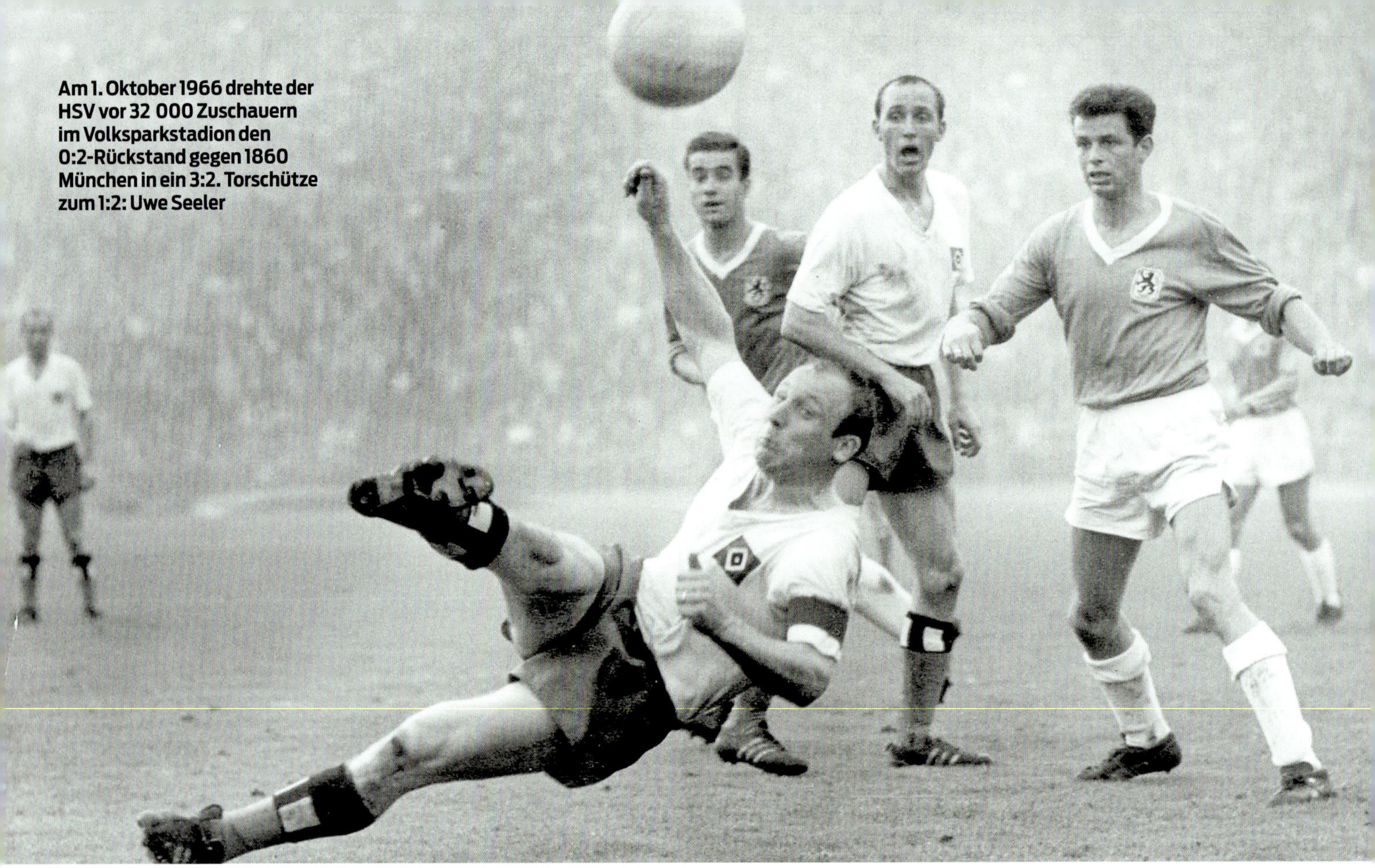

Am 1. Oktober 1966 drehte der HSV vor 32 000 Zuschauern im Volksparkstadion den 0:2-Rückstand gegen 1860 München in ein 3:2. Torschütze zum 1:2: Uwe Seeler

und ist der Reichtum meines Lebens."

Diese Werte lebte er stets vor. Nicht nur als Familienvater – mit seiner Frau Ilka, die er 1959 heiratete und ihren Mann liebevoll „Mäuschen" nennt, hat er drei Töchter –, sondern auch als Superstar des Fußballs: Seine Vereinstreue zum HSV und sein ständiger Fair-Play-Gedanke machten Seeler zu einem der beliebtesten deutschen Sportler – und seine Tore, Tore, Tore.

An vier Weltmeisterschaften nahm der Ehrenspielführer der Nationalmannschaft teil. Die bitterste Stunde erlebte Seeler mit der DFB-Auswahl 1966 in England. „Hätte es das Wembley-Tor nicht gegeben, wären wir wohl – und nicht England – Weltmeister geworden", trauert Seeler dem verpassten WM-Titel hinterher. Zumal er vier Jahre später mit Deutschland in Mexiko im sogenannten Jahrhundertspiel gegen Italien (3:4 n. V.) im WM-Halbfinale scheiterte und am Ende Turnierdritter wurde.

Unvergessen war für Seeler auch das WM-Turnier 1962 in Chile. Nicht wegen des sportlichen Abschneidens, Deutschland schied nach vier Spielen im Viertelfinale überraschend aus. „Sondern weil es ein richtiges Abenteuer war", erzählt Seeler. Was bereits mit der 16 000 Kilometer langen Anreise begann. SPORT BILD liegt der Zeitplan vor, den der DFB am 8. Mai 1962 an seine Nationalspieler verschickte.

Um von Frankfurt/Main nach Santiago de Chile zu kommen, musste die Nationalmannschaft gleich fünfmal umsteigen. Von der Main-Metropole ging es am 19. Mai um 21 Uhr nach Zürich (Schweiz), nach kurzem Aufenthalt nach Dakar (Senegal), weiter mit der nächsten Maschine nach Rio de Janeiro (Brasilien), von dort nach São Paulo, nach erneuter Zwischenlandung in Buenos Aires (Argentinien) erreichte der Tross am 20. Mai um 14.20 Uhr das Ziel – nach fast 24 Stunden und ohne Hotel-Übernachtung.

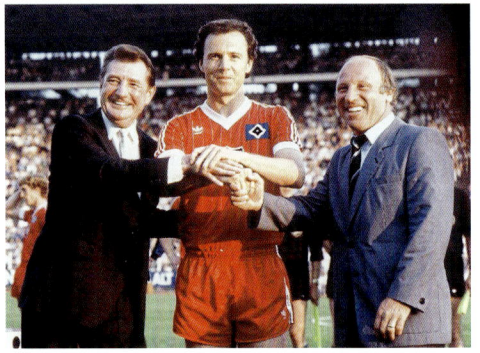

Ehrenspielführer unter sich: Fritz Walter (l.) und Uwe Seeler ehren Franz Beckenbauer (M.) am 1. Juni 1982 vor seinem Abschiedsspiel für den HSV gegen die deutsche Nationalmannschaft (2:4)

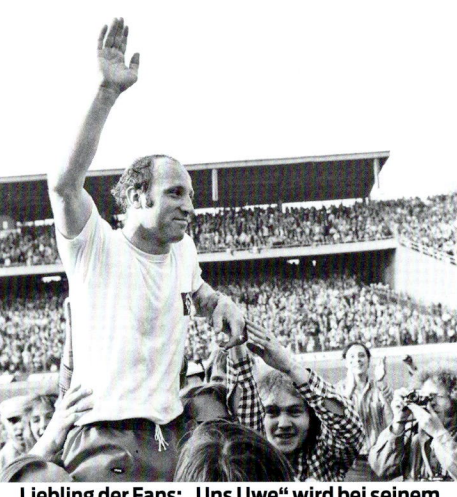

Liebling der Fans: „Uns Uwe" wird bei seinem Abschiedsspiel am 1. Mai 1972 von den Fans gefeiert

Seeler trainierte Flugkopfbälle auf Trümmer-Grundstücken

„Heute wäre so etwas unvorstellbar. Es gab damals keine Business-Class-Plätze, einige Flugzeuge waren vergleichbar mit Propeller-Maschinen. Heute würde die Nationalmannschaft per Charter-Flugzeug und viel komfortabler nach Santiago fliegen. Ohnehin haben sich die Zeiten im Fußball verändert. Man muss sich doch nur die Gehälter und Ablösesummen anschauen. Dass ein Spieler wie Neymar über 200 Millionen Euro gekostet hat, das wäre zu meiner Zeit unvorstellbar gewesen. Aber ich möchte die damalige Zeit nicht missen, sie war einfach wunderbar."

Am 1. Mai 1972 beendete Seeler mit 35 Jahren seine Profikarriere, weil es von der Belastung her nicht mehr ging. „Je älter man wird, desto mehr Pflege brauchst du, dafür

Musterehe:
1959 heiratete Seeler seine Jugendliebe Ilka

Die Seelers 1975 (v. l.): Mutter Anni, Vater Erwin, Bruder Dieter, davor Schwester Gertrud, Uwe, Saskia (vorn, Tochter von Dieter Seeler)

Spalier für Seeler am 5. November 2016 – seinem 80. Geburtstag – vor der Partie HSV gegen den BVB (2:5)

Legendärer Werbespot: Seeler pfeift „Im Frühtau zu Berge" und wirbt für Hâttric-Rasierwasser

Zu Ehren von Seeler steht seit 2005 ein Riesenfuß aus Bronze am Volksparkstadion. Angefertigt nach dem Gipsabdruck seines Fußes im Maßstab 20:1; 5,15 Meter lang, 3,50 Meter hoch, 2,30 Meter breit und 2,5 Tonnen schwer

hatte ich keine Zeit", sagt Seeler. Denn im Zweitberuf war er Vertreter des Sportartikel-Herstellers Adidas. Als solcher musste er als Bundesliga-Spieler 60 000 Kilometer im Jahr durch die Republik fahren. Er trainierte auf diesen Touren ab und zu sogar auf Rastplätzen, um fehlende Trainingseinheiten zu kompensieren.

Im Volksparkstadion verneigte sich 1972 der Weltfußball vor dem kleinen großen Mann. Bis auf Pelé, der verhindert war und sich entschuldigen ließ, kamen alle, die Seeler eingeladen hatte. Franz Beckenbauer, Gerd Müller, Karl-Heinz Schnellinger, Portugals Legende Eusébio, die englischen Weltmeister Gordon Banks, Bobby Moore und Bobby Charlton sowie der legendäre italienische Spielmacher Gianni Rivera und der nordirische Exzentriker George Best.

71 000 Fans feierten Seeler mit „Uwe, Uwe, Uwe"-Sprechchören und trugen ihn nach dem Abpfiff auf Schultern vom Rasen. Als Dank für viele tolle Momente – auf und neben dem Platz.

Hamburg verlieh ihm 2003 die Ehrenbürgerschaft: Weil die Hanseaten in seiner Stadt so unglaublich stolz sind auf „Uns Uwe". SPORT BILD huldigte ihm 2016 mit dem Award für sein Lebenswerk. Als Dank, weil Seeler immer er selbst geblieben ist. Ohne Allüren, immer volksnah, stets offen und ansprechbar – ein echtes Vorbild für alle. ●

Auszeichnung für das Lebenswerk: Der SPORT BILD-Award 2016 ging an Seeler und die Wembley-Helden von 1966

„Uns Uwe": Ein Leben für den HSV

Uwe Seeler wurde am 5. November 1936 in Hamburg geboren. Von 1946 bis 1972 spielte er für den Hamburger SV, sein Debüt in der 1. Senioren-Mannschaft gab er am 5. August 1953 im Freundschaftsspiel gegen Göttingen 05, ab Juli 1954 war er dank einer DFB-Sondergenehmigung als 17-Jähriger dauerhaft für die 1. Mannschaft (Oberliga Nord) spielberechtigt. 476 Pflichtspiele bestritt er seitdem für die Hanseaten (404 Tore).

Für die Nationalelf machte er 72 Partien (43 Treffer). Seeler nahm an vier Weltmeisterschaften (1958, 1962, 1966 und 1970) teil. Größter Erfolg mit der DFB-Auswahl: Platz zwei in England 1966. Mit dem HSV wurde er 1960 Deutscher Meister, 1963 DFB-Pokalsieger. Deutschlands Fußballer des Jahres war er 1960, 1964 und 1970, seit 1970 ist er DFB-Ehrenspielführer. 1995 wurde Seeler HSV-Präsident. Während seiner Amtszeit hatten andere Klub-Funktionäre den Ruf des Vereins mit zweifelhaften Geschäften geschädigt, 1998 trat Seeler von seinem Posten zurück.

MARCO
VAN BASTEN

„Er war der Lewandowski der 80er-Jahre"

So adelt Lothar Matthäus den Holländer. Der hätte lieber zugunsten der Gesundheit auf seine Weltkarriere verzichtet

*Von **Raimund Hinko***

Es ist die Tragik des holländischen Torjägers Marco van Basten, dass es auf dem Höhepunkt seiner Karriere schon rasend bergab ging. Und dass er heute sagt: „Bei all den Schmerzen, die ich hatte, war es das nicht wert. Wenn ich heute vor der Wahl stünde, würde ich auf eine Karriere verzichten."

Das bestätigt im Gespräch mit SPORT BILD Andreas Brehme, der in seiner Zeit bei Inter Mailand mit dem Lokalrivalen von der AC Mailand öfter mal Golf spielen ging. „Er hat mir geklagt, dass er seine Karriere mit all seinen Qualen zu spät beendet hat. Dass er zu lange auf die Socken bekommen hat." Dabei beendete er seine Karriere schon mit 30 Jahren, sein letztes Spiel hatte er mit 28 bestritten ...

Ehe wir von dieser Karriere voller Schmerzen und Tränen erzählen, blicken wir zurück auf den 25. Juni 1988, auf das EM-Finale im Münchner Olympiastadion. Wir schreiben die 54. Minute, als Arnold Mühren bei einem Konter gegen die UdSSR den Ball von halblinks weit nach rechts flankt, wo van Basten in der Nähe der Strafraumgrenze lauert, nur drei Meter von der Außenlinie entfernt. Ihm bliebe nichts anderes übrig, als den Ball zu stoppen, ihn irgendwie zurückzuspielen

oder zu flanken, sagt der normale Fußballverstand.

Doch van Basten nimmt den Ball zur Überraschung aller volley. Der steigt und steigt, dreht sich über Torwart Rinat Dasayev in einer elliptischen Flugkurve ins lange Eck – und landet mit Donnerhall im Netz zum 2:0.

Die Zuschauer glauben an ein Ufo, an ein Weltwunder. Hollands Nationaltrainer Rinus Michels, ein Eisberg von Mensch, schlägt begeistert die Hände vor den Kopf, mag es nicht glauben. Und dann versinkt München in einem Meer von oranjefarbenen Fahnen. Eine gute halbe Stunde später, Holland wird mit 2:0 Europameister, sind die Biergärten voll, die Fässer irgendwann leer.

Das Tor wird noch unfassbarer, wenn man den Schützen hört, der beim Vorrunden-0:1 gegen dieselbe

Geniales Duo: Kapitän Ruud Gullit (r.) feiert 1988 das 3:1 im EM-Gruppenspiel gegen England mit van Basten, der dreimal traf

UdSSR, nach einer Saison voller Verletzungen, zuerst nur auf der Bank saß. Und der im zweiten Gruppenspiel, beim 3:1 gegen die Engländer, mit drei Toren seinen Stammplatz zurückerobert hatte. „Ich war einfach zu müde, um den Ball zu stoppen", sagte van Basten. Unfassbar!

„Marco wusste blind, wo das Tor steht"
Cruyff-Biograf de Groot

„Für mich war van Basten der Robert Lewandowski der 80er", sagt Lothar Matthäus. „Ich habe hohe Anerkennung für seine Leistung." Die Zeit hat Wunden geheilt. Auch die Wunden der 1:2-Niederlage im Halbfinale 1988, als van Basten in Hamburg wieder mal die Hauptrolle spielte, in der 88. Minute die Deutschen aus dem Turnier schoss, Ronald Koeman sich mit dem Trikot von Olaf Thon symbolisch den Hintern abwischte, die Spieler in der Kabine sangen: „Lothar, Lothar, alles ist vorbei." Als Franz Beckenbauer in der Kabine der Holländer erschien, verstummten alle, klatschten ergriffen Beifall, weil er gesagt hatte: „Ihr habt verdient gewonnen."

Vor dem Spiel hatte der Kaiser den Abwehrrecken Jürgen Kohler gefragt: „Du hast einige Duelle gegen van Basten gewonnen, traust du dir's auch diesmal zu?" Kohler nickte, verschuldete gegen van Basten einen Elfmeter zum 1:1, nachdem Matthäus das 1:0 geschossen hatte. Und dann fehlte Kohler nur ein Stiefelspitzchen, als van Basten wie ein Abwehrspieler in eine Steilvorlage von Jan Wouters grätschte und den Ball an Torwart Eike Immel vorbei zum 2:1-Siegtreffer ins Netz zirkelte. Mit seinem rechten Fuß wohlgemerkt, wo das Sprunggelenk brannte vor Schmerz, wo er bei jedem Schritt auf die Zähne beißen musste. Welch starker Wille.

„Er war kein Genie! Hinter allem steckte harte Arbeit", lüftet Cruyff-Biograf Jaap de Groot für SPORT BILD die letzten Geheimnisse van Bastens. „Er hat mit 15, 16, 17 Jahren ein Tagebuch über jedes Training geführt, hat immer selbstkritisch seine Fehler aufgelistet. Es war ein Wink des Schicksals, als der 17-Jährige 1982 beim 5:0 von Ajax gegen Nijmegen für den 35-jährigen Johan Cruyff eingewechselt wurde und gleich ein Tor schoss. Ich habe jedes Training von ihm beobachtet, als er 18, 19 war. Marco hat sich in seinem Hinterkopf ein drittes Auge antrainiert. Vorne brauchte er keine Augen, er wusste blind, wo das Tor steht. Und so war es kein Zufall, dass er sich richtig bewegte, als Jan Wouters in seinem Rücken den Steilpass spielte. Dieses Siegtor gegen Deutschland war das Resultat von 1000 Stunden Training. Maximale Technik, mit maximalem Gefühl für den Raum, plus Torinstinkt."

In Mailand verehrten sie ihn als heiligen San Marco

Vor allem als Cruyff 1985 das Traineramt bei Ajax übernahm, blühte van Basten nach bereits drei Meisterschaften richtig auf, köpfte im Finale des Europapokals der Pokalsieger 1987 gegen Lok Leipzig den Siegtreffer zum 1:0. „Er war für Johan wie ein zweiter Sohn", sagt de Groot. Doch damals schon schlummerte diese schlimme Entzündung im rechten Sprunggelenk. Es war im Jahr 1986 ein Punktspiel gegen den FC Groningen, als für van Basten das Leben eine Wende

Abgemeldet: Bei der WM 1990 revanchierte sich Deutschland mit einem 2:1 im Achtelfinale für die Halbfinal-Niederlage bei der EM 1988. Van Basten blieb blass und torlos. Hier kommt ihm Torwart Illgner zuvor. Hinten: Reuter

nahm. „Es passierte bei einem Tackling von mir selbst, ohne Einwirkung des Gegners. Plötzlich fuhr da ein Schmerz ins Gelenk", sagt van Basten. Ein Schmerz, den die Ärzte und später Operateure bagatellisierten, der jedoch nicht mehr verschwinden sollte. „Ich wurde oft falsch beraten", sagt van Basten. Vier Operationen verliefen erfolglos.

Als er 1987 zum AC Mailand wechselte, konnte er in der ersten Saison nur elfmal auflaufen, machte nur drei Tore. Als die Me-

dien über den Milan-Präsidenten und späteren italienischen Ministerpräsidenten Silvio Berlusconi herfielen, wehrte der sich mit seiner in der Politik geschulten Rhetorik: „Mir genügen ein paar Sekunden, um zu sehen, wer ein großer Fußballspieler ist."

Er sollte recht behalten. Van Basten gewann drei italienische Meisterschaften, feierte zusammen mit den Landsleuten Ruud Gullit und Frank Rijkaard zweimal den Europapokal der Landesmeister (1989 und 1990).

Van Basten dreht nach dem Final-Sieg gegen Lok Leipzig mit dem Europapokal seine Ehrenrunde

Athen 1987: Im Finale um den Europapokal der Pokalsieger köpft van Basten (2. v. r.) das 1:0-Siegtor für Ajax gegen Lokomotive Leipzig. Müller, Zötzsche und Baum (v. l.) sind machtlos

Van Basten (Milan) trifft per Elfmeter im Halbfinal-Hinspiel des Europapokals der Landesmeister 1990 gegen Bayern-Torwart Aumann. Das Finale gewann Mailand 1:0 gegen Benfica

In Mailand verehrten sie den einst kritisch Beäugten als heiligen San Marco, den Schutzpatron von Venedig, ohne zu sehen oder zu ahnen, wie dreckig es ihm ging. Lange schon kursierten Gerüchte, er würde sich nachts kriechend zur Toilette bewegen.

Im April 1990 hatte ich einen Termin mit van Basten. Ich wagte es, auf dem Trainingsgelände von Milanello in die verbotene Zone zu schleichen. Eine Zone, die ein italienischer Journalist nie betreten hatte. Sofort kam Sacchi angesprintet, bat mich höflich, den Rasen zu verlassen. Immerhin, van Basten erschien muffig zu einem Gespräch, Sacchi brühte mir einen Espresso. In seiner im November 2020 erschienenen Biografie „Basta: Mein Leben, meine Wahrheit" entschuldigte sich van Basten für seine oft schroffe Art: „Ich kann sehr kalt und eisig sein. Das ist nur ein Schutz, weil ich so sensibel bin. Im Alter jetzt wird es besser."

Wegen Herzproblemen hörte van Basten als Trainer auf

De Groot erzählt: „Sein Sprunggelenk ist längst versteift, wird von Schrauben zusammengehalten, er kann gegen keinen Ball mehr treten. Selbst zu seiner Hochzeit humpelte er mit einem Gips." Van Bastens letztes Spiel war mit 28 Jahren das Champions-League-Finale mit Milan 1993, ein 0:1 gegen Olympique Marseille mit Rudi Völler, wieder in München. Van Basten verließ den Ort seines größten Triumphs frustriert, versuchte zwei Jahre lang, ein Comeback zu feiern, ehe er 1995 ohne ein weiteres Spiel geknickt aufgab.

Zum Abschied lief er im Giuseppe-Meazza-Stadion in Jeans eine Abschieds-

Van Basten bei seiner Heimspielpremiere als niederländischer Nationaltrainer 2004 gegen Liechtenstein (3:0). 2008 gab er sein Amt auf

runde. Mit 30. Van Basten: „Es traf mich wie ein Schlag, ich sah einen Menschen, der nicht mehr da war. Die Fans klatschten, große Trauer stieg in mir auf, ich wollte losheulen. Ich hatte mein Leben verloren. Und war Gast auf meiner Beerdigung!"

Solch trübe Gedanken hat van Basten mittlerweile vertrieben. In seiner zweiten Karriere als Trainer konnte er nie an die Erfolge als Spieler anknüpfen. Weder bei Ajax noch bei Heerenveen, Alkmaar oder als Bondscoach der Nationalmannschaft von 2004 bis 2008. De Groot verteidigt ihn: „Holland hat den schönsten Fußball in den letzten 15 Jahren unter van Basten gespielt. Bei der EM 2008 mit glanzvollen 3:0- und 4:1-Siegen über Italien und Frankreich, dann im Viertelfinale das 1:3 gegen Russland, weil Arjen Robben verletzt ausfiel."

Van Basten sagt, als Spieler hätte er alles selbst steuern können, als Trainer sei er Opfer verschiedenster Einflüsse und Intrigen. Er hatte die mächtigen Stars Clarence Seedorf, Edgar Davids und Mark van Bommel ausgemustert – so macht man sich keine Freunde. „Am Ende litt er unter Herzrhythmusstörungen. Deshalb beendete er seine Trainerlaufbahn", sagt de Groot.

Wer van Basten heute sieht, rank und schlank, wie er mit seiner Tochter in Italien Beach-Tennis spielt oder mit Freunden die Bowlingkugel rollen lässt, der darf einen glücklichen Menschen vermuten. „Er hat sogar mit seinem steifen Gelenk eine Technik gefunden, sehr gut Squash zu spielen, gehört in Holland zu den besten 15", sagt de Groot. „Der Wettkampf sitzt immer noch ganz tief in ihm drin." Und dann vergisst van Basten seine Schmerzen ... ●

ans Traum-Trio: Bei der Wahl zu Europas baller des Jahres 1988 gewann van Basten eres Foto M.) vor seinen Teamkollegen Ruud lit (l.) und Frank Rijkaard. Auch beim nstantritt bei Milan 1988 (Foto unten) einbar unzertrennlich: die drei derländischen Star-Kicker

Liesbeth van Capelleveen heiratete er 1993. Die beiden haben zwei Töchter und einen Sohn

Titel, Tore und ein Skandal

Marcel „Marco" van Basten, geboren am 31. Oktober 1964 in Utrecht, war als Aktiver die lebende Tormaschine. Für Ajax Amsterdam (1981 bis 1987) traf er in 133 Ligaspielen 128-mal, für den AC Mailand 90-mal in 147 Spielen (1987 bis 1995) und für die Nationalelf der Niederlande 24-mal in 58 Länderspielen, gewann 1988 den EM-Titel in Deutschland. Mit Ajax und Milan wurde er je dreimal Meister. Zudem holte er mit Amsterdam den Europacup der Pokalsieger, mit Milan je zweimal den Uefa-Cup, die Champions League und den Weltpokal. 1992 wurde er Weltfußballer, 1988, 1989 und 1992 Europas Fußballer des Jahres.

Nach dem Karriereende als Spieler 1995 wechselte er 2003 zum niederländischen Verband, war von 2004 bis 2008 Nationaltrainer. Im Klubfußball trainierte van Basten Ajax (2008 bis 2009), Heerenveen (2012 bis 2014) und Alkmaar (2014). Für die Fifa arbeitete er von 2016 bis 2018 als Technischer Berater. Danach war er Experte beim niederländischen TV-Sender „Fox Sports". Der setzte im November 2019 die Zusammenarbeit nach einem Skandal aus. Van Basten hatte dem deutschen Amelo-Trainer Frank Wormuth „Sieg Heil!" hinterhergerufen. Der Holländer entschuldigte sich umgehend beim Deutschen für den als Scherz gedachten Ausspruch.

Van Basten als Funktionär: Von 2016 bis 2018 war er Technischer Berater des Weltverbands Fifa

— Von **Ulli Schauberger**

„Friedrich, mein Freund, mein Ehrenspielführer!"

Diese Worte waren ein Ritual, wenn sich Uwe Seeler und Fritz Walter († 81) trafen. Anschließend fielen sich die beiden deutschen Ehrenspielführer wie kleine und glückliche Kinder in die Arme.

Der „große Fritz", Weltmeister 1954, erhielt die Auszeichnung schon zwei Tage nach dem WM-Gewinn als Erster. Die Ehrung für „Uns Uwe", Vize-Weltmeister 1966 im Londoner Wembley-Stadion, folgte 18 Jahre später. Beide ganz Große des Fußballs. Fritz und Uwe waren über Jahrzehnte ein Herz und eine Seele. Bescheidenheit und Vereinstreue (Fritz und sein 1. FCK, Uwe mit seinem HSV) zeichne-

te sie aus. Mit dem Wunder von Bern wurde Fritz Walter zur Legende. Das 3:2 am 4. Juli 1954 im Berner Wankdorf-Stadion gegen die scheinbar übermächtigen Ungarn gab ganz Deutschland nach dem Zweiten Weltkrieg wieder Hoffnung.

Wer hat nicht die Radioreportage von Herbert Zimmermann im Ohr: „Aus dem Hintergrund müsste Rahn schießen. Rahn schießt ... Tooooor! Tooooor! Tooooor! Tooooor!"

FRITZ
WALTER

Vor dem Wunder von Bern gab es das Wunder von Orléans ...

Zweiter Weltkrieg, Orléans in Frankreich.
Eine Ju52 wird beschossen. An Bord: Fritz Walter.
Ein Kamerad rettet den Fußballhelden vor dem Tod.
Später meint es das Leben gut mit ihm

Anschließend wurde Kapitän Fritz Walter im strömenden Regen auf den Schultern der Fans getragen. Ein bescheidenes Lächeln im Gesicht. Den goldenen WM-Pokal in der linken Hand, und mit der Rechten winkte er fast schüchtern in die Zuschauermenge.

Das Wunder von Bern. Welche Gedanken gingen ihm auf den Schultern der Fans durch den Kopf? Dachte er daran, dass der Zweite Weltkrieg ihm zuvor Jahre seines Fußballer-Lebens gestohlen

Historisch! Am 4. Juli 1954 gewann Deutschland 3:2 gegen Ungarn im WM-Finale vor 60 000 Zuschauern in Bern. Kapitän Fritz Walter, der die Nationalmannschaft zum ersten WM-Titel führte, wird auf den Schultern durch das Stadion getragen. Auch Horst Eckel (r.) wird gefeiert

hatte? Oder an das Wunder von Orléans? Fritz Walter gehörte einem Jagdgeschwader an, das im Frühsommer 1944 von Rotenburg nach Rennes verlegt werden sollte. Zwölf Ju52 transportierten die Einheit mit Fritz Walter nach Frankreich. Englische Jäger griffen die Transportmaschinen an und schossen sieben ab. Der Pilot der Ju52 mit Fritz an Bord setzte zur Notlandung in Orléans an. Im Landeanflug wurde die Maschine getroffen, ein Motor brannte, die Einstiegstür wurde weggerissen. Der Griff eines Kameraden an Fritz Walters Koppel verhinderte dessen Sturz aus dem Flieger und damit den sicheren Tod ...

Der Zweite Weltkrieg war das dunkle Kapitel im Leben von Fritz Walter. Er mochte es nicht, als Fußballheld gefeiert zu werden. Dann antwortete er: „Die wirklichen Helden sind alle im Krieg gefallen." Im Krieg erkrankte er schwer an Malaria, deshalb seine Abneigung gegen Hitze und seine Liebe zum sogenannten Fritz-Walter-Wetter mit Regen. Für ihn war der Krieg am 28. Oktober 1945 beendet. Da wurde er aus russischer Gefangenschaft entlassen.

Am 23. Juni 1995 kehrte Fritz Walter nach 41 Jahren in das berühmte Wankdorf-Stadion zurück. Vor dem Länderspiel gegen die Schweiz, das Deutschland 2:1 gewann, bekam er den Fifa-Verdienstorden verliehen. Bevor Präsident João Havelange und Generalsekretär Sepp Blatter die höchste Auszeichnung des Weltfußball-Verbands überreichten, stand ich mit Fritz Walter am Spielfeldrand. Ich durfte ihn duzen, und so fragte ich: „Fritz, wo ist denn das 3:2 gefallen?"

„Fritz überzeugte mit seiner Spielkunst, steckte die anderen in der Mannschaft an"
Eckel über Walter

Fritz zeigte auf das rechte Tor, sagte dann: „Und da ist die Uhr. Ich habe zum lieben Gott gebetet, dass sie schneller laufen soll!"

Das Schweizer Werk im berühmten Uhrturm blieb im Takt, wurde dennoch stummer Zeuge des Sieges der Sepp-Herberger-Elf.

Am 31. Oktober 2020 wäre Fritz Walter 100 Jahre alt geworden. Die meisten von uns haben ihn nicht mehr spielen sehen. Er wäre nach heutigen Maßstäben sicherlich ein absoluter Weltstar.

Was zeichnete Fritz Walter aus? Horst Eckel, ebenfalls Weltmeister von 1954 und Mitspieler beim 1. FC Kaiserslautern, gerät beim Aufzählen der Qualitäten seines väterlichen Freundes sofort ins Schwärmen: „Fritz war ein perfekter Fußballer. Er war

Regisseur und Vollstrecker – Walter wäre heute ein Weltstar

ja nicht nur Spielgestalter, er war ja auch Vollstrecker in einer Person. Er konnte Tore machen, von denen andere Spieler nicht einmal träumten. Fritz war beidfüßig und technisch brillant. Er liebte Regen und nassen Rasen. Wir sagten immer: ‚Heut ist em Fritz sei Wetter.' Denn auf schnellem Rasen war seine Super-Technik noch mehr von Vorteil. Der Ball war dem Fritz sein Freund."

Und es kam auch noch eine psychologische Seite hinzu. Im April 2014 traf Eckel im Hotel Belvédère in Spiez Ungarns Rechtsverteidiger Jenö Buzanszky, der 2015 verstarb. Im Quartier der deutschen Mannschaft von 1954 sprachen sie auch über ihre beiden Kapitäne. Ferenc Puskas, der Ungar, und Fritz Walter – beide Weltklassespieler ihrer Zeit.

Eckel: „Puskas war ein Weltenbürger, der seine großen Jahre bei Real Madrid noch erleben sollte. Fritz Walter dagegen liebte nichts mehr als seine Pfalz, seinen FCK und seine Frau Italia."

Eckel erzählt, was ihm Buzanszky sagte: „Puskas war ein Feldherr auf dem Platz. Er herrschte und führte. Er duldete keinen Widerspruch. Und

Fritz Walter 1944 als Soldat der Luftwaffe. 1940 wurde er in die Wehrmacht einberufen, gab nach eigenen Angaben keinen Schuss ab

1937 stieg Kaiserslautern in die Gauliga Südwest, eine von 18 höchsten Spielklassen, auf. Walter schoss beim entscheidenden 4:0 gegen Burbach drei Tore

Fritz Walter ist seit 1954 Ehrenspielführer der deutschen Nationalelf

Fritz Walter galt als torgefährlicher Regisseur und Führungsfigur. Hier entwischt er im WM-Finale 1954 Ungarns Jenö Buzanszky

Nach dem WM-Sieg 1954 zeigt Walter seinen Mitspielern den WM-Pokal

1956 gelang Walter das sogenannte „Jahrhunderttor". Im Hechtflug trifft er per Hacke im Leipziger Zentralstadion gegen Wismut Karl-Marx-Stadt (5:3) zum 3:1. Die gestrichelte Linie zeichnet den Flug des Balls nach

Ungarn-Legende Puskas (r.) mit Walter bei der Seitenwahl vor dem WM-Finale 1954

Am 21. Juni 1959 nahm Walter Abschied. Beim 4:2 gegen Racing Club Paris bereitete er zwei Tore vor und wird anschließend gefeiert

Nach seiner Karriere trainierte Walter den SV Alsenborn. Mit ihm stieg der Klub zwischen 1962 und 1965 bis in die zweitklassige Regionalliga Südwest auf

Die stolzen Weltmeister posieren neben einem überdimensionalen Medizinball, auf dem Trainer Sepp Herberger sitzt

1953 überreicht DFB-Präsident Peco Bauwens (l.) in Berlin Walter die Meisterschale für Kaiserslautern

Walter mit Bundestrainer Herberger (r.), den er respektvoll „Chef" nannte

verlieren konnte er überhaupt nicht. Aber er war genial, und ohne ihn waren wir nur die Hälfte wert."

Eckel schmunzelnd: „Fritz war das Gegenteil. Er herrschte nicht auf dem Platz, er überzeugte mit seiner Spielkunst, die die anderen in der Mannschaft ansteckte. Er war sensibel, und manchmal musste er aus einem Tief herausgeholt werden, etwa von seinem Bruder Ottmar. Fritz und Puskas, das waren zwei Welten. Was sie miteinander verband, war allein die Kunst des Spiels."

Der große Fritz war auch sehr abergläubisch. Hans-Peter Schössler, früherer Geschäftsführer von Lotto Rheinland-Pfalz, Initiator zur Gründung der Fritz-Walter-Stiftung 1999 und Intimus, erinnert sich: „Begegnete dem FCK-Mannschaftsbus auf der Fahrt zu einem Auswärtsspiel eine Nonne, sah der sensible und zu einem gewissen Pessimismus neigende Fußballstar darin sofort ein schlechtes Omen. ‚Heute brauchen wir gar nicht erst anzutreten ...', meinte er dann. Kreuzte allerdings ein Schornsteinfeger den Weg des Busses, erhellte sich Fritz Walters Miene schlagartig, und er war überzeugt, dass an diesem Tag nichts schiefgehen konnte."

Das bekam natürlich auch Lauterns damaliger Trainer Richard Schneider mit. Der war der höheren Psychologie durchaus zugänglich. Folglich kam es öfter vor, dass bei Lauterns Fahrten rein zufällig ein Schornsteinfeger auftauchte. Trainer Schneider konnte sich dann im Bus ein Schmunzeln nicht verkneifen.

Ob am 6. Oktober 1956 ein Schornsteinfeger vor dem Zentralstadion in Leipzig an der Ecke stand, weiß keiner mehr. Auf alle Fälle waren bei Fritz-Walter-Wetter 120 000 Zuschauer zum Spiel des DDR-Meisters Wismut Aue gegen Lautern gekommen. Der 1. FCK siegte 5:3. Und Fritz Walters Treffer zum 3:1 mit der Hacke bleibt unvergessen – ein Jahrhundert-Tor!

Er selbst beschrieb seinen Treffer so: „Der Flankenball von rechts senkte sich hinter meinem Rücken. Da ließ ich mich nach vorne fallen und traf den Ball mit der Hacke."

Unglaublich: Ein Hechtsprung – und von der rechten Hacke rauschte der Ball oben ins Dreieck. Heute wird so ein Treffer „Scorpion Kick" genannt. Fritz: „Es war das schönste Tor meiner Karriere." Aber dann stellte er auch klar: „Es war Glück, dass der Ball ins Tor ging. Aber es war kein Zufall, dass ich den Ball so getroffen habe. Denn das habe ich in Kaiserslautern bei unseren Spielchen nach dem Training immer mal wieder probiert."

Lauterns Mitspieler flachsten dann immer: „Jetzt spielen wir italienisch", und feuerten ihren Fritz an. Nur Bruder Ottmar stichelte über das Jahrhundert-Tor. „Der Fritz ist nur ins Stolpern gekommen und konnte gar nicht mehr anders."

Was viele nicht wissen: Fritz Walter war auch Trainer. Am 19. August 1957 erhielt er „das Zeugnis zur Lehrbefähigung im Fußball". Der Chef, Sepp Herberger, unterschrieb als Prüfungsleiter.

Unter Walter erlebte der Dorfverein SV Alsenborn Ende der 60er-Jahre einen Höhenflug, klopfte sogar ans Tor zur 1. Bundesliga. Ex-Lautern-Profi Fritz Fuchs erinnert sich: „Ich bin nach der FCK-Jugend zum SV Alsenborn, weil Fritz dort Trainer war. Er hat mich geformt, damit ich später zurück nach Lautern konnte. Ohne ihn wäre ich nie in die

Regisseur und Vollstrecker – Walter wäre heute ein Weltstar

Bundesliga gekommen. Fritz und Alsenborn waren für mich ein Glücksfall. Ich habe ihm alles zu verdanken. Es entstand eine lebenslange Freundschaft."

1985 stößt Walter mit seiner Frau Italia auf seinen 65. Geburtstag an. Beide heirateten 1948

Was waren seine Ideale? Fuchs: „Anstand, Respekt, Ehrlichkeit, Mentalität und Wille. Alles Tugenden, die heute oft fehlen."

Bis ins hohe Alter konnte unser Weltmeister seine Nervosität vor Spielen seines Vereins nicht ablegen. „Wenn der FCK nur schon gewonne hätt", sagte er dann immer. Der große Fritz kam deshalb nicht regelmäßig auf den Betzenberg. Und Fuchs wurde öfter Zeuge, wie es an einem Spieltag in der Alsenborner Villa von Italia und Fritz Walter zuging.

Fritz Walter überreicht 1996 Bundeskanzler Helmut Kohl bei der Verleihung der Ehrenmitgliedschaft von Kaiserslautern einen Vereinswimpel

Italia hörte Radio, durfte aber keine Zwischenstände sagen. Fritz tigerte durch den Garten oder war unten im Schwimmbad. Es gab aber Geheimzeichen. Führte der FCK, öffnete Italia im Wohnzimmer einen Spalt breit die Gardinen. Und nach einem Lautern-Sieg gönnten sich beide ein Gläschen Sekt. Sein „Sektchen" liebte der Fritz. Oder einen Piccolo, den er liebevoll „Piccolöchen" nannte.

Er war ein äußerst humorvoller und geselliger Mensch. Neben Uwe Seeler verband ihn auch eine dicke Freundschaft mit Franz Beckenbauer. Anfang der 90er-Jahre luden Uwe und der Kaiser ihren Freund und Ehrenspielführer zum Freundeskreis der sogenannten Schneeforscher nach Obertauern ein. Als Tagesdomizil diente dem illustren Kreis immer das urgemütliche Stüberl auf der Kringsalm.

Als Franz und Uwe die Skier anschnallten, sagten sie zur Chefin: „Lisi, schau bitte, dass es unserem Freund an nichts fehlt."

Fritz ging es großartig. Er war stundenlang der umschwärmte Star auf der Kringsalm. Bei Sonnenuntergang stach allerdings ein Posten auf der Rechnung ins Auge. Die Piccolöchen waren Veuve Clicquöchen. Da lachten unsere drei Ehrenspielführer und bestellten noch eine Runde ... ●

Erster Ehrenspielführer der Nationalelf

Geboren am 31. Oktober 1920 in Kaiserslautern. 1940 wurde Friedrich „Fritz" Walter in die Wehrmacht einberufen, 1945 aus russischer Gefangenschaft entlassen. Zwischen 1938 und 1959 machte er 384 Spiele für den FCK (327 Tore), gewann 1951 und 1953 den Meistertitel. Für Deutschland bestritt er 61 Länderspiele (33 Tore), führte die Herberger-Elf 1954 als Kapitän zum WM-Titel und wurde zwei Tage später zum ersten Ehrenspielführer der Nationalelf ernannt.
Nach dem Karriereende wurde er Werbe-

träger für Adidas. Er kommentierte Fußballspiele und war Inhaber des Fritz-Walter-Kinos sowie einer Wäscherei. 1995 wurde ihm in Bern der Fifa-Verdienstorden verliehen.
Walter starb am 17. Juni 2002 in Alsenborn, weniger als ein Jahr nach dem Tod seiner Ehefrau Italia. Mit ihr war er seit Herbst 1948 verheiratet, Trauzeuge war Bundestrainer Sepp Herberger. Zu seinem 100. Geburtstag erschien in Deutschland im Oktober 2020 eine Fritz-Walter-Briefmarke.

Fans nehmen 2002 im Fritz-Walter-Stadion in Kaiserslautern Abschied von der Legende

Fritz Walter war der erste große Held der deutschen Fußball-Geschichte. 2002 verstarb er im Alter von 81 Jahren

Großer Abschied!
Am 23. Mai 2015 lassen die Spieler des FC Barcelona Xavi nach dessen letztem Spiel für den Klub hochleben. Seine letzte Partie im Camp Nou gegen Deportivo La Coruña endete 2:2. 17 Jahre spielte er für Barça

XAVI

„Er hat einen Messi geführt und mitgeformt"

Für Trainer-Ikone Heynckes ist die Barça-Legende einer der Größten.
Auch Löw bewundert den Pass-König

Von **Raimund Hinko**

Xa ... Pass, Vi ... Pass. Ehe man seinen kurzen Namen aussprechen konnte, hatte er schon zwei Pässe gespielt. Xavi, bürgerlich Xavier Hernández, nur 170 Zentimeter kurz, fabrizierte 90 Minuten lang ein Trommelfeuer an Kurzpässen, meist um die 150 pro Spiel, mit denen er alle Gegner dieser Welt zermürbte. Mit denen er den FC Barcelona zu vier Champions-League-Titeln und acht spanischen Meisterschaften trieb, die spanische Nationalelf zu zwei EM-Titeln und dem WM-Triumph 2010. Mit denen er von 1998 bis 2015 im „El Clásico" immer wieder das große Real Madrid verdammt alt aussehen ließ. Wie 2009 beim 6:2 im Bernabéu-Stadion.

Fußball-Feinschmeckern gefiel ein Jahr später das 5:0 im heimischen Camp Nou noch besser. Eine „humillación", eine Demütigung für die stolzen Königlichen, jubelten die Katalanen. „Wir waren in der

Kurzpass-Folterkammer eingesperrt, bis wir um Hilfe winselten", sagte der zerknirschte Real-Präsident Florentino Pérez. Ähnlich klagten sie bei Manchester United, als Xavi sie in den Champions-League-Endspielen 2009 und 2011 beim 2:0 bzw. 3:1 in die Folterkammer sperrte. „2011 war ein Wunder von Spiel", schwärmte Xavi. Man-United-Trainer Alex Ferguson hingegen gestand: „Noch nie bin ich so verprügelt worden."

Wer könnte Xavi besser würdigen als der große Spanien-Kenner Jupp Heynckes, Trainer bei Real Madrid, Teneriffa und zweimal Athletic Bilbao.

„Xavi rechts, Iniesta links, Busquets dahinter, das war im Fußball das beste Mittelfeld aller Zeiten. Und Xavi war der Kopf, die Seele der Mannschaft. Er hat sich zu einem genialen Spieler entwickelt, der alles auf sich vereint hat, was man zu einem großen Fußballer braucht. Autorität auf und außerhalb des Platzes", sagt Heynckes zu SPORT BILD.

Der zweimalige Champions-League-Sieger hat als Trainer viele große Talente kommen und schnell wieder gehen sehen. „Es genügt im ganz großen Fußball nicht, dass du alle fußballspezifischen Fähigkeiten hast, sondern viel mehr: Persönlichkeit, Autorität, Charakter, Psyche. Xavi hat-

„Xavi war einer der Größten, hat das jedoch nie zur Schau gestellt"
Trainer-Legende Jupp Heynckes

te alles. Einer der besten Fußballer aller Zeiten. Zudem ein ungemein selbstkritischer Spieler, sehr bodenständig, natürlich, sympathisch. Er war einer der Größten, hat das jedoch nie zur Schau gestellt. Das hat mir immer extrem imponiert." Welch ein Ritterschlag!

Heynckes lobt weiter: „Er hat das Spiel nicht nur gelenkt. Er hat es beruhigt, schnell gemacht. Technisch natürlich per-

Xavi vor seinem Abschiedsspiel am 3. Juni 2015 im Barcelona-Stadion Camp Nou: gemeinsam mit allen 24 Pokalen, die er mit Barça gewann

fekt. Er hat den vertikalen Pass in die Tiefe gespielt. Genial. Und er hat einen Messi
geführt, mitformen können."

Das scharfe Auge von Heynckes hat das
gut erkannt. Auch wenn es Xavi bei der
Wahl zum Weltfußballer des Jahres zweimal nur auf Platz drei schaffte, weil die
Tore-Monster Lionel Messi und Cristiano
Ronaldo immer die Nase vorne hatten. Xavi schilderte einmal in der „Süddeutschen
Zeitung", wie er den Kollegen formte:
„Wenn ich merke, oh, Messi ist seit fünf
Minuten nicht mehr am Ball gewesen, denke ich, das darf nicht sein. Wo ist er denn?
Wenn ich ihn gefunden habe, schnapp ich
ihn mir, sage: ‚Komm mal her. Komm in
meine Nähe, fang an zu spielen.' Stürmer
schalten manchmal ab, sind sauer, weil sie
nicht oft genug den Ball bekommen oder
zu eng gedeckt werden. Wenn er in meine
Nähe kommt, ist er wieder glücklich, berührt ein-, zwei-, dreimal den Ball und
startet einen Angriffszug. Dann ist dieser
Kerl eine Bombe, der Beste der Welt."

Erster EM-Titel 2008: Xavi (r.) feiert mit
Puyol (M.) den 1:0-Sieg im Finale gegen
Deutschland in Wien

Xavi feiert in den Armen von Fernando Navarro den
EM-Sieg 2008. Enttäuscht im Hintergrund: Ballack
(M.) und Frings

Nichts und niemand hielt Xavi
auf, auch nicht Gregory van der
Wiel im WM-Finale 2010

Xavi stemmt den WM-Pokal 2010.
Vorausgegangen war ein
1:0-Erfolg der Spanier gegen die
Niederlande

Iniesta, Fàbregas, Piqué, Busquets, Xavi, Alba, Valdés und
Pedro (v.l.) freuen sich 2012 über den zweiten EM-Titel in Folge

Xavi enteilt Antonio Cassano:
Spanien siegte im EM-Finale 2012
gegen Italien 4:0

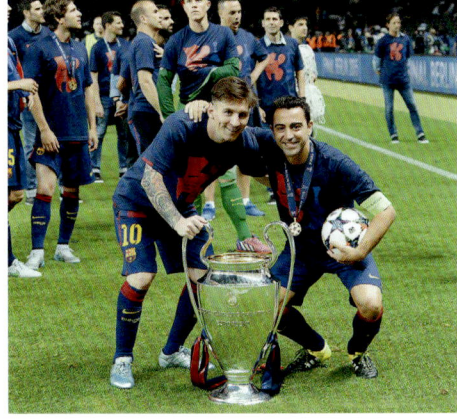

Letzter
großer Titel
mit Barça:
Xavi strahlt
mit Messi (l.)
und
Henkelpott,
den beide
durch das 3:1
im Finale
2015 gegen
Juve in Berlin
gewannen

Xavi (l.) mit Bayerns damaligem Triple-Coach und Welttrainer Jupp Heynckes bei der Ballon-d'Or-Gala 2013 in Zürich

Xavi mit Trainer Pep Guardiola (r.) beim gemeinsamen Champions-League-Sieg 2011

Geniales Duo beim FC Barcelona: Lionel Messi (l.) und Xavi

Kein Wunder, dass Xavi stets mit folgendem Satz zitiert wird: „Ich bin nicht Weltfußballer, ich mache Weltfußballer."

Heynckes hat derweil seine eigene Xavi-Philosophie: „Es gibt sehr viele große Talente, die es jedoch nie lernen, in einer Mannschaft Fußball zu spielen. Das heißt: sich in den Mannschafts-Spielfluss einzubinden, seine Rolle zu finden. Dass ein harmonisches Team auf dem Platz steht, wie es 2012/13 beim FC Bayern entstand oder ab 2019 unter Hansi Flick." Es war 2009 unter Pep Guardiola, als der FC Barcelona, wie 2019/20 nur noch die Bayern, alle sechs Titel gewonnen hat. Heynckes: „Nur, weil sich die Spieler untereinander wahnsinnig gut verstanden haben. Wie in einem großen Symphonieorchester, wo jeder kleine Ton entscheidend ist."

Eine wichtige Rolle spielte dabei Andrés Iniesta, 2010 goldener Torschütze zum 1:0 im WM-Finale gegen die Niederlande, auf dem Platz wie ein Zwillingsbruder. „Xavi ist mein bester Tanzpartner auf dem Platz. Ich finde kein Lob, das erklären würde, was er als Mensch und Spieler repräsentiert hat. Es wird keinen anderen mehr geben wie ihn", adelte er Xavi. Und der wiederum schwärmte: „Ich habe viele Freunde, mit allen streite ich mich manchmal, sogar mit Puyol. Mit Iniesta dagegen kann ich mich nicht streiten, so synchron ticken wir."

Iniesta ist mit 1,71 Meter nur einen Zentimeter größer als Xavi. Die Herrschaft der beiden Kleinen zeugt von einer Revolution. „Vor uns waren diese Mittelfeldspieler vom Aussterben bedroht, weil sie eins achtzig groß und physisch stark sein mussten", sagt Xavi. „Auch Iniesta und ich wurden infrage gestellt. Und plötzlich waren sich alle einig, dass wir der Schlüssel zum

Xavi und Iniesta: Die Herrschaft der beiden Kleinen zeugte von einer Revolution

Erfolg sind. Zum Glück ist Fußball ein Sport, in dem Talent über der schieren Kraft steht. Das ist ein Segen für den Sport, für das Spektakel, für das Publikum, für Schnelldenker, für Romantiker." Mit nur einem Rezept: „Den Ball drei-, viermal in Serie mit einer einzigen Berührung weiterzuspielen, darum geht's. Unser Training müsste man filmen. Das ist besser als jedes Spiel. Viel besser."

Xavi wurde in der berühmten Barça-Schule „La Masia" geschult. Nach dem Cruyffismus, der Lehre der niederländischen Spieler- und Trainer-Ikone Johan Cruyff († 68), einem Xavi-Fan. Ausersehen als Nachfolger von Guardiola, seinem spä-

teren Trainer in der Rolle als Sechser. Sehr früh schon fiel seinem Vater Joaquim auf: „Die anderen Jungs wollten alle nach vorne stürmen und Tore schießen. Mit Ausnahme von Xavi. Der hat aus der zweiten Reihe die Zuspiele geliefert und Gegenangriffe schon weit vorne gestoppt." Also damals schon das Gegenpressing im Blut. Er selbst wunderte sich: „Ich müsste mehr Tore erzielen. Doch wenn ich in den Strafraum komme, entscheide ich mich fast immer für ein Zuspiel und nicht für einen Schuss."

Xavis eigenwilliger Weg war nicht aufzuhalten, er arbeitete sich bei den Profis von der Rückennummer 26 und 16 hinauf zur 6. Er lief nach hinten, nach rechts, nach links, nach vorne. Immer, um Überzahl zu schaffen. Immer mit Radarauge. Im Kopf immer zwei, drei Schritte voraus. Das Hirn immer auf Hochtouren. Deshalb sagt er auch lächelnd, ohne überheblich zu wirken: „Das Problem ist, dass 95 Prozent der Menschen Fußball mögen, aber nur zwei Prozent wirklich was verstehen. Einer meiner besten Freunde ist total fanatisch. Der guckt alles. Kennt alle. Und hat trotzdem nicht die leiseste Ahnung."

Dankbar nahm er von Trainer Frank Rijkaard 2003 die Idee an, 15 Meter weiter vorn zu spielen, setzte auch in der Nationalmannschaft seine Barça-Ideen bei den Spielern von Real Madrid durch. Torwart

Iker Casillas wurde ein guter Freund, sogar Sergio Ramos gehorchte ihm. Auch Nationaltrainer Vicente del Bosque, ein Real-Mann (Spieler und Trainer), hatte ein offenes Ohr für ihn. Und dann schloss Xavi plötzlich eine Freundschaft mit Jogi Löw. Richtig gelesen. Als der Bundestrainer nach der Niederlage (0:1) im WM-Halbfinale 2010 auf ihn zukam, war er tief beeindruckt. „Löw hat mir im Kabinengang gesagt, dass ich der beste Fußballer sei, den er je gesehen habe, dass ich ein Phänomen sei. Er hat mich in den Himmel gehoben. Das wird mich ein Leben lang begleiten."

Löw vertieft die Bewunderung im Gespräch mit SPORT BILD: „In allen Spielen, die ich gesehen habe, kann ich mich nicht an einen Ballverlust oder Fehlpass von ihm erinnern. Xavi war einfach großartig. Jeder, der dieses Spiel und schönen Fußball liebt, muss oder musste auch Xavi lieben. Ganz ehrlich, auch in Spielen gegen uns habe ich ihm, mit allem Respekt, immer bewundernd zugeschaut."

Schmerzlich erinnert sich der Bundestrainer: „2008 im EM-Endspiel in Wien hat er den perfekten Pass auf Fernando Torres zum 0:1 gespielt. Und im WM-Halbfinale 2010 den Eckball zum 0:1 auf den Kopf von Puyol. Xavi war die Verkörperung des per-

Von 2015 bis 2019 kickte Xavi für Al-Sadd in Katar. Zum Abschied wurde er noch einmal Meister der Stars League

2017 holte Xavi mit Al-Sadd den Emir Cup durch ein 2:1 gegen Al-Rayyan

Mit Trainer Manuel Jesualdo Ferreira feiert Xavi (r.) 2017 den Gewinn des Katar Cups für Al-Sadd

Löw adelte ihn als besten Fußballer, den er je gesehen habe

fekten Mittelfeldspielers. Passgenauigkeit, Spielintelligenz und Spielwitz, Übersicht und die Liebe zum Spiel, das alles hat ihn ausgezeichnet." Xavi verrät augenzwinkernd: „Löw sagte mir, dass er selbst spielen wolle wie Spanien."

Mit Erfolg. Bei der WM 2014 löste der Trainer den Spielmacher als Weltmeister ab. Xavi hingegen wurde in der Vorrunde nach dem 1:5 gegen die Niederlande auf die Bank gesetzt. Zu viel gelaufen, zu viel gepasst in 17 Jahren FC Barcelona. Nicht für Guardiola. Er wollte, damals Trainer in München, Xavi zu den Bayern holen, telefonierte mit ihm. Xavi lehnte mit der Begründung ab, er wolle in der Champions League nicht gegen sein geliebtes Barcelona antreten, ließ die Karriere ab 2015 lieber in Katar beim Al-Sadd Sport Club ausklin-

gen, wo er 2019 das Traineramt übernahm.

Da er bei Barcelona mit neun Millionen Euro brutto im Gegensatz zu Messi ein Taschengeld verdiente und mit einer Immobilienfirma in Not geriet, konnte er die Kohle gut brauchen. Dafür bereitete ihm Barça einen tollen Abschied, sorgte beim Verband für ein Novum. So wurde der

Meisterpokal, der normalerweise erst in der neuen Saison überreicht wird, Xavi zu Ehren schon am letzten Spieltag präsentiert. Eine Riesenehre, dieser Traditionsbruch.

Der Weg von Xavi ist vorgezeichnet. So wie Raúl Cheftrainer bei Real Madrid werden soll, soll er beim FC Barcelona einsteigen. Eine erste Anfrage lehnte Xavi jedoch ab. Er wolle noch Erfahrung sammeln.

●

Bereits mit elf Jahren fing er bei Barcelona an

Xavi heißt mit bürgerlichem Namen Xavier Hernández i Creus und wurde am 25. Januar 1980 in Terrassa (Spanien/Katalonien) geboren. Bereits mit elf Jahren fing er 1991 beim FC Barcelona in der Jugend an. 1998 gab er dann sein Debüt bei den Profis der 1. Mannschaft. Mit dem Klub wurde er achtmal spanischer Meister, ge-

wann viermal die Champions League und dreimal den spanischen Pokal. Dazu kommen noch zwei Titel bei der Klub-WM. Bis 2015 absolvierte er für Barça insgesamt 767 offizielle Spiele, erzielte 85 Tore. Von 2015 bis 2019 spielte er dann in Katar für Al-Sadd (einmal Meister), wo er dann danach auch Trainer wurde.

Für Spaniens Nationalmannschaft war er 133-mal im Einsatz (zwölf Tore). Er wurde 2010 Weltmeister und holte 2008 (als Spieler des Turniers) und 2012 die Europameisterschaft. 2000 wurde er Olympia-Zweiter.

Xavi als Trainer bei Al-Sadd in Katars Stars League

Mit Köpfchen!
Zinédine Zidane setzt sich im WM-Finale 1998 nach einer Ecke gegen Brasiliens Leonardo durch und köpft Frankreich in der 27. Minute zur zwischenzeitlichen 1:0-Führung. Auch das 2:0 in der Nachspielzeit der ersten Halbzeit erzielte Zidane per Kopfball nach einer Ecke. Am Ende gewann Frankreich im Stade de France 3:0 gegen den Titelverteidiger und wurde erstmals Weltmeister

ZINÉDINE ZIDANE

Bei Real verdiente der Weltmeister nur 2216,50 Euro im Monat ...

... aber er kassierte eine jährliche Zahlung über zehn Millionen. Zeitlebens war er ein Hitzkopf. Deshalb musste er früher die Kabine putzen

Überglücklich reckt Zidane den WM-Pokal in die Höhe. Frankreich gewann als bisher letztes Team im eigenen Land die WM

1982: Zidane bei seinem ersten Jugendverein US Saint-Henri in Marseille, schon damals war er Kapitän

1991: Zidane im Trikot des AS Cannes. Für seinen ersten Profiklub debütierte er 1989 im Alter von 16 Jahren

Im Finale des Uefa-Cups 1996 verlor Zidane mit Bordeaux das Rückspiel 1:3 gegen den FC Bayern (rechts: Lothar Matthäus)

Zidane vor dem Champions-League-Finale 1997 gegen Dortmund (1:3) im Münchner Olympiastadion

Frankreichs Kapitän Didier Deschamps (r.) und Zidane feiern 2000 den EM-Triumph nach dem Sieg gegen Italien (2:1 n. G.G.)

2000: HSV-Spieler Jochen Kientz (r.) ist das erste Opfer von Zidanes Kopfstoßattacken. Der HSV siegte 3:1 gegen Juve

Am 13. September 2000 war Juve beim HSV zu Gast. Endstand: 4:4. Hier: Zidane im Duell mit Tony Yeboah (r.)

— Von **Torsten Rumpf**

Zinédine Zidane war nicht nur ein Genie auf dem Platz, sondern auch am Verhandlungstisch. Als der frühere Weltklasse-Spieler am 9. Juli 2001 seinen ersten Vertrag mit Real Madrid schloss, betrug sein monatliches Bruttogehalt spärliche 368 796 Peseten – umgerechnet 2216,50 Euro.

Doch in dem Arbeitspapier mit der Pass-Nummer 97FE1681, das von Präsident Florentino Pérez und dem Franzosen unterschrieben ist, wurde eine Zusatzvereinbarung fixiert: Zidane erhielt neben Grundgehalt und Punktprämien eine jährliche Einmalzahlung von 1 759 260 000 Peseten. Umgerechnet waren das 10,573 Millionen Euro brutto. Für damalige Verhältnisse ein Mega-Salär – der Mittelfeldstar war aber jede Pesete wert.

Zizou, wie Zidane in seiner Heimat respektvoll genannt wird und übersetzt „weiße Katze" bedeutet, gehört zu den größten Fußballern aller Zeiten. Er trug wie alle legendären Spielmacher die Nummer 10, glänzte als Taktgeber, behandelte den Ball wie etwas Zerbrechliches. Zidane spielte die tödlichen Pässe wie kaum ein Zweiter.

Er war aber auch selbst torgefährlich, mit rechts, links, per Kopf. Seine dynamischen Dribblings und Tricks wie die „Roulette" waren eine Augenweide. Diese Finte besteht aus drei Schritten: die Vorlage mit dem Schussbein, die Körperdrehung und die Weiterführung des Balles mit dem Standbein.

„Er war nicht nur ein Zauberer, sondern auch ein Junge, der viel auf dem Platz gearbeitet hat"
Aimé Jacquet über Zidane

Dazu war Zidane beeindruckend erfolgreich. Er führte Frankreich 1998 zum WM-Triumph im eigenen Land, zwei Jahre später zum EM-Titelgewinn in Belgien und den Niederlanden. Er schoss Real 2002 zum 2:1-Champions-League-Erfolg im Finale gegen Bayer Leverkusen, gewann mit den Madrilenen im gleichen Jahr – wie bereits 1996 mit Juventus Turin – den Weltpokal. Hinzu kommen unter anderem drei Meisterschaften mit Italiens und Spaniens Ausnahme-Klub (1997, 1998 und 2003). Darüber hinaus wurde Zidane dreimal zum Weltfußballer des Jahres (1998, 2000 und 2003) gekürt.

„Zinédine Zidane war nicht nur ein Zauberer, sondern auch ein Junge, der viel auf dem Platz gearbeitet hat. Klasse und Talent reichen nicht aus, man muss trainieren,

Im WM-Finale 2006 setzt Zidane nach einer Provokation von Marco Materazzi (r.) zum Kopfstoß an

Der argentinische Schiedsrichter Horacio Marcelo Elizondo zeigt Zidane die Rote Karte, Italiens Gattuso (M.) schaut zu

Der Italiener geht daraufhin in der 110. Minute abseits des Spielgeschehens zu Boden

trainieren, immer wieder trainieren. Das tat Zizou", sagt Aimé Jacquet, Frankreichs Weltmeister-Trainer von 1998.

Alles fing an in La Castellane, einem verwahrlosten Viertel in Marseille. Die aus Algerien stammende Einwanderer-Familie Zidane lebte zu siebt in einer Plattenbau-Siedlung auf engstem Raum. Jede freie Minute nutzte das Nesthäkchen Zinédine zum Kicken auf einem Betonplatz mit seinen Freunden vor dem Haus. Mutter Malika hatte ihren Sohn aus dem Küchenfenster immer im Blick. „Mit den Freunden zusammen zu sein, nur mit einem Ball und ohne Regeln. Das war unser Leben", sagt Zidane.

Über die kleinen Marseiller Vereine US Saint-Henri und Septèmes-les-Vallons wurde Zidane 1987 im Fußball-Internat des Erstligisten AS Cannes aufgenommen. Da war er 14 Jahre alt – und rund 175 Kilometer weit weg von zu Hause. „Sein Vater sagte ihm oft, als Einwanderer-Kind müsse er

doppelt so viel arbeiten", sagt Frankreichs Nationaltrainer Didier Deschamps, der mit Zidane die erfolgreiche Ära der Équipe Tricolore 1998 und 2000 prägte.

Anfangs war es für Zidane in Cannes eine schreckliche Zeit, er litt unter Heimweh, sperrte sich immer wieder in seinem Zimmer bei seiner Gastfamilie ein, weinte. „Danach ging es ihm besser", erinnert sich Pflegemutter Nicole Elineau. „Er wollte ja nicht aufgeben, um seine Träume zu verwirklichen." Profi und Nationalspieler zu werden.

In Cannes förderten die Verantwortlichen das hochbegabte Talent, das außerhalb des Platzes ängstlich und schüchtern auftrat. Auf dem Platz war es anders. Zidane war als Kind ein Hitzkopf, teilte aus. In einem von Cannes erstellten Persönlichkeits-Profil wurde festgehalten: „Es ist anzunehmen, dass Zinédine Zidane es aufgrund seiner impulsiven Art zu nichts bringen wird."

Um sein Temperament zu zähmen,

Statt den WM-Pokal ein zweites Mal in die Höhe zu stemmen, läuft Zidane mit gesenktem Kopf daran vorbei

musste Zidane wochenlang die Kabine putzen. Die erzieherische Maßnahme half ihm, er feierte im Mai 1989 als 16-Jähriger sein Profi-Debüt. Die Prämie von 5000 Franc (etwa 800 Euro) für das 1:1 gegen Nantes schickte er seinen Eltern. Seinen ersten Profi-Vertrag unterzeichnete Zidane Ende 1989. Nach dem Abstieg von Cannes ging Zidane zu Girondins Bordeaux, sein Monatsgehalt lag bei 40 000 Franc – heute rund 6000 Euro.

Dort lernte er auch Gernot Rohr kennen. Der Deutsche war lange im Nachwuchsbereich der Süd-Franzosen tätig und sprang immer wieder als Interimstrainer bei den Profis ein. Während ihrer Zusammenarbeit hatte Rohr Zidane wie folgt kennengelernt: „Ich hatte das Glück, mit ihm zusammenzuarbeiten. Zizou war physisch nie der Stärkste. Er konnte nicht so viel laufen wie die anderen. Das machte er durch seine fußballerischen Qualitäten wett. In der Kabine war er grundsätzlich immer ruhig. Dennoch hatten alle großen Respekt vor ihm. Wenn er mal etwas gesagt hat, haben alle zugehört. Und was damals noch auffiel: Er interessierte sich schon als junger Spieler für die Trainingsarbeit, fragte: Wieso machen wir das so oder so? Nicht von ungefähr ist er heute Trainer."

Bevor Zidane die Trainerkarriere in der Saison 2013/14 als Assistent von Carlo Ancelotti bei Real begann, verzückte er als Fußballer die Welt und wurde in seiner Heimat ein Volksheld. 1994 debütierte er gegen Tschechien (2:2) für Frankreich, Zidane bestritt insgesamt 108 Länderspiele (31 Tore). Das Wichtigste war das WM-Finale 1998 gegen Brasilien (3:0).

Der Druck, der auf Zidane lastete, war gewaltig. Er sollte – wie 1984 Michel Platini bei der Heim-EM – die Grande Nation zum Titelgewinn führen. Nochmals sein Land enttäuschen wie im Vorrundenspiel gegen Saudi-Arabien (4:0), das durfte er kein zweites Mal. In der Partie hatte er sich zu einer Tätlichkeit hinreißen lassen und die Rote Karte gesehen. Zidane wurde bis zum Viertelfinale gesperrt, war für die Franzosen der Buhmann. „Für ihn war es doppelt schlimm. Weil er wusste, dass er einen großen Fehler gemacht und seine Mitspieler alleine gelassen hatte. Er hatte auch mein Vertrauensverhältnis gestört", sagt Jacquet.

Das änderte sich – vor allem im Finale gegen den Rekordweltmeister. Auf der

Fahrt zum Stadion, so erinnert sich Mitspieler und Weltmeister Bixente Lizarazu, saß Zidane im Mannschaftsbus mittig in der letzten Reihe. „Er sah die vielen Tausenden von Menschen auf den Straßen, die uns zujubelten. Diese Bilder haben ihn nochmals so richtig angestachelt." Zidane erzielte zwei Treffer gegen Brasilien, er machte sich unsterblich, ganz Frankreich lag ihm zu Füßen. Zidane ist spätestens seit dem 12. Juli 1998 für die Franzosen der beste Spieler auf dem Planeten.

In der Champions League gegen den HSV verpasste er Kientz eine Kopfnuss

Dazu waren Europas Top-Klubs heiß auf ihn. Nachdem Zidane 1996 zu Juventus gewechselt war, ging er 2001 für die Rekordsumme von umgerechnet 77,5 Millionen Euro zu Real. Eine neue Dimension. In Madrid setzte er seine Weltkarriere fort und gehörte später zu den Galaktischen um Ronaldo, David Beckham und Luís Figo. „Das Schöne am Fußball ist, dass es diese Momente gibt, die einen ein ganzes

Zidanes Spielerpass aus der Zeit in Cannes

Zidanes erster Vertrag bei Real Madrid aus dem Jahr 2001

Reals Star-Ensemble 2004/05: David Beckham, Luís Figo, Ronaldo, Zinédine Zidane und Raúl (v. l.)

Zidane trifft im Champions-League-Finale 2002 gegen Leverkusen in der 45. Minute per Volleyabnahme zum 2:1-Endstand

Nach dem Champions-League-Sieg 2018 gegen Liverpool (3:1) lassen die Real-Spieler Trainer Zidane bei der Feier im Estadio Santiago Bernabéu am Tag nach dem Finale in Kiew hochleben

Dreimal wurde er Weltfußballer

Zinédine Yazid Zidane wurde am 23. Juni 1972 in Marseille geboren. Mit Frankreich (108 Länderspiele/31 Tore) gewann er die WM 1998 und die EM 2000. Zidane war dreimal Weltfußballer (1998, 2000 und 2003).

Seine Profikarriere startete er 1989 bei der AS Cannes. 1992 ging er zu Girondins Bordeaux. 1996 wechselte er zu Juventus Turin. Dort gewann er im selben Jahr den Weltpokal. Mit Juve war Zidane zweimal Meister (1997 und 1998). 2001 ging er für die damalige Rekordsumme von umgerechnet 77,5 Mio. Euro zu Real Madrid. Mit den Königlichen gewann er 2002 die Champions League und wurde 2003 Meister. Seine aktive Karriere beendete er nach dem WM-Finale 2006.

Von 2011 bis 2012 war Zidane Sportdirektor bei Real Madrid. Als Trainer gewann er mit Real dreimal in Folge die Champions League (2016, 2017 und 2018) und zwei Meisterschaften (2017 und 2020).

Zidane ist der einzige Trainer, der dreimal in Folge die Champions League gewinnen konnte

Leben nicht verlassen", sagt Zidane rückblickend auf seine Laufbahn.

Niemals vergessen wird er auch die weniger schönen Momente. Zwölfmal flog Zidane als Profi vom Platz. Trotz der erzieherischen Maßnahmen während seiner Junioren-Zeit in Cannes konnte er seine Hitzköpfigkeit nicht ablegen – da halfen auch die Vorkommnisse bei der Heim-WM gegen Saudi-Arabien nicht. Im Champions-League-Vorrundenspiel im Herbst 2000 mit Juventus gegen den Hamburger SV zum Beispiel verpasste er dem Deutschen Jochen Kientz eine Kopfnuss, weil dieser den Weltstar intensiv bearbeitet und aus dem Spiel genommen hatte.

„Unser damaliger Trainer Frank Pagelsdorf sagte zu mir, den soll ich mir schnappen. Ihn auszuschalten sei die wichtigste Aufgabe. Wenn er den Ball auf dem Platz hatte, war ich immer da, es war genau mein Spiel – und nicht das von Zinédine Zidane", sagt Kientz heute. Offenbar hat Zidane das immer noch nicht verdaut. Zweimal traf er den Franzosen, auf dem Trainingsgelände von Real und in einer UPS-Station auf Ibiza, entschuldigt hat sich Zidane für seinen Kopfstoß nicht.

Folgenschwerer war für Zidane die Rote Karte im WM-Finale 2006 gegen den späteren Sieger Italien (5:3 im Elfmeterschießen) – wegen eines Kopfstoßes gegen Marco Materazzi. Dieser hatte den Franzosen zuvor unter anderem mit den Worten provoziert, dass seine Schwester und Mutter Nutten seien. „Es waren sehr harte Worte, die Materazzi wiederholt hat. Ich hätte lieber eine Rechte auf die Schnauze bekommen, als so etwas zu hören", sagt Zidane.

In der 110. Minute musste Zidane an jenem 9. Juli den Rasen des Berliner Olympiastadions verlassen. Es war sein letztes Spiel – und das traurige Karriereende eines der größten Spieler aller Zeiten. ◆

Links: Zidane 1998 mit dem Ballon d'Or. Mitte: Nach 1998 und 2000 wurde er 2003 zum dritten Mal Weltfußballer. Rechts: Zidane 2002 mit seinem einzigen Champions-League-Titel als Spieler

DINO ZOFF

Der älteste Weltmeister aller Zeiten

Warum Juventus Turin zunächst am Weltklasse-Torwart zweifelte, wofür er sich schämte und seine wichtigste Parade

—— *Von **Raimund Hinko***

Gegen alles im Leben habe ich ein Mittel, nur nicht gegen das Altern", sagt Dino Zoff. Und muss selbst über sich lachen, wenn er dann auf das Foto blickt mit der WM-Trophäe von 1982. Da ist er tatsächlich schon 40 Jahre alt beim 3:1-Sieg über die Deutschen. Der älteste Weltmeister aller Zeiten.

„Dino Nationale" nennen ihn die Italiener seitdem. Dabei musste er sich wehren, weil sie meckerten, er sei zu alt, eher reif für die Couch,

für den Ruhestand. „In Zeiten, in denen 42-jährige Kosmonauten ins Weltall fliegen, in denen 45-Jährige Autorennen gewinnen, brauche ich mich nicht alt zu fühlen", entgegnete er den Kritikern vor dem Turnier. Danach ließ er die deutschen Stürmer Karl-Heinz Rummenigge, Klaus Fischer, Pierre Littbarski und Horst Hrubesch im Finale verzweifeln. Wohin der Ball auch flog, Zoff war immer schon da. Unaufgeregt, wenige Flugeinlagen, kaum Ausflüge aus dem Tor. Das war sein Stil. Er selbst hatte nach einem Länderspiel gegen die Engländer mal gesagt: „Irgendeiner schoss den Ball so scharf, dass ich hechten musste. Glaubt mir: Während ich flog, schämte ich mich dafür."

Na ja, wenn es sein musste, dann flog er doch und brachte die Gegner um den Verstand. Und so kann er mit Fug und Recht behaupten, selbst viel dazu beigetragen zu haben, dass er als einziger Italiener sowohl einen WM- als auch einen EM-Titel (1968) gewann.

Zoff pariert gegen Horst Hrubesch (2. v. l.) im WM-Finale 1982

Auch Karl-Heinz Rummenigge (l.) und Klaus Fischer (2. v. r.) können Zoff nicht überwinden

Klaus Fischer (l.) beim Torschuss. Seinen zwei Turniertoren 1982 folgte im Finale kein weiteres

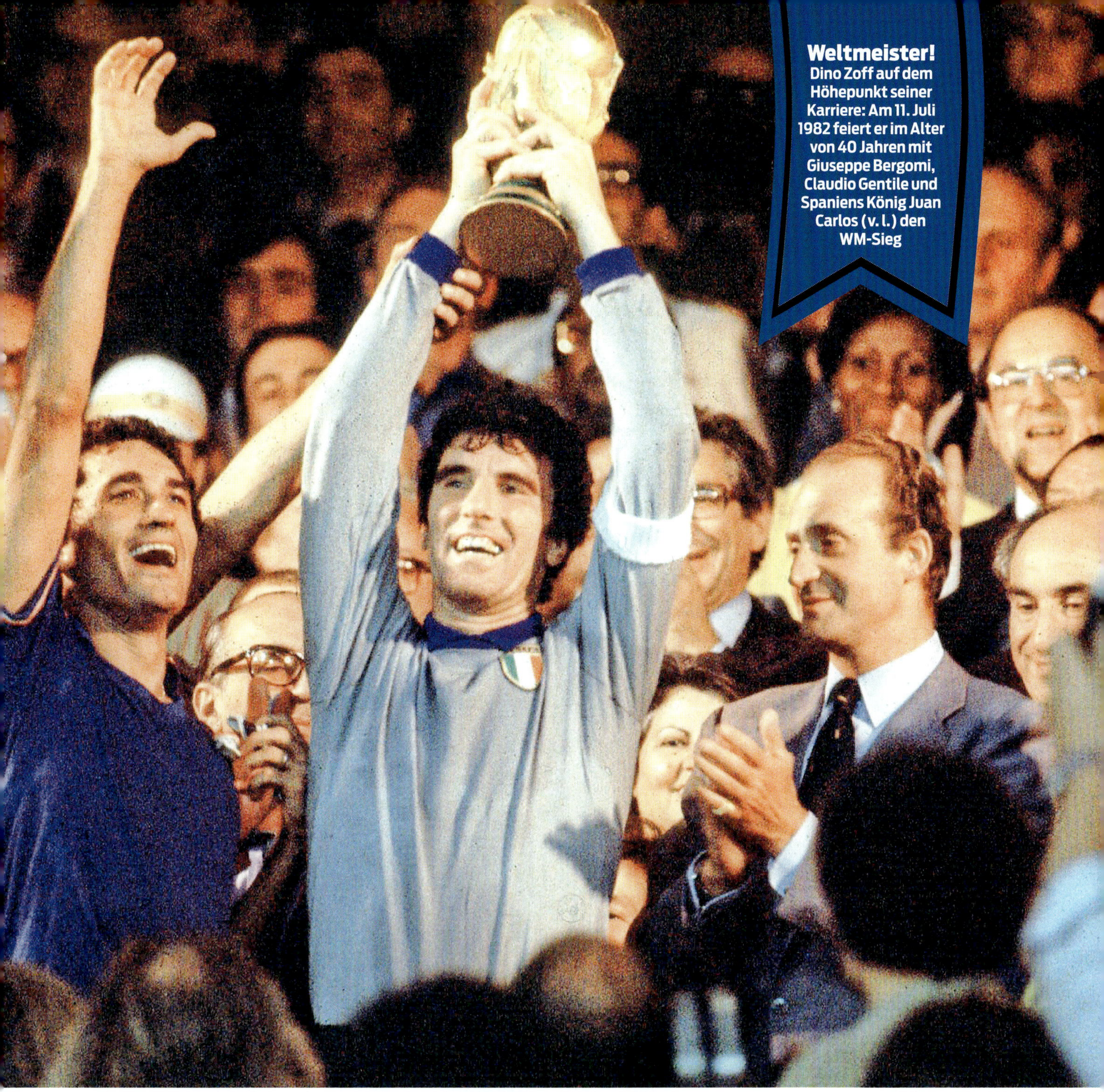

Weltmeister! Dino Zoff auf dem Höhepunkt seiner Karriere: Am 11. Juli 1982 feiert er im Alter von 40 Jahren mit Giuseppe Bergomi, Claudio Gentile und Spaniens König Juan Carlos (v. l.) den WM-Sieg

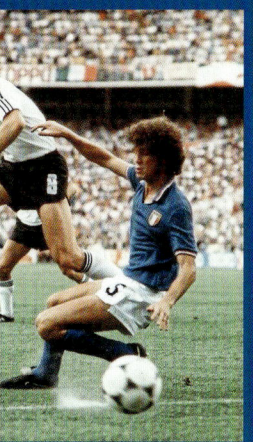

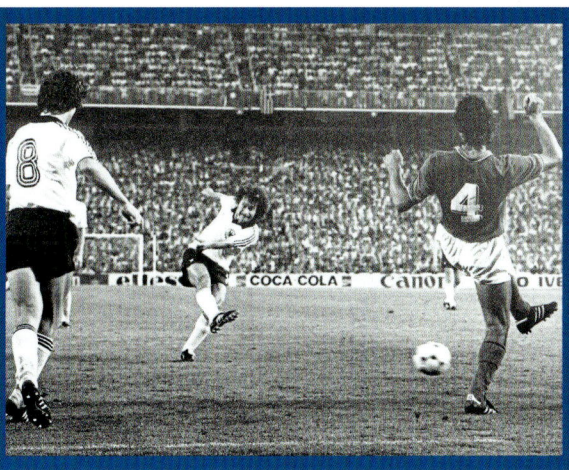

In der 83. Minute trifft Paul Breitner (M.) für Deutschland zum 1:3-Endstand

Zoff verhindert mit seinem Verteidiger Fulvio Collovati eine Torchance von Fischer (Nr. 8) und Rummenigge (h.)

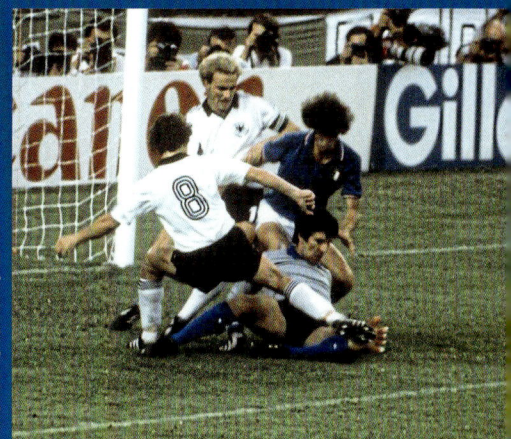

Dass es mit dem WM-Titel klappte, haben die Italiener Dino Zoff zu verdanken. Es war eine Super-Parade, die größte Zoff-Tat aller Zeiten, von der die Italiener bis heute schwärmen. In der zweiten Gruppenphase der WM jubelten die Brasilianer schon ausgelassen, der Kopfball von Oscar schien die Linie überquert zu haben. Da fuhr beim Stand von 3:2 für Italien die lange Hand von Zoff dazwischen wie ein Blitz.

„Als ich den Ball unter mir begrub, reklamierten die Brasilianer lautstark auf Tor", erinnert sich Zoff. „Einen Augenblick lang hatte ich das schreckliche Gefühl, der Schiri würde entscheiden, dass der Ball die Linie überschritten hat. Es war ein Augenblick voll nackter Angst. Also blieb ich einfach unten, klammerte mich an den Ball wie an mein eigenes Leben. Ich betete. Das waren die längsten sieben Sekunden meines Lebens." Durch den Ausgleich wäre Brasilien weitergekommen, so schaffte es Italien ins Halbfinale gegen Polen und gewann dort 2:0. Danach das 3:1 im Finale gegen Deutschland ...

„Wenn man Torhütern nachsagt, sie seien verrückt, dann liegt man bei Dino Zoff falsch"

Rummenigge über Zoff

Dabei hatte die WM 1982 mit großen Turbulenzen begonnen. Plötzlich kamen Gerüchte auf, Paolo Rossi hätte ein intimes Verhältnis mit Verteidiger Antonio Cabrini. Die Spieler verhängten einen Presseboykott und ernannten den Kapitän zum Sprecher. Ausgerechnet Zoff, den großen Schweiger. Die Höchststrafe für die Journalisten ...

Torhütern eilt ja häufig der Ruf voraus, dass sie ein wenig verrückt sind. Zoff war anders. Karl-Heinz Rummenigge, der mit Inter Mailand öfter gegen ihn, den Juve-Torwart, spielte, erklärt:

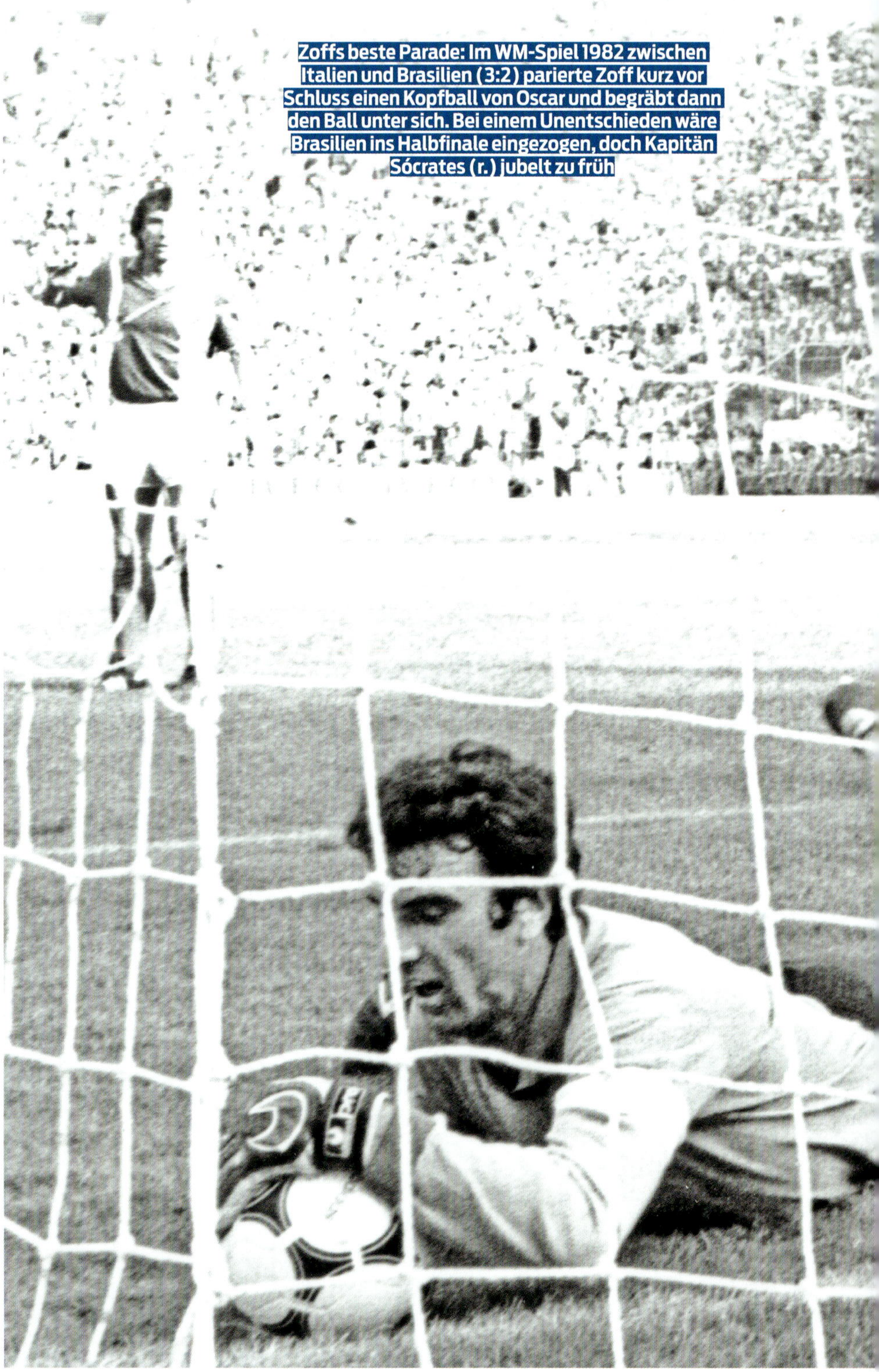

Zoffs beste Parade: Im WM-Spiel 1982 zwischen Italien und Brasilien (3:2) parierte Zoff kurz vor Schluss einen Kopfball von Oscar und begräbt dann den Ball unter sich. Bei einem Unentschieden wäre Brasilien ins Halbfinale eingezogen, doch Kapitän Sócrates (r.) jubelt zu früh

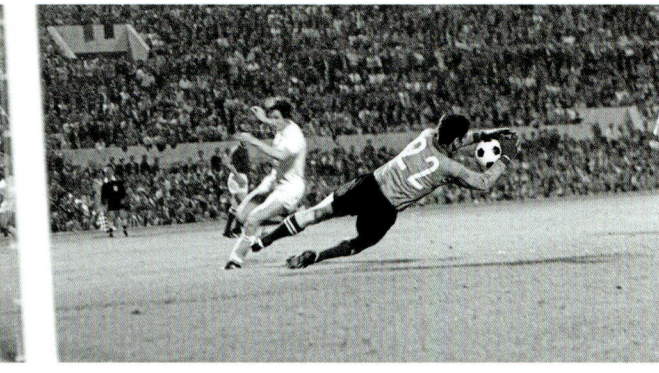

Zoff hält einen Ball im Wiederholungsspiel des EM-Finals 1968 gegen Jugoslawien (2:0). Nach nur vier Länderspielen war Zoff Europameister

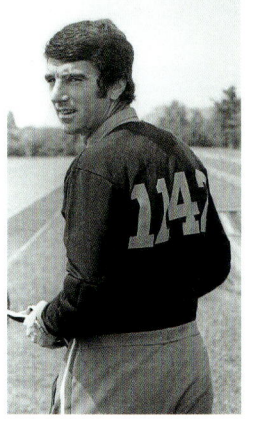

Zoff bei der WM 1974 mit einem Trikot mit der Nummer 1147. So viele Minuten war er bis zum 3:1-Sieg im ersten Gruppenspiel gegen Haiti ohne Gegentor geblieben

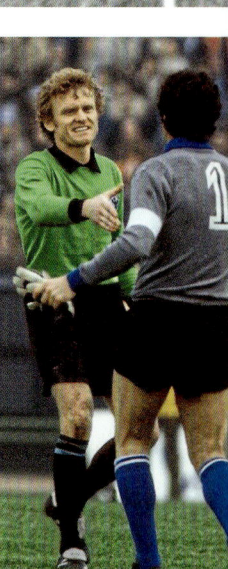

Sepp Maier und Dino Zoff geben sich nach dem 0:0 zwischen Deutschland und Italien in der zweiten Runde bei der WM 1978 die Hand

„Wenn man Torhütern nachsagt, sie seien verrückt, dann liegt man bei Dino Zoff falsch. Er war souverän, hatte sich immer unter Kontrolle. Da gehört er zur Kategorie Manuel Neuer." Was auch ein Riesenkompliment für den Bayern-Kapitän ist. Und Giuseppe Bergomi, zu seinen Zeiten bei Inter Mailand der Abwehrchef, im WM-Finale 1982 Rummenigges Sonderbewacher, sagt über Zoff: „Der Dino ist einfach ein feiner Kerl, ein großartiger Mensch."

Zoff war zu früh geboren, um Welttorhüter des Jahres zu werden wie sein italienischer Kollege Gianluigi Buffon, der seit Beginn der Ehrung im Jahre 1987 den Titel fünfmal einheimste, genauso wie der Spanier Iker Casillas und der Deutsche Manuel Neuer. „Das stört mich keineswegs", sagt Zoff, der auch nie Italiens Spieler des Jahres wurde, weil es unüblich war und ist, einen Torwart zu küren.

Bei der WM 1982 trug er schwarz-weiß-rote Torwarthandschuhe mit knallroter Latex-Schaumeinlage. Heute ist es unvorstellbar, dass er zu Beginn seiner Karriere viele Jahre die Bälle mit bloßen Händen hielt. „So wie früher im Garten die Pflaumen, mit denen mich meine Oma bewarf. Und die ich alle festhielt, weil wir arme Bauersleute waren", erzählt er lächelnd. Und so begann seine Karriere mit Pflaumen – und Eiern!

Er gewann als einziger Italiener WM und EM

Dino Zoff verriet mir einmal: „Es stimmt, dass ich mit 14 Jahren nur 1,48 groß war, dass mich Udine, Inter und Juventus nach Probetrainings als zu klein befanden. Also fing meine Großmutter an, mich mit Eiern zu füttern, weil Fleisch für uns Bauern zu teuer war. Es waren jedoch nicht sechs, acht Eier pro Tag, sondern zwei, drei, in Ausnahmefällen vier", lüftete er das Geheimnis. „Tatsächlich

Zoff hütete in seiner Karriere 112-mal das Tor der Nationalelf

Zoff während einer Trainingseinheit mit der Nationalmannschaft

Zoff und Italiens Trainer Enzo Bearzot (l.) im Mai 1982 vor der WM in Spanien

1962: Dino Zoff während seiner Zeit bei Udinese Calcio, wo er 40 Spiele absolvierte

Im Halbfinal-Rückspiel des Europapokals der Landesmeister 1973 fängt Zoff eine Flanke von Derby County ab. Das 0:0 reichte Juve für den Einzug ins Finale, das 0:1 gegen Ajax verloren ging

wuchs ich noch fast 40 Zentimeter und durfte mit 19 bei Udine ins Tor. Als dann im Kino ein Film über eine 2:5-Niederlage von uns in Florenz gezeigt wurde, versteckte ich mich am Boden ...“

Doch mit seinem sachlichen Torwartspiel stieg Dino Zoff zu den Top-Torhütern der Welt auf. Einer, der immer größten Respekt vor ihm hatte, ist Bayern-Legende Sepp Maier. Bei der WM 1978 umarmten sich Zoff und Maier nach dem 0:0 in der zweiten Runde. „Dann tauschten wir die Trikots. Ich habe das so gut wie nie gemacht, doch von so einer großen Persönlichkeit wie Dino Zoff wollte ich das Trikot haben“, erinnert sich Maier und fügt lachend hinzu: „Häufig ging es 0:0 aus, wenn wir gegeneinander spielten. Dino ist ein ganz Netter, ein Gentleman. Wir haben beide am 28. Februar Geburtstag. Beide Sternzeichen Fisch. Ehrgeizig, gutmütig.“

Und doch konnte Zoff auch wütend werden. Wenn er sich ungerecht behandelt fühlte. Wie nach dem 0:1 mit Juventus Turin im Landesmeister-Finale 1983 gegen den Hamburger SV. Die Kritik: Er hätte den Weitschuss von Felix Magath in der 9. Minute halten können, sich aber verspekuliert und mit einer Flanke gerechnet.

Der Schütze verteidigt Dino Zoff. Felix Magath sagte mir: „Dieser Schuss war unhaltbar. Alle, die Dino Zoff einen Vorwurf machen, beurteilen das falsch. Der Ball flog halt genau oben in den Winkel. Zoff musste folgerichtig, weil ich halblinks relativ weit hinten stand, in die kurze Ecke gehen. Ich sah das, visierte das lange rechte Eck an. Da konnte er aus meiner Sicht nicht mehr hinfliegen.“

Die öffentliche Kritik verbitterte Zoff ein Stück weit. Zunächst reagierte er trotzig: „Endlich bin ich wieder ein normaler Mensch mit zwei Beinen, zwei Armen und einem Kopf. Wie andere auch.“ Dann beendete er seine Karriere nach dieser Saison 1982/83. Mit 41 Jahren. Nach 330 Spielen für Juventus hintereinander. Sechs Meisterschaften hatte er mit Juve gewonnen.

Nach seiner Karriere gab Zoff Einblicke in seine Seele: „Ich habe die Zeit unter Giovanni Trapattoni genossen. Und die Zeit unter Nationaltrainer Enzo Bearzot, der wie ich aus dem Friaul stammt, noch mehr. Für uns sind Taten immer wichtiger gewesen als Worte. Bei uns werden selten große Worte gemacht, weil wir glauben, dass sie ein Eigenleben haben. Wenn man etwas sagt, ist man dafür verantwortlich. Leider gerät das heute immer mehr in Vergessenheit. Man denke nur an die vielen falschen Propheten, die reden und reden, jedoch nichts sagen.“ Weise Worte der Torwart-Legende.

Zoff war der Einzige aus der WM-Mannschaft von 1982, der im Dezember 2020 bei der Beerdigung von Mitspieler Paolo Rossi, dem großartigen Stürmer, fehlte.

Das Finale des Europapokals der Landesmeister 1983 gegen den HSV verlor Juventus Turin 0:1. Felix Magath (l.) jubelt nach seinem Tor, Zoff und Gentile (M.) sind machtlos

1990 holte Zoff als Juve-Trainer den italienischen Pokal. Im Finalrückspiel wurde der AC Mailand 1:0 besiegt (Hinspiel: 0:0)

Dino Zoff und Juve-Torwart Stefano Tacconi (r.) posieren 1990 mit dem Uefa-Cup

2000: Zoff verlor mit Italien das EM-Finale gegen Frankreich 1:2 nach Golden Goal

Dino Zoff fühlte sich zu schwach. Der ehemalige Weltklasse-Torwart litt an den Folgen einer Hirnhaut- und Rückenmark-Entzündung aus dem Jahre 2015, musste sogar das Laufen wieder lernen. Täglich kämpfte er sich ein Stückchen mehr zurück ins Leben. Dieser Ehrgeiz machte ihn einst zu einem der besten Torhüter aller Zeiten.

Ein kluger Zoff-Satz zum Schluss: „Wer als junger Spieler nur ans große Geld denkt, wird nie ein großer Spieler, ich habe immer erst versucht zu geben – das Geld kommt dann von alleine." ●

Fußball guckt er nur mit seiner Frau

Dino Zoff wurde am 28. Februar 1942 in Mariano del Friuli geboren. Für Italien absolvierte er 112 Länderspiele, wurde 1968 Europameister, 1970 Vize-Weltmeister und 1982 Weltmeister. Zoffs Karriere begann 1961 bei Udinese Calcio, bevor er 1963 zu AC Mantova wechselte. Nach seinem Wechsel zu Neapel 1967 wurde er einer der besten Torhüter Italiens. Seine erfolgreichste Zeit hatte Zoff von 1972 bis 1983 bei Juventus Turin. Dort gewann er sechs Meistertitel (1973, 1975, 1977, 1978, 1981, 1982), zweimal den Pokal (1979 und 1983) und 1977 den Uefa-Cup. Im Alter von 41 Jahren beendete Zoff seine aktive Karriere.

Als Juve-Trainer holte er 1990 den Uefa-Cup und den italienischen Pokal. Anschließend trainierte er noch Lazio Rom, AC Florenz und die italienische Nationalelf, mit der er 2000 Vize-Europameister wurde.

Nach seiner Trainerkarriere ließ sich Zoff um die Jahrtausendwende endgültig in Rom nieder, trainierte bis zu seiner Hirnhaut- und Rückenmark-Entzündung 2015 täglich am Tiber im Ruderverein „Circolo Canottieri Aniene", spielte Tennis und Golf. Fußball schauen am TV darf mit ihm nur seine Frau, er will keine Besserwisser. Mit dem Enkel besucht er ab und zu die Spiele von Lazio Rom.

Dino Zoff im Jahr 2016 in einem Sportklub in Rom

Der Galaktische!
Cristiano Ronaldo liegt quer in der Luft, trifft den Ball voll mit dem rechten Fuß. Der Portugiese feierte seine größten Erfolge mit Real Madrid, wurde dreimal in Folge Champions-League-Sieger (2016, 2017, 2018)

Voller Einsatz!
Manuel Neuer riskiert
im WM-Finale 2014
gegen Argentiniens
Gonzalo Higuaín Kopf
und Kragen. Am Ende
siegte Deutschland mit
1:0 nach Verlängerung
und wurde zum vierten
Mal Weltmeister